文化保护视角下的旅游开发研究

杨光明 著

吉林大学出版社
·长春·

图书在版编目（CIP）数据

文化保护视角下的旅游开发研究 / 杨光明著 . — 长春 : 吉林大学出版社 , 2022.11
ISBN 978-7-5768-1227-5

Ⅰ.①文… Ⅱ.①杨… Ⅲ.①旅游资源开发 Ⅳ.① F590.3

中国版本图书馆 CIP 数据核字（2022）第 228179 号

| 书　　名 | 文化保护视角下的旅游开发研究 |

WENHUA BAOHU SHIJIAO XIA DE LÜ YOU KAIFA YANJIU

作　　者	杨光明　著
策划编辑	张文涛
责任编辑	高欣宇
责任校对	王寒冰
装帧设计	马静静
出版发行	吉林大学出版社
社　　址	长春市人民大街 4059 号
邮政编码	130021
发行电话	0431-89580028/29/21
网　　址	http://www.jlup.com.cn
电子邮箱	jldxcbs@sina.com
印　　刷	北京亚吉飞数码科技有限公司
开　　本	787mm×1092mm　1/16
印　　张	13.75
字　　数	240 千字
版　　次	2023 年 4 月　第 1 版
印　　次	2023 年 4 月　第 1 次
书　　号	ISBN 978-7-5768-1227-5
定　　价	86.00 元

版权所有　翻印必究

前　言

旅游业作为我国经济社会建设及发展中较为系统、复杂的工作，要想真实展示出我国旅游业发展的质量，应该认真、及时、科学地开展针对当前旅游业投资建设发展的工作规划，并对实际工作中提出的问题进行对策分析，切实为推动我国各级旅游业规划建设及其工作的顺利实施提供保障。

本书以文化保护视角下的旅游开发为研究主题，共有八章内容。

第一章绪论，主要介绍了文化保护视角下旅游开发这一问题的提出、研究的目的和意义、研究内容和研究方法。

第二章对文化和旅游的关系进行了辨析，包括文化、旅游的概念与内涵、文旅融合发展研究。

第三章分析了国内外文旅融合开发的经验与启示。

第四章探讨了文化保护视角下旅游开发的模式与动力系统，包括旅游开发的常见模式、文化保护视角下旅游开发的动力系统、文化保护视角下旅游开发的政策响应。

第五章论述了文化保护视角下的乡村旅游开发，在对乡村旅游进行概述的基础上，分析了乡村旅游规划创新、乡村旅游资源开发、乡村旅游形象塑造与传播、乡村旅游市场开拓的相关内容。

第六章探讨了文化保护视角下的影视旅游开发，在对影视旅游进行概述的基础上，研究了文化保护视角下影视旅游开发存在的问题、开发对策、开发案例。

第七章研究了文化保护视角下的演艺旅游开发，同样首先对演艺旅游进行了概述，进而探索了文化保护视角下演艺旅游开发存在的问题、开发对策、开发案例。

第八章为本书的最后一章，以云南省为例，研究了文化保护视角下文旅融合开发的实践。

　　总之，文化是旅游发展的重要根基，旅游是文化发展的重要载体，文旅融合既是文化和旅游互动共荣的客观需要，也是文化和旅游发展的必然趋势。新时代背景下，随着消费升级和数字经济的发展，民众对文化旅游体验的需求转向对更高级的情感和自我实现的需求。面对我国文旅融合发展过程中表现出的主体和策略不够明晰、不确定性增强等问题，需要从多维度探究文旅融合发展的动力、融合发展策略与路径。

　　在本书的撰写过程中，作者不仅参阅、引用了很多相关文献资料，而且得到了诸多同行及亲朋的鼎力相助，在此一并表示衷心的感谢。由于时间仓促，水平有限，书中难免存在欠妥之处，恳请广大读者不吝赐教。在引用标注过程中难免有所遗漏，敬请包涵指正。

作　者
2022 年 7 月

目 录

第一章 绪 论 ··· 1

 第一节 问题的提出 ·· 2

 第二节 研究的目的和意义 ··· 5

 第三节 研究内容和研究方法 ·· 6

第二章 文化和旅游的关系辨析 ·· 8

 第一节 文化的概念及内涵 ··· 9

 第二节 旅游的概念及内涵 ··· 10

 第三节 文旅融合发展研究概述 ··· 11

第三章 国内外文旅融合开发的经验与启示 ······························· 22

 第一节 国内文旅融合开发的经验与启示 ······························ 23

 第二节 国外文旅融合开发的经验与启示 ······························ 25

第四章 文化保护视角下旅游开发的模式与动力系统 ·················· 47

 第一节 旅游开发的常见模式 ·· 48

 第二节 文化保护视角下旅游开发的动力系统 ························ 70

 第三节 文化保护视角下旅游开发的政策响应 ························ 88

第五章 文化保护视角下的乡村旅游开发 ··································· 94

 第一节 乡村旅游概述 ··· 95

 第二节 文化保护视角下乡村旅游规划创新 ··························· 99

 第三节 文化保护视角下乡村旅游资源开发 ··························· 105

第四节　文化保护视角下乡村旅游形象塑造与传播……………… 109
第五节　文化保护视角下乡村旅游市场开拓…………………………… 119

第六章　文化保护视角下的影视旅游开发……………………… 126
第一节　影视旅游概述……………………………………………… 127
第二节　文化保护视角下影视旅游开发存在的问题…………… 128
第三节　文化保护视角下影视旅游开发对策分析………………… 129
第四节　文化保护视角下影视旅游开发案例分析………………… 133

第七章　文化保护视角下的演艺旅游开发……………………… 150
第一节　演艺旅游概述……………………………………………… 151
第二节　文化保护视角下演艺旅游开发存在的问题…………… 158
第三节　文化保护视角下演艺旅游开发对策分析………………… 161
第四节　文化保护视角下演艺旅游开发案例分析………………… 164

第八章　文化保护视角下文旅融合开发的实践——以云南省为例　170
第一节　云南民族文化旅游资源开发………………………………… 171
第二节　昆明团结街道乡村旅游高质量发展路径分析………… 182
第三节　文旅融合下丽江古城的发展问题及对策………………… 192
第四节　云南旅游文化的仪式化传播分析…………………………… 203

参考文献……………………………………………………………… 210

第一章

绪 论

2018年4月,为增强和彰显文化自信,统筹文化事业、文化产业发展和旅游资源开发,提高国家文化软实力和中华文化影响力,推动文化事业、文化产业和旅游业融合发展,将国家原文化部和国家旅游局的职责整合,组建了文化和旅游部,按照"宜融则融、能融尽融"的总体思路,推进文化和旅游发展的理念融合、职能融合、产业融合、市场融合、服务融合、对外融合。党的十九届五中全会也把文化建设放在突出位置,强调"推动文化和旅游融合发展"、提出"建成文化强国"的远景目标,为全面建成小康社会后,"更多的国民参与、更高的品质分享"的旅游业发展指明了方向、奠定了基础。本章作为全书开篇,主要分析文化保护视角下的旅游开发这一问题提出的背景、研究目的和意义、研究内容和研究方法,从而为下文的展开做好铺垫。

第一节 问题的提出

在2021年发布的《中华人民共和国国民经济和社会发展第十四个五年规划和2035年远景目标纲要》(以下简称"十四五"规划纲要)中,有多处内容涉及文化建设和旅游发展,并且以推动文化和旅游融合发展为重点,坚持以文塑旅、以旅彰文,打造独具魅力的中华文化旅游体验,加快发展文化、旅游等服务业,推动旅游产品、业态和服务创新。在"十四五"期间,文化建设对旅游业的战略引领和支撑作用将会更加明显,讲好中国故事,提升中国服务,高标准深化文旅融合,推进旅游业高质量发展。

一、选题缘起

旅游作为现代人类生活方式之一,通常以个体性或群体性参与为主要特征,目前俨然已经成为一种新型的文化发展模式和经济发展模式,因此备受世界瞩目。我国自改革开放以来,经济的飞速发展带来的明显变化是居民收入水平的提高和生活方式的深刻变革,因此旅游已经成为一种常见的居民消费方式,旅游业也成为我国国民经济的重要产业。

旅游产业的发展通常需要更专业和科学的方法去探索和开发其背后的文化意义,才能真正打造出适合人类参与和推动的发展模式,因此有学者认为在旅游业发展的过程中,对社会和人类的经济、文化、思想产生的影响,所引起地区的文化变迁是不可避免的,所以这也会引起有关人类学者的关注。[①]

近年来,随着我国"全域旅游""美丽乡村建设"等国家战略的提出,体验式经济时代到来,人们越来越追求生活的品质和质量,不再单纯地消费旅游地的固有景观,开始更加注重旅游地的文化背景,消费该

---

① 李海平,张安民.乡村旅游服务与管理[M].杭州:浙江大学出版社,2011.

地区的文化和体现着文化的生活方式。对于旅游目的地的人们来说，他们既是在旅游发展中被游客们消费和凝视的对象，也是旅游发展过程的切身参与者，他们以文化展示和体验的方式换取经济上的回报，同时作为地方文化主体承担着旅游开发所引发的文化环境变化过程中文化传承和发展的责任。因此，在地方文化旅游开发的过程中，必须要做到全方位协调和平衡，认真看待文化商品化过程中地方社会和文化变迁。

在此背景下，本书主要通过对文化保护与旅游的梳理，以及旅游开发过程的整体分析，探索云南省旅游业的重塑发展，思考云南省旅游业的重塑机制及其启示意义，为未来的旅游发展路径探索提供一些新的思路。

二、问题的研究背景

（一）传统文化保护传承日益重要

随着改革开放的深入，各种西方文化不断涌入我国，这些外来文化对我国传统文化造成巨大冲击，尤其对年轻人的影响巨大。国家很早就意识到这些现象的严重性，先后出台了文物保护利用、传统工艺振兴等一系列法律法规和政策措施，这对于我国传统文化的保护、利用、传承等方面都发挥着重要的作用。

截至2022年8月，我国有1500多项国家级"非物质文化遗产"，主要分布在传统村落，然而受到城镇化等因素的影响，这些传统村落正在快速消失，对这些文化遗产进行保护，是一件紧迫且重要的任务。

近年来，我国许多传统村落通过旅游开发，对当地的传统建筑和非物质文化遗产进行了有效保护和传承，乡村社会经济得到有效改善和持续发展。传统村落作为我国传统文化传承的重要载体，利用开发的办法进行保护，成为保护和传承我国优秀传统文化重要而有效的举措。

（二）文化旅游业快速发展

为顺应社会经济的不断进步和民众对文化旅游的热切需求，国家高度重视文化旅游，发布了一系列推进文化旅游发展的指示，出台了一系列促进文化旅游发展的政策。比如国务院印发的"十三五"旅游业发展规划，确立了我国文化旅游产业的发展目标，鼓励各地充分利用当地的文化旅游资源发展相关产业，满足人民的精神需求，各省也在发展文化旅游产业、推动文化与旅游产业融合发展等方面出台了不少政策。

文化旅游在现代旅游中占据越来越重要的地位，促进了世界各国旅游经济的增长。发展文化旅游不仅能促进经济发展，也有利于对传统文化的保护与传承。随着我国社会经济的快速发展，居民在文化和旅游消费方面的支出持续扩大，近年来，我国文化旅游产业在国民经济中发挥着越来越重要的作用。

中共中央办公厅、国务院办公厅印发的《"十四五"文化发展规划》中强调了应推动文化和旅游融合发展。坚持以文塑旅、以旅彰文，推动文化和旅游在更广范围、更深层次、更高水平上融合发展，打造独具魅力的中华文化旅游体验。

1. 提升旅游发展的文化内涵

依托文化资源培育旅游产品、提升旅游品位，让人们在领略自然之美中感悟文化之美、陶冶心灵之美。深入挖掘地域文化特色，将文化内容、文化符号、文化故事融入景区景点，把社会主义先进文化、革命文化、中华优秀传统文化纳入旅游的线路设计、展陈展示、讲解体验，让旅游成为人们感悟中华文化、增强文化自信的过程。通过打造国家文化产业和旅游产业融合发展示范区，建设一批富有文化底蕴的世界级旅游景区和度假区，打造一批文化特色鲜明的国家级旅游休闲城市和街区。推动博物馆、美术馆、图书馆、剧院、非遗展示场所、对社会开放的文物保护单位等成为旅游目的地，培育主客共享的美好生活新空间。坚持提升硬件和优化软件并举、提高服务品质和改善文化体验并重，在旅游设施、旅游服务中增加文化元素和内涵，体现人文关怀。

2. 丰富优质旅游供给

适应大众旅游时代新要求，推进旅游为民，推动构建类型多样、分布均衡、特色鲜明、品质优良的旅游供给体系，推动文化和旅游业态融合、产品融合、市场融合。提升旅游演艺、文化遗产旅游、文化主题酒店、特色节庆展会等周边产品品质，支持建设集文化创意、旅游休闲等于一体的文化和旅游综合体。依托革命博物馆、党史馆、纪念馆、革命遗址遗存遗迹等，打造红色旅游经典景区和经典线路。利用乡村文化传统和资源，发展乡村旅游。加强对当代社会主义建设成就的旅游开发，深入挖掘重大工程项目的精神内涵,发展特色旅游。加强对工业遗产资源的活化利用,开发旅游用品、特色旅游商品,培育旅游装备制造业,发展工业旅游。推动旅游与现代生产生活有机结合,加快发展度假休闲旅游、康养旅游、研学实践活动等,打造一批国家全域旅游示范区、A级旅游景区、国家级旅游度假区、国家精品旅游带、国家旅游风景道、特色旅游目的地、特色旅游功能区、城市绿道、骑行公园和慢行系统。大力发展智慧旅游,推进智慧景区、度假区建设。

3. 优化旅游发展环境

以服务质量为核心竞争力,深入开展质量提升行动,推动提升旅游目的地服务质量,推进文明景区创建,持续深化厕所革命,完善游客服务体系,保障残疾人、老年人公共服务。加强旅游交通设施建设,提高通达性和便捷度。规范和优化旅游市场秩序,开展专项治理行动,加强在线旅游监管,建立健全旅游诚信体系和旅游服务质量评价体系。推进文明旅游,落实国内旅游文明行为公约和出境旅游文明行为指南,严格执行旅游不文明行为记录制度,建立信息通报机制,加大惩戒力度。[①]

4. 创新融合发展体制机制

健全中央和地方旅游发展工作体制机制,完善文化和旅游融合发展体制机制,强化文化和旅游部门的行业管理职责。创新风景名胜区管理体制,探索建立景区文化评价制度,明确饭店、民宿等旅游住宿业管理体制。

第二节 研究的目的和意义

一、研究的目的

通过对旅游文化研究文献的梳理,对云南省的实地调研,提出基于文化保护视角下的旅游开发模式。针对我国其他地区文旅产品单一、旅游产业链薄弱的这一现状,通过研究,旨在对云南省的旅游开发起到一

---

① 李军. 新时代乡村旅游研究[M]. 成都:四川人民出版社,2018.

定的帮助作用,找到旅游开发的新模式和新出路,助力旅游开发新模式的探索,从而形成良好的推广经验,助推国内旅游业的发展。

二、研究的意义

(一)理论意义

本书从云南省的旅游资源出发,以小见大,去关注旅游业重塑和发展,为其他地区的旅游业发展提供真实的案例支持。我国当前旅游业的产业升级和发展的全方位提升,需要深度发掘其内在的文化意蕴,才能激发旅游产业真正的生命力。云南省旅游资源有着丰富的文化内涵,其起源和发展与当地的地理环境、民间信仰必然有着密切的联系,而目前对于云南省旅游文化保护研究的相关文献和资料较少,缺乏深入系统的研究,研究成果也很有限,本书将通过对云南省旅游业的研究,挖掘其丰厚的文化内涵,丰富研究成果,充实文化与旅游融合发展的研究成果。

(二)现实意义

本书通过对云南省文旅产业的研究,一方面对云南省现有的文旅资源进行梳理,实现地方旅游发展与地方文化资源的整合,促进对当地文化资源的开发和非物质文化遗产的保护;另一方面有利于增进当地民众对当地文化的理解,推动当地旅游业的发展。希望能给其他地方的旅游开发提供一个新的思维方式,特别是为经济发展相对落后的一些贫困地区的旅游开发提供一些参考,在充分利用当地的文化资源和结合当地文化传统的基础上,探索旅游开发的创造性,实现经济发展和文化传承二者的协同发展。

第三节 研究内容和研究方法

一、研究内容

本书以文化保护视角下的旅游开发为研究主题,共有八章内容。第一章为绪论,主要介绍了文化保护视角下旅游开发这一问题的提出、研究的目的和意义、研究内容和研究方法。

第二章对文化和旅游的关系进行了辨析，包括文化、旅游的概念与内涵、文旅融合发展研究。

第三章分析了国内外文旅融合开发的经验与启示。

第四章探讨了文化保护视角下旅游开发的模式与动力系统，包括旅游开发的常见模式、文化保护视角下旅游开发的动力系统、文化保护视角下旅游开发的政策响应。

第五章论述了文化保护视角下的乡村旅游开发，在对乡村旅游进行概述的基础上，分析了乡村旅游规划创新、乡村旅游资源开发、乡村旅游形象塑造与传播、乡村旅游市场开拓的相关内容。

第六章探讨了文化保护视角下的影视旅游开发，在对影视旅游进行概述的基础上，研究了文化保护视角下影视旅游开发存在的问题、开发对策、开发案例。

第七章研究了文化保护视角下的演艺旅游开发，同样首先对演艺旅游进行了概述，进而探索了文化保护视角下演艺旅游开发存在的问题、开发对策、开发案例。

第八章为本书的最后一章，以云南省为例，研究了文化保护视角下文旅融合开发的实践。

二、研究方法

（1）文献资料分析法

对国内外文献进行了系统的分析，总结了国内外文化保护与旅游发展的研究现状，了解了文化保护与旅游发展的动力、模式等，为本书的研究提供了理论背景。

（2）深度访谈法

深度访谈法是一种相对自由的调查方法，不需要采用访谈问卷，也没有规定的流程，在访谈进行过程中，访谈者要细致观察，对被访谈者的表情、行为、情感等方面进行详细的了解并记录。

（3）问卷调查法

问卷调查法是研究者依照标准化的程序，把问卷分发或邮寄给与研究事项有关的人员，然后对问卷回收整理，并进行统计分析，从而得出研究结果的研究方法。

第二章

文化和旅游的关系辨析

旅游与文化的关系十分密切,文化因素表现在旅游产业的各个方面,并在一定程度上促进了旅游产业的发展。反过来,旅游产业的繁荣又丰富了文化的内容。本章重点研究文化和旅游的关系。

第一节 文化的概念及内涵

一、文化的概念

从语源来看,"文化"原义上是对土地的耕作和对作物的栽培,后来引申为"对人身心进行培养和教化,使之摆脱自然的状态"。最早把文化作为专业术语使用的是英国人类学之父泰勒(Taylor,1832—1917),他认为"所谓文化或文明,就其广义人类学意义上看,是由知识、信念、艺术、伦理、法律、习俗以及作为社会成员的人所需要的其他能力和习惯所构成的综合体"[1]。此后,有关文化的学术定义层出不穷。

美国学者克拉克洪等将世界上一些著名学者关于文化的近200条定义分为描述性、历史性、行为规范性、心理性、结构性、遗传性和不完整性等七类。

加拿大学者谢弗按照概念产生的历史顺序,将其分为哲学的、艺术的、教育学的、历史学的、人类学的、社会学的、生态学的、生物学的和宇宙学的等10类。《大英百科全书》(1973—1974)赞同将文化的概念分为两类:一类是一般性的定义,即文化等同于"整体的人类社会遗产";一类是多元的、相对的文化概念,即文化是"一种渊源于历史的生活结构的体系,包括语言、传统、习惯和制度,包括有激励作用的思想、信仰和价值以及它们在物质工具和制造场中的体现"[2]。

二、文化的内涵

我们可以在"文化即人化"的基础上对文化进行概念界定。所谓文化,是人为与为人的过程和结果。这个定义可以从如下方面进行理解。

---

[1] 冯年华.乡村旅游文化学[M].北京:经济科学出版社,2011.
[2] 陈海波.文化与旅游文化:概念界定及理论内涵刍议[J].城市学刊,2019,40(02):104-108.

第一,文化从根本上说是人的文化,是人"化人—化己""化内—化外"的统一,离开了人,文化就无从谈起。比如,在人类尚未诞生时,月亮是客观存在的事物,只有当人类注意到月亮之后,才出现有关于月亮的文化。

第二,文化既是名词,也是动词,还是形容词。这是因为"人为"和"为人"都兼具多种词性。

第三,"人为"和"为人"是紧密联动依存且在各个层次都有机统一的整体。

第四,"人为"和"为人"的对象既包括纯粹的自然,也包括人类社会其他人及个人自身,人通过行为影响自然界和人类社会,在此过程中自身也受到反向的作用和影响。

第五,在人类社会已经发端发展的背景下,只要人不灭绝,"人为"与"为人"是一组持续作用的"永动"结构,也就是说文化总是处于不断运动之中,静态的文化只是一种特殊状态或"定格照",动静之间不是截然分离的。

第六,文化能够分区、分时、分类、分层和分级,这种区分本质上是人的一种思想工具和自身结构特征的映射,也是文化的一种化现形式。

第二节 旅游的概念及内涵

一、旅游的概念

相比于文化研究悠久的历史以及文献数量的浩如烟海,旅游作为一个概念受到人们关注的时间则显得晚得多。但二者有一点是相似的,即与文化的概念一样,旅游的概念发展也历经曲折。不论是汉语中的"旅游",还是英语中的"tourism",在使用中都存在着一词多义的情况。在不同的语境中,有时是指旅游活动,有时是指旅游业或旅游行业,有时泛指旅游学,还有时是指旅游专业,等等。此外,由于旅游研究的多学科性,涉足者的学术背景和视角多种多样,使旅游的概念界定众说纷纭。

从当前国内外流行的数十种旅游的概念或定义中可以看出,很长一段时间以来,学界的探讨和分歧主要集中在三个方面:一是学术性和操作性定义、官方和非官方定义之间的关系;二是旅游是人的活动还是人的活动引发的现象和关系总和;三是旅游的本质规定性。近几年,"现象和关系总和论"开始逐渐小众化,旅游是人(旅游者)的活动的观点已成主流。因为,与旅游相关的种种现象和关系犹如水面漾起的圈圈涟漪,旅游者就是那颗颗投入水中的石子,是根本的动因。

二、旅游的内涵

旅游的内涵就是寻求精神上的愉快和放松,是人们为寻求精神上的愉快感受而进行的非定居性旅行和在游览过程中所发生的一切关系和现象的总和。"旅"是旅行、外出,即为了实现某一目的而在空间上从甲地到乙地的行进过程;"游"是外出游览、观光、娱乐,即为达到这些目的所做的旅行。二者合起来即旅游。所以,旅行偏重于行,旅游不但有"行",且有观光、娱乐含义。[①]

第三节 文旅融合发展研究概述

一、文旅融合的逻辑

产业融合理论认为,随着科技的快速发展,不同产业或同一产业不同行业在资源、市场、技术等渗透下,逐渐融为一体。根据产业融合理论,不同产业之间要想真正实现融合,需要具备市场性、关联性、动态性三个条件,这一理论为文旅融合提供了有力的理论支撑。

(一)以文促旅产业融合

理论的市场性是指在当前市场中存在企业竞争。我国旅游业起步较晚,旅游市场发育程度低,还停留在初级阶段的"观光旅游",旅游产

---

① 朱伟.乡村旅游理论与实践[M].北京:中国农业科学技术出版社,2014.

品的同质化现象突出,因此市场竞争尤为激烈。文化融入旅游可以让旅游企业跳出低质量竞争的"红海",走向高质量发展的"蓝海",不断提升自己的市场竞争力。文化的特殊性在于其"异质性",即不同地域的文化都存在差异。正所谓"一方水土养一方人",由于地理、气候、环境等存在差异,造就了各区域的自然景观、风俗习惯、饮食文化等的独特性和差异性。一方面,通过文化为旅游赋能,把文化中的特色要素融入旅游产品,提升旅游产品的文化内涵和品位。如西安十分流行的"摔碗酒",看起来似乎只是一种商业噱头,但实际上是侠客文化的一种外在呈现。另一方面,文化的异质性对塑造独特文化IP知识产权和文化品牌形象起着重要作用。例如,杭州演艺公司依托杭州历史文化传说,打造出"宋城""千古情"等著名品牌,而开封演艺集团依托开封历史文化资源,打造出"大宋""东京梦华"等品牌,虽都发展宋文化,却因地域文化的不同而发展出不同的品牌形象。因此,将文化融入旅游之中,文化的异质性能够让旅游呈现出独特性和差异性,增强旅游的竞争力。

(二)以旅促文产业融合

文化和旅游产业本身就存在交叉部分,无论是自然资源还是人文资源,其文化必定要附着在旅游载体上进行开发利用。文化以往更多服务于公共事业,若想增强其市场影响力,必定要依托旅游产业满足市场需求。旅游可以潜移默化地影响人们的思想观念和社会意识,是文化传播的有效途径。以开封"清明上河园""大宋武侠城"景区内的"打铁花"表演为例,它距今已经有千余年历史,是国家非物质文化遗产,以其壮观且极具美感的场面而受到观众喜爱。"打铁花"在尚未商业化之前,虽然具有厚重的历史、美学等研究价值,但无法"活"起来,在通过文旅融合进景区、做表演等商业化运作后,满足了市场需求,引起了更多人关注,在带来经济效益的同时,也让这项技艺后继有人,得到很好的传承。

(三)文旅互促

产业融合的第三个前提条件是动态性,即不同产业的融合不是产品的简单叠加,而是在市场需求基础上通过各种方式实现技术、资本、内容等各方面的融合。换句话说,文旅融合不是单向的融合,而是一个彼此促进、共生共建、协同发展的多层次、全方位的双向融合。经由文化赋能的旅游是高质量的旅游,经由旅游承载的文化是特色化的文化。在文化场域视角下,文化距离是影响人们旅游动机的重要方面,而旅游的流动性是文化互动变迁的重要渠道。文化场域是文旅融合的空间载体,旅游空间实践参与文化场域共创。从历史角度来看,旅游与文化在内涵上相伴相生、彼此蕴含,在作用上相互借力、交融互动,在形成上互相创造、互为因果。从功能性上来看,文化是旅游的灵魂,旅游是文化的载体。

二、文旅融合的维度

根据波特钻石模型,一个国家或地区的生产要素、需求条件、相关及支持产业、企业战略、结构和同业竞争的相互作用可以有效增强某个产业的竞争力,使其获得竞争优势。再结合上述的产业融合理论,文旅融合可将资源要素、需求市场、产业集聚、企业竞争、政策和机会五大要素作为抓手。

（一）资源要素

文旅资源融合主要体现在人、财、物等核心资源的融合上。"人"具有能动性,不仅是文旅资源融合的主体,也是融合的内容。可以依托历史名人的历史典故、历史事件、文学艺术等打造文旅项目和产品,比如南阳将诸葛亮"三顾茅庐"等历史典故打造成演艺节目,融入整个卧龙岗文化园项目中;也可以依托非遗传承人（太极）陈照森、传统手工艺大师（汝瓷）宋向元等现代名人,带动文化传承。在"财"方面,把文化投入和旅游投入融合起来,通过文旅项目带动投资,把文化资源整合到旅游企业,把文化资源转化为文化资本,把旅游资源融合进文化企业,把旅游资源转化为旅游资本,实现文旅资源向文旅资本转化;通过金融资本市场进行融资等拓宽融资渠道,优化分配方式。"物"包括具有历史和文物价值的建筑遗址遗迹、天然的文化旅游资源等,这些有形文旅资源需要明确权属,疏通开发障碍,以保护优先为原则,实现利益相关者的共赢,做到文旅资源综合性开发,一体化运营;民间习俗、现代节庆这些无形的文旅资源需要抓住特点、找寻契机、精心策划,通过各种形式的文旅活动将其充分开发利用起来。

（二）需求市场

文化和旅游融合的动因,一方面是国内需求市场的转变,人们对旅游的消费逐渐转为更高层次的内涵消费,对文化的消费逐渐转为多样载体的旅游消费。因此,以市场为导向,文化旅游融合与波特钻石模型中提出的国内需求市场使产业发展的动力的思想具有内在一致性。另一方面,是文化和旅游企业供给的转变,由低端供给转向高质量供给,发展新业态、新产品,培育出新的消费增长点成为引领市场发展的新要求。因此,文化企业经营范围在向旅游业务方向拓展,旅游企业经营范围在向文化业务方向拓展,使得文化旅游化,旅游文化化。正是企业为创造新的市场需求,实现利益最大化目标,促进了文旅产业能够在更广范围、更深层次、更多维度的融合发展。

（三）产业集群

产业的发展不是"一枝独秀",优势产业一定是同相关强势产业休戚与共、共同繁荣的。例如,汽车工业的竞争优势离不开钢铁、机械、化工等零部件支持产业。具体到文旅产业、文化产业各行业的内容和服务创新能够给旅游产业发展带来吸引力和全新体验,增加经营收入,延伸产品线,创造新的价值增长空间。在旅游产业的吃、住、行、游、娱、购等行业发展方面,文化产业能够与旅游产业相互结合,为旅游产业找到新的发展契机。以北京环球主题公园为例,借助项目建设契机,集聚起信息技术、文艺制作、文化演出、旅游商业、会议会展等文旅产业,打造文化旅游产业集群,扩大了旅游景区的发展规模,延长了产业链,实现了文化产业与旅游产业的协同发展。

（四）企业竞争

波特钻石模型提出,企业战略、结构与同业竞争能够使产业具备竞争优势,成功的产业必然要通过竞争改进产品和服务,实现优胜劣汰。当下,文旅企业的核心竞争力已由产品转变为场景,因此,文旅场景的设置是提升文旅企业竞争力的重要途径。罗伯特·斯考伯与谢尔·伊斯雷尔在《即将到来的场景时代》一书中提出了与场景时代相关的五大要素,即大数据、移动设备、社交媒体、传感器、定位系统。[①] 这五大要素正在改变消费者体验,也在改变着大大小小的企业。而时间、空间、人、

[①] （美）斯考伯,（美）伊斯雷尔著.即将到来的场景时代[M].赵乾坤,周宝曜译.北京：北京联合出版公司,2014.

文化、业态等要素可以构建起场景,于是场景本身也就成了旅游资源,拉动了消费增长。"大唐不夜城""只有河南·戏剧幻城""长沙超级文和友"等的成功运营正说明了场景的重要性。因此,文旅产业的发展需要更加强调场景的重要性。一方面,可以通过人文风俗、地方饮食等文化的提炼,体现强烈的文化创意张力,构建独一无二的消费认知,塑造独特的消费场景,吸引更多消费者;另一方面,运用5G、大数据、人工智能、区块链、物联网等技术,促进文旅产业能够向数字化、智慧化方向发展,以科技赋予空间沉浸感,打造出立体环绕的文化体验式空间,增强消费者体验。

(五)政策和机会

政策和机会对产业发展的各个环节都会产生影响。这需要政府针对文化资源挖掘、保护、利用等方面出台和制定相关实施方案,实现统一规划;出台针对文旅融合高质量发展的相关政策,加大资金支持力度;在旅游景区的公路、给排水、供电、垃圾站、公厕等基础设施的土地使用费方面,视具体情况予以减免;注重本土人才的培养和优秀人才的引进;同时,通过政策支持让志愿者组织、公益组织、环保组织、旅游协会、消费者协会、媒体等参与到文旅融合发展中来,形成全社会参与的良好氛围,实现文旅深度融合。机会是不断变化的,充满风险性,这需要文旅相关企业辨别机会,抓住国家推动文旅融合的政策机会、高质量发展的机会、市场转型升级的机会等,同时,转"危"为"机",在面对新冠肺炎疫情冲击的背景下,抓住线上发展的机会开展云旅游、云演播、云展览等,推广推介文旅项目和产品,提高文旅品牌知名度。

三、文旅融合的路径

文旅融合的过程是曲折的,道路是艰难的,但潜力是巨大的。中华上下五千年的历史文化积淀和独特的旅游资源,是发展文旅产业的坚实文化基础,要以优秀传统文化为基础,依托科学技术,发展新型文旅业态。

(一)挖掘文化遗产,打造文化场馆

文化遗产是经历漫长岁月传承遗留下来的,是一笔宝贵的财富。以文化遗产资源为抓手,打造文化场馆,是传承传统文化、发展文化创意产业、促进文化旅游消费的重要内容。

1. 文化遗产是内涵

文化遗产是一种文化形态终结之后或一种文化传统延续至今的具有年代价值、经典价值和稀缺价值的人类行为及其创造物的遗留。为了传承中华优秀传统文化,全国各地每年都会评选整理出文化遗产名单,梳理文化遗产的种类、数量等,但也仅止步于此。但丁曾说过:"世界上没有垃圾,只有放错位置的宝藏。"所谓挖掘文化遗产,实际上就是将这些资源放在正确的位置上。一方面,文化遗产之美不仅在于其对称之美、颜色之美等表象之美,也在于其经历沧桑岁月后留下的历史厚重感。找到历史与现实的关联点,建立起文化遗产和游客之间跨时空的对话连接,创造情感消费。另一方面,文化遗产资源的消费事实上也是一种符号和意义消费。大多数人买了故宫文创产品后并不舍得使用,这是因为人们并不是消费这些文创产品的使用价值,而是其符号意义。这提醒我们在挖掘文化遗产资源时,要跳出文化遗产本身,注重其符号化开发,满足消费者的需求。

2. 文化场馆是载体

文化场馆建设在一个现代化城市的文化建设中有着举足轻重的地位,通常被视作这个城市的文化标志,也是承载文化遗产的重要载体。打造文化场馆,有利于文化遗产的传承和发扬,也有利于文旅深度融合。首先,文化场馆扩展了文化旅游空间。近年来,博物馆、美术馆、艺术馆等文化场馆愈发受到游客欢迎,一些文化场馆在节假日甚至出现了预约爆满的现象。其次,文化场馆是公共文化服务事业中的重要组成部分,是建设社会主义和谐社会的主要阵地,同时,由于文化场馆本身具有为社会服务的职责,也被赋予了教育意义,因此,文化场馆也是发展研学旅游的场所。尤其是自2016年国家相关部门联合发文将研学旅行纳入中小学教育教学计划后,"研学游"便日渐升温,成了许多学生的暑期标配。因此,文化场馆的建设就变得尤为重要,不仅仅是陈列展示展品,还要利用多种手段和呈现方式,丰富学生们的体验感。

（二）发展影视动漫，延长文旅产业链

近年来，"上海迪士尼主题乐园""北京环球影城"等国外项目引进后，吸引了国内年轻人的目光，反观国内的文旅项目却极少能走出海外。这一方面说明了国外影视 IP 具有强大影响力，另一方面也反映了我国本土文旅项目的建设不够成熟。通过影视 IP 塑造本土品牌 IP，以此打造大型文旅项目，助推文旅产业融合，提升文旅消费，延长文旅产业链，是文旅融合发展中重点关注的方向。

1. 以影视为依托，塑造特色品牌

IP 全称为"Intellectual Property"，译为"知识产权"，意为作者本身对其智力劳动成果所享有的专有权利，可以是一部小说、一个故事情节，也可以是一个人物、一个名称。随着时代的发展，IP 逐渐向动漫、影视、出版等多个领域扩展。在影视方面，一个成功的影视 IP 可以在小说、电影、电视剧、漫画、游戏等不同媒介形式中自由转换，并且日趋多元化。以 IP 影视作品为核心的价值链延伸模式主要有三种：以美国为代表的全版权开发模式、以英国为代表的价值链反哺 IP 影视作品模式和以日本为代表的影视全类型产品开发模式。

当前，我国主要推行的是全版权开发模式，依托影视 IP，发展出版、游戏、玩具、文具、食品、日用品、主题乐园等产业，形成协同聚合效应。电影《少林寺》让少林名号享誉全国，亲子类电视节目《爸爸去哪儿》让北京灵水村、山东荣成鸡鸣岛等更加知名，电视剧《隐秘的角落》让广东湛江的赤坎老街成为热门打卡点。一部电影、一部剧可以带动一座城市，这正是 IP 所具有的强大力量。

2. 以 IP 为依托，打造文旅项目

文旅项目优势之处在于聚合，如"迪士尼主题乐园"是依托迪士尼 IP 建设的，园区内可以聚合起民宿酒店、餐饮、游乐设施、文创等产业，形成聚合效应，增加了旅游消费。同时，这些产业所带来的影响又能反哺迪士尼 IP。2012 年，我国拥有超 3000 个主题公园，但只有不到 10% 能够实现营利，至今十年过去了，这一情况仍然没有得到明显改善。其中主要的原因在于没有形成独特 IP，大多数主题公园内容同质化，没有特色或地区差异性，因此也就不能吸引游客前来。同时，随着产业升级

和消费升级,文旅项目建设也需要转换思路,改变原来简单依靠门票作为主要营利来源的思路,依托文化IP来聚集相关产业,形成文化创意产业园的独特产品内容。

3. 以文旅项目为依托,推进产业融合

文旅项目为文旅与相关产业融合发展提供了空间载体,同时也是推进"文化+"的基础性平台。一方面,以文旅项目为依托,发展演艺娱乐行业。近年来,开封清明上河园"大宋·东京梦华"、西安华清宫"长恨歌"、杭州宋城景区"宋城千古情"等大型实景演出受到游客欢迎,其恢宏大气的场面吸引了不少游客。演艺行业囿于舞台和渠道限制,一些小众且优质剧种舞种很难走向市场,通过文创产业园,可以将这些内容融入演出作品中,既能够使作品更加多样立体,也有助于其走向大众市场。另一方面,推动文旅与工业、商贸、体育、会展等产业相结合。许多知名的文化产业园区,如北京798艺术区、青岛创意100产业园等,都是利用老建筑、老厂房、老街区改造而成的,这些基础建筑赋予产业园区更多历史特色,通过创意设计,连接了传统与现代,实现了工业与艺术、创意与时尚的完美结合。

(三)运用先进科技,丰富文旅业态

5G、大数据、云计算、人工智能、物联网、AR、VR、区块链等技术的发展推动社会进入了数字经济时代,人们的行为逐渐由线下向线上迁移,尤其是受新冠肺炎疫情的影响,加速了人们数字化迁徙的进程。基于信息技术的数字文旅生态逐渐形成,智慧文旅迅速发展,线上文旅成为常态。

1. 发展数字文旅,营造文旅生态

数字文旅最主要的应用场景是沉浸式体验,从而营造出一个沉浸式文旅生态。首先,通过搭建数字文旅设施,推动旅游公共服务数字化,创造便利的消费环境,提升景区内部及周围的网络覆盖范围和强度,改善游客体验。其次,强化地方文化要素在景区内的作用,运用好景区已有的文化资源,通过文化元素和符号传达文化内涵,民宿、饮食小吃、游玩设施都依托文化元素建设,推动传统景区向新型文旅数字化方向转变。也可以依托景区这一载体通过线上文化平台搭建和开展数字文创体验活动,将数字技术与文化相结合。例如,开设数字文创新体验活动、美食文化体验活动,利用虚拟游戏、话题造势等让游客在线上线下参与互动,使游客体验沉浸式游玩乐趣,实现虚拟游戏与现实景点的破壁。很多传统景区文化内涵丰富,但数字化程度低,其营利模式大多是门票经济,即门票收入占其总盈利的比重大,景区内二次消费的内容很少。一些景区依靠其历史文化资源以及媒体造势,获得了较大知名度,却未能充分利用好文化资源,导致景区整体的文旅生态单一或混乱。数字文旅的关键之处就是要构建起一个文旅生态系统,能够统一景区内生态与景区周边生态,强化文化和科技在景区内的作用,形成具有浓重地方特色的旅游项目和产品,不仅仅是饮食小吃,也包括建筑元素、商家牌匾、娱乐设施等,都能利用当地独特或者强势的文化故事和元素,使得游客能沉浸其中,愿意为其文化的独特性买单。

2. 发展智慧文旅,改善文旅体验

智慧旅游就是利用互联网、物联网、大数据、人工智能等现代信息技术,通过整合移动通信、智能终端、信息资源等信息数据,为企业和游客提供基于全流程、全场景的智慧服务和智慧管理,推动旅游服务、旅游体验、旅游管理、旅游营销、旅游资源利用、产业促进等方面的协同式发展。智慧文旅就是在智慧旅游的基础上充分融入文化的旅游新业态。景区内部硬件设施,如视频监控系统、娱乐设施、防灾减灾设施等需要定期检修,保障景区内部及游客的安全;利用大数据技术,即时收集和处理基础设施相关数据,对硬件基础设施进行全天候监控,确保设施安全。[①]例如,在缆车上安装传感器等收集数据、监控状况,保障游客生命安全。在景区内部管理和服务方面,如景区停车场服务、门票预订系统、信息反馈系统、导游服务、购物管理等,通过一些技术手段让游客更快更好地享受到服务。还可以通过人工智能机器人等与游客形成互动,让游客给景区发展提供建议,参与到景区文化建设中来,实现互利共赢。同时,还应该考虑到一些特殊人群的特殊需求,设置服务点,提供一些针对性的服务,比如母婴室、第三卫生间、医疗室等,为紧急事件的发生提供预案,这些细节能够体现景区的服务意识和人性化理念,提升游客

---

① 何莎."智慧旅游"战略背景下云南影视旅游产业链构建研究[D].云南艺术学院,2021.

体验感，让更多游客成为"回头客"和宣传者。

3. 发展云上文旅，促进文旅转型

突如其来的新冠肺炎疫情使各个行业发生了很大变化，人们的许多生活都被迫从线下转到线上，云直播、云撸猫、云课堂、云健身、云聚会以及足不出户的"云游"模式被广泛接受，博物馆在线游、花海在线看等慢直播文旅方式成为人们放松情绪的出口。一方面，需要将文旅与短视频、直播等相结合，通过短视频传播旅游的新内涵；通过直播带货、云游景区、直播访谈等特色形式，重点展示和推介旅游景点、线路和特色地方产品等，让游客通过网络能够"云游"体验各地的自然人文风光，购买到各地的特色产品。另一方面，通过在线上开展博览会、展览会等进行文旅品牌和产品推介、招商引资、地标优品展销等。通过扫描二维码等方式，让游客在线上就能全面了解展会展品的细节全景，不仅传播成本更低、范围更广，对文旅相关消费也可起到促进作用。还可以通过VR、AR技术，以全景、视频、3D打印、图片、文字等方式，将文旅资源活化为可听可看、可读可感的网络传播产品，增强消费者的体验感。

四、促进文旅融合的思考建议

文旅融合虽然作为乡村振兴伟大战略的重要抓手至关重要，但在我国起步时间较晚，发展过程中还面临种种问题，文旅融合发展在于两大产业之间的彼此协调和谐发展，这也符合高质量发展的要求，然而目前也面临着价值冲突、管理缺失以及产品特征差异性等问题，针对这些问题，提出如下思考建议。

（一）应从产业融合发展的本质上明确文化和旅游产业的相互作用关系

现阶段文旅融合模式存在的主要问题是彼此间的定位不清晰、不明确，这将无法保证双边的协调作用机制的实现，在打造乡村旅游的同时，应加强同传统民族文化的一体化发展，不能只注重经济利益的获得，要进一步明确文旅融合的内涵和机制，对文旅融合的不同发展阶段要进行科学合理的产业发展规划，不能急功近利。

（二）正视文化产业同旅游产业的差异性

两大产业的差异性导致了价值冲突以及政策管理的缺失，因此应在追求经济利益的同时正视这些存在的差异和矛盾，同时由于文旅融合模式目前并没有统一的管理措施，在摸着石头过河的同时虽然允许试错成本，但应将立足点放在利益的协调机制上，将文旅融合发展真正同乡村振兴、农民发展需求以及农村产业发展等紧密结合，放弃短视的做法，以树立农村民族文化自信为首要任务，用文化自信带动农村旅游经济的发展，这符合新时代长久持续性高质量发展的要求。

（三）建立文旅融合发展创新机制

目前文旅融合过程中出现的模式同质化问题，不利于长久的旅游经济发展，因此应鼓励乡村深挖本地的特色文化内涵，结合自身特征和优势进行文旅融合产品的设计和创新，要着眼于建立文旅融合发展的长效机制，吸引人才，为人才提供培养和发展平台。设立市场开发、产品营销部门，对于产品的设计要在乡村旅游过程中融入本地独特的文化灵魂，进一步提升本地旅游产品的创新度和发展的持久性。

文旅融合发展不是单纯以经济利益为主，在乡村振兴战略的实施过程中，要注重效率和发展相结合，长久的发展才是硬道理。文旅融合的灵魂应该以文化作为精神的指引，通过产品设计和人才培养，让旅游产品在获得新的价值的同时做好传统文化的发扬与传承是关键。目前，发展过程中出现的诸多矛盾和问题，严重限制了文旅融合的长久发展，不利于传统文化的发扬，也不利于乡村旅游经济的可持续性发展，失去文化内涵的同质化旅游经济不是乡村振兴伟大战略实施过程中所要求的，面对存在的诸多问题，应该抱着文化自信、准确定位、增进理解与协调发展的姿态实现文化与旅游真正的融合发展。

第三章

国内外文旅融合开发的经验与启示

> 文旅融合在国外的发展相对于国内而言时间较长,已经积累了丰富的经验。对于国内的文旅融合发展而言,我们可以在以往发展经验的基础上,借鉴国外的发展经验,少走弯路,借助新的科学技术,开拓出更新的发展路径。本章主要研究国内外文旅融合开发的经验与启示。

第一节　国内文旅融合开发的经验与启示

一、文旅融合的文化主题研究

文旅产业部门人员应联合旅游目的地,开发并深化多种多样的文化旅游主题,推动文化旅游向纵深发展。如随着夜间旅游模块的逐渐升温,夜间经济开始受到各景区的关注。夜间旅游作为城市的一张亮丽的名片,对吸引游客群体参与有独特优势。夜间旅游作为一种新的文化旅游发展模式,能有效利用存量旅游资源,激活城市文旅空间,丰富游客体验,填补夜晚旅游活动的空白,解决淡季旅游资源短缺的问题,将传统旅游由扩充空间向延展时间转变,有利于推进旅游供给侧结构性改革,带动旅游产业的高效发展。北京故宫博物院于2019年向公众开放夜场,点亮紫禁城夜景取得了良好效果。[①]

值得关注的是,红色旅游对文旅产业发展有极其重要的价值。红色旅游和红色文化在革命老区形成了庞大的产业链条,既能宣传红色旅游,又能带动老区革命圣地的经济发展。红色旅游能促进大众对民族精神的传承和对历史文化的铭记。在具体形式上,可借助红色遗址和相关演艺活动打造旅游精品路线,弘扬爱国主义精神,也可用"文化+"和"旅游+"的方式打造生态旅游精品线路,激发旅游新业态的生命力。贵州省遵义市主打红色旅游,依托遵义会议会址和娄山关等红色旅游资源,打造红色旅游产品,有效提升了遵义市旅游产业的影响力和知名度。

少数民族往往有独特的文化标识和文化印记,在旅游市场中可以依据这些文化标识和印记重点开发文化创意产品,如云南的傣族、白族、纳西族的民族服饰等。

---

① 张旭娟,李翠林.国内文旅融合研究综述[J].河北旅游职业学院学报,2021,26(03):76-81.

二、文化和旅游公共服务的融合研究

旅游公共服务在文旅融合的过程中发挥着重要作用。优质的公共服务供给可以为旅游目的地增添亮点，增强游客重游的意愿，而低质量的公共服务供给不仅会降低游客的满意度和幸福感，而且可能影响旅游目的地文化民俗的地位和影响力。图书馆、博物馆等公益类文化场所应主动迎合文旅融合，让文化活起来，主动对接旅游目的地，更好地为当地群众和游客服务。还可以强化图书馆、博物馆等公众场所的教育、会展功能，引入现代科技元素，增强当地群众和游客的参与度和体验感。例如天津市滨海新区图书馆赋予现代图书馆全新的发展形式，该图书馆凭借全新的发展模式，以浮雕技术模仿千万书卷的独特造型，给游客带来强烈的视觉刺激和感官体验，成为旅游者打卡必到之处。文化会展经济和旅游花卉展览，同样可以衍生多样式的文旅融合发展模式。

国内学者对文旅融合进行了广泛研究，取得了丰硕的成果。但在文旅融合的大趋势下，已有成果对各地旅游资源文化内涵的深入挖掘及文化资源与旅游相容相生的研究还远远不够。

第一，在重视文旅融合的同时，还应注重保留文化的原真性。在文旅融合的趋势下，切勿一味地追逐经济效益，更不能无中生有，画蛇添足。文旅融合过程不能一刀切，将文化要素简单堆砌，与旅游产业进行粗暴式融合。简单粗暴地融合，不但不会对文旅产业产生实质性的促进作用，反而会挫伤游客对文旅融合的期待值，降低游客满意度。笔者主张对文化和旅游实施一体化分类管理。细化文化旅游市场，区分公益性和商业性的文旅活动，保留文化原真性。

第二，注重深入挖掘旅游目的地的文化内涵。换言之，在打造文旅融合景观设施时应切忌空壳化。文旅融合的关键在于为旅游目的地注入文化内涵，重要的不仅仅是旅游目的地要有文化古迹，更重要的是能够深入挖掘文化古迹蕴含的文化内涵，使历史文化活起来，既能够有故事讲，还能讲好故事，提高文旅产业的发展活力和长久竞争力。空壳化是指一味地为实现文旅融合，强行打造地表建筑和景观设施等。文旅设施空壳化既造成资源浪费，也背离了文旅融合发展的初衷。

第三，切实推动文旅融合朝低碳化方向发展，在开发的同时应注重环境保护，并引导全社会践行环保生活方式。在具体实施上，可以从政府、企业、旅游者个人三方面着手,从政府层面制定文旅融合低碳发展模式的政策法规文件。旅游企业方面践行低碳发展方式,促进旅游企业发展提质升级。旅游者个人在社会营造的低碳生活环境下,树立低碳绿色的生活理念,促进文旅融合产业低碳发展。

第二节　国外文旅融合开发的经验与启示

旅游业是世界经济中增长速度较快、规模较大的行业之一,在创造就业机会、增加外汇收入、优化产业结构和促进区域经济发展等方面发挥着重要作用,是全球经济复苏的重要力量。与此同时,文化在旅游产业中扮演的角色越发重要,联合国世界旅游组织(UNWTO)在《文化与旅游协同发展报告》中称:"旅游业和文化之间的协同作用被视为大多数国家的关键机遇。"文化与旅游的融合发展和协同创新是国际社会公认的必然趋势,也是促进旅游产业与文化产业提质升级的必然选择。

文化于旅游而言是内容和灵魂,是旅游产品的核心竞争力和最终实现目标,在丰富旅游内涵的同时增加文化附加值。旅游对于文化来讲是载体和媒介,是文化传播和传承的重要途径,能创造新的旅游文化从而丰富文化内容。文化旅游作为一种文化和旅游融合的特定产业形式,相关的研究非常丰富,主要集中在文化旅游的内涵与意义、文化旅游企业经营管理、文化旅游利益相关者等方面。国外文旅融合实践起步较早,文化旅游吸引力强,形成了若干成熟且特色鲜明的文旅融合模式。

一、文化遗产旅游:基于遗产保护整合文化空间

联合国教科文组织在1972年的《保护世界自然和文化遗产公约》中首次正式提出文化遗产的概念,随着认知的深入,文化遗产的内容也在最初的文物、建筑群和遗址基础上增加了文化景观、非物质文化遗产等。文化遗产具有较高的历史价值、审美价值、科教价值和社会价值,是一种"融合了历史和文化场所有形和无形意义的文化形态",是十分

重要的旅游资源。对文化遗产进行旅游开发既有利于文化遗产自身价值的阐释和保护,也有利于充分发挥其正外部性作用,实现功能转嫁与价值外溢。在国外,有时也用"heritage tourism"来指代"cultural tourism",这表明遗产旅游对于文化旅游的重要性。[①] 文化遗产旅游是一种将遗产保护与产业开发相结合,在利益相关者的协作配合下,通过对文化遗产资源的保护、解读和创新,既促进传统文化的复兴,构成独特性文化吸引力,又推动文化遗产的活化,满足游客现代需求的文化旅游形式。文化遗产旅游是遗产地保护的重要动力,也是文化遗产传承和综合推广的重要途径。根据文化遗产物质载体利用方式与表达重点的不同,世界遗产地、文化线路、博物馆和考古遗址公园等构成了文化遗产旅游的重要空间和代表形态。

文化遗产保护是开展文化遗产旅游的基础,遗产的公共物品性质及其唯一性使得保持保护与开发的平衡成为遗产旅游资源管理的焦点。"文化空间"是指一个具有文化意义或性质的物理空间、场所、地点,对文化遗产价值的认知程度是整合文化空间的关键。从旅游发达国家实践经验来看,许多国家通过整合文化空间,积极开展遗产旅游工作,确立了各具特色的遗产保护与旅游开发方式,成为吸引海外游客的重要力量。意大利的文化遗产保护形成了完善的机构、法律和财政支持系统和高度的民众参与意识,为遗产的旅游式开发建立了完善的机制体制和配套措施;英国注重将文化遗产与创意活动有机结合,并借助完善的投融资机制,优先考虑文化对旅游经济增长的贡献;法国致力于对历史地段内居民生活环境的改善以及对遗址的再利用,以此保持历史文化遗产的活力并使其价值在新的时代得到提升。遗产的整体性保护越来越受到国际社会的重视。西班牙是最早倡导开展文化线路研究的国家,被列入世界遗产名录的圣地亚哥·德·卡姆波斯特拉朝圣路线成为西班牙文化旅游的黄金线路。围绕某一项或多项文化遗产聚集地进行就地保护或集聚性开发,从而整合文化空间,既审视文化遗产的价值判断,又加强目的地旅游承载力,以空间文化感和内容感加强旅游与文化遗产的联系,是各国发展文化遗产旅游的必要工作。

传统与现代之间的张力揭示了旅游业与遗产之间的复杂关系。世

---

① 邵明华,张兆友.国外文旅融合发展模式与借鉴价值研究[J].福建论坛(人文社会科学版),2020(08):37-46.

界经济论坛发布的《2017年旅游业竞争力报告》显示,我国文化资源单项指标位居榜首,丰富的文化资源为我国文化旅游发展提供了充足的文化原力。旅游发达国家的经验显示,文化遗产的保护呈现出从重视静态遗产转向同时重视活态传承、从重点保护单个遗产转向同时重视群体遗产保护的轨迹,这是文化遗产保护的重要趋势。我国对文化遗产的保护工作在很多方面已经走在了世界前列,培育了良好的文化遗产生存发展环境,形成了多样的文化空间整合手法。但对照英国、西班牙等国,我国在"文创"产品开发、文化线路的保护与研究方面相对滞后,文化遗产旅游市场还有很大开拓空间。"文创"产品使遗产的文化含义超越遗产本身,得到更好的延展和发散。

在将文化遗产地转化为旅游目的地的基础上,借助博物馆等重要载体,加大相关"文创"产品的研发,既能拓展遗产的生存空间,又可以吸引游客注意力。文化线路的无形意义在于精神观念之路、文化传播之路、制度风俗之路,文化层面的深度意义使线路更具渗透性、辐射性和长久性。河西走廊、丝绸之路、大运河、茶马古道、古蜀道等都是极具中国特色的文化符号,重视对这些文化线路的保护与开发,不仅可以推动文化遗产由点及线再到面的全方位、立体化保护,形成国内整体性保护甚至跨国保护的宏阔格局,更重要的是,可以通过统一规划将文化线路设计为天然的旅游线路,刺激沿线地区的文化旅游发展,与全域旅游形成良好互动。文化遗产的旅游式开发是一项重要的课题,有利于文化遗产实现静态功能的集中和动态功能的放大,为游客参观游览文化场所和进行文化体验提供更多选择。

二、主题公园旅游:基于 IP 拓展品牌价值

主题公园是根据一个共同的或一系列的主题设计,结合了景观、环境、游乐设施、表演和展览等内容的综合性休闲娱乐场所,最早可追溯到 1952 年兴建的荷兰马德罗丹小人国,后在以迪士尼、环球影城为代表的美国主题乐园发展中兴起和成熟,并迅速发展为在全球范围内流行的娱乐旅游形式。主题公园旅游是以特定主题为文化吸引,以人造景观和设施为体验对象,以实地主题公园为特定空间,在充分融入文化创意和新兴科技等现代元素基础上,满足游客追求新奇和休闲娱乐需求的一种文化旅游形式。美国主题娱乐协会(Themed Entertainment

Association，TEA）联合 AECOM 设计集团发布的《2018 全球主题公园和博物馆报告》显示，全球排名前十主题公园集团年接待游客人次突破 5 亿，主题公园游已经成为全球旅游市场的重要内容和蓬勃发展的巨型产业。美国主题公园以其独特大胆的想象力、颠覆传统的创造力、细致合理的服务力、绝无仅有的影响力为游客提供了"一个物体、图像和思想的领域"，引领着世界主题公园业的发展。从旅游发达国家主题公园的全球布局和文化输出来看，实现品牌化的价值拓展是主题公园的发展目标。

根据主题公园的主题选择、投资规模、市场腹地、年游客量等要素，可以将主题公园划分为目的地主题公园、区域性主题公园、游乐园、地方性主题公园和小规模主题公园五个基本类型。世界范围内具有影响力的目的地主题公园具有"一体两翼"的发展特征，其中"一体"是指主题公园的文化IP，"两翼"分别指代品牌连锁化和业态综合化。IP 是文化产业化进程中经济资本注入文化生产的产物，反映出文化产业"内容为王"的创新意识和"版权为王"的经营策略。美国迪士尼、环球影城等以内容生产驱动全产业链，实现自身文化品牌的多向延伸，主题公园成为集团提升品牌价值的重要一环。其中，迪士尼以"原创IP+内容生产""设施硬实力+服务软实力""本土化+国际化"为特点，提供了全球主题公园运营的范本。英国默林集团旗下的主题乐园品牌多样且相对独立，培育了乐高乐园、海洋生物馆、杜莎夫人蜡像馆等众多主题公园品牌，并通过与旅游景点的联结实现资源共享和互补。以迪士尼为代表的美国主题公园依托对强势 IP 的整合打造完整产业链，以默林娱乐为代表的英国主题公园着重实现多元 IP 的差异化运营，尽管路径选择不同，但二者都创造了巨大的经济收益，以"一源多用"推动集团品牌价值的拓展。

主题公园具有高投入、生命周期短的特点，在激烈的市场竞争环境中，要突破瓶颈，需要不断发现和解决自身的问题。得益于人口基数红利，我国主题公园旅游人次居世界前列，但尚未培育出一个"迪士尼式"内涵丰富的文化符号和商业帝国。英美等国主题公园的全球扩张表明，以设施为用，以文化为魂，谋求品牌价值最大化是全球主题公园生存和发展的共同逻辑。以设施为用是指注重利用科技创新，以娱乐参与取代纯观光性的静态景观。主题公园旅游作为典型的体验经济类型，利用现代科技发展先进设施，是提升游客体验的基础。以文化为魂强调文化特色,避免简单模仿和粗制滥造。借鉴迪士尼、环球影城等主题公园的成功经验,使我国本土的主题公园也可以成为承载、展示和传播中华文化的平台,重点在于加强对中华优秀传统文化元素的挖掘、理解、包装和活化,打造中国主题公园的超级 IP。同时,利用创意策划和科技手段实现 IP 主题在虚拟空间内的蔓延和实体产品上的扩展,以整合开发模式推动产业链创新和产业融合,打造多元化营利结构。深入推进国际化战略,采取集团化运营和跨区域扩张方式,通过新市场的开辟提高全球知名度。以 IP 为中心提升文化内涵,是主题公园两翼得以延展的重要保障与核心支撑,从而实现文化内容与表现形式的有机结合。

三、乡村文化旅游:基于多样形态实现乡村振兴

随着工业化和城市化进程的加快,乡村旅游进入新的发展阶段。有学者指出,乡村旅游是以农村地区为特色,以农民为经营主体,以旅游资源为依托,以旅游活动为内容,以促进农村发展为目的的社会活动,包括乡村自然风光、乡村生活体验和乡村民俗风情等。乡村文化旅游建立在乡村文化原真性和独特性基础上,以乡村文化景观欣赏和乡村文化活动体验为主要内容,以特色小镇及集群、传统村落、乡村遗迹以及农业活动等为主要表现形式,既以乡村文化满足游客需求,又以旅游发展推动乡村振兴。与传统乡村旅游相比,乡村文化旅游更加突出文化属性,提高了乡村旅游的层次和品位。对于产业基础深厚和文化资源丰富的乡村地区,发展乡村文化旅游可以改善当地生态环境和基础设施建设,拉动人才返乡创业,同时促进产业升级和业态拓展,推动乡村地区经济实现突破。更重要的是,乡村文化旅游承载的乡村记忆和历史沉淀可以通过相应的旅游活动、旅游产品呈现给游客,有助于保持乡村文化的活力,保护乡村文化遗产,以文化复耕方式实现文化价值的传播传承。

不同国家的乡村文化旅游经历了不同的发展历程,也呈现出各异的形态和特点。欧洲被认为是乡村文化旅游发展最早且最为成熟的地区,欧盟第五框架协议提出了欧洲综合乡村旅游管理方针,并在资金、政策、教育培训等多方面对乡村旅游提供大力支持。日本形成了集休闲观光、农业教育、农业体验为一体的多功能和复合型模式,开发了多样的乡村文化旅游产品。在传统旅游形式之外,特色小镇作为乡村文化旅游的代表,日益成为区域经济和文化发展的新名片。以特色建筑和温泉资

源为核心吸引力的英国巴斯小镇、以轻生活和依云水为代名词的法国依云小镇、以"世界香水之都"闻名的法国格拉斯小镇、以动画片蓝精灵为宣传点的西班牙胡斯卡小镇等,其各异的地域特征与产业布局逐渐演变成以产业制造和主题文化旅游为核心的经济结构,吸引着众多国内外游客前往观光体验,实现文化旅游的重大发展。乡村地区生产生活组织形式差异化所带来的吸引力,不仅满足了城市居民度假旅游的美好愿望,而且由于旅游发展带动了当地产业升级,实现了乡村地区的振兴,欧美发达国家也率先出现了逆城市化现象。

乡村文化旅游不仅可以发挥休闲功能,满足人类亲近自然的本质需求,又能够推动乡村地区产业结构的优化和调整,促进当地经济发展和现代化建设,是跨越城乡发展鸿沟的重要手段。国外经验表明,要实现乡村文化旅游可持续发展,必须突出乡村性,注重乡村多功能性发挥。结合我国实际,就是要与乡村振兴战略紧密结合,以多样化发展推动乡村地区产业、人才、文化、生态和组织等板块的全面振兴。我国乡村文化旅游起步较晚,在发展过程中要以地区自然资源、产业禀赋、人文特色为基础,充分考虑区域内差异化产业形态布局,依据当地自然和人文景观的有机配比,打造出多样化、复合型旅游产品,推进乡村旅游业差异化、深层化发展。借鉴法国、日本等国家旅游发展经验,乡村旅游支撑体系应重点建设法律保障体系、政策扶持机制。在政府干预机制之外,重视发挥乡村旅游行业协会的作用及其他民间组织的力量,积极探索和推广"农户+协会+政府"三位一体的供给模式,充分尊重农民主体地位,使乡村文化旅游更加规范化、规模化。以多样形态、多类产品、多种组织形式为重点,致力于打造有别于城市风光的乡村风貌,推进乡村文化旅游的可持续发展。

(一)美国乡村旅游

美国乡村旅游的起源可以回溯到英国,当时生活在城市中的英国封建贵族、富人经常前往乡间游历以躲避城市的喧嚣和污染。英国殖民者在殖民北美地区时延续了这一习惯,美洲壮丽的景象、独特的动植物资源、舒适的气候为英国殖民者旅行提供了良好的条件。与此同时,第二次世界大战之后,美国的公路网络建立,人们可以驱车从城市前往乡村,便利的交通也促进了美国乡村旅游的发展。20世纪70年代,美国的乡村旅游迅速发展壮大,到20世纪80年代初期,乡村旅游已然成为提高乡村经济收入的重要方式,乡村旅游由此逐渐成为美国旅游业的重要组成部分。

有学者按照旅游者的旅游动机以及旅游资源的不同,将美国的乡村旅游分为以遗产资源为依托的遗产旅游、以自然生态资源为依托的自然生态旅游、以农业资源为依托的农业旅游。旅游者在乡村旅游过程中既能观赏田园景色,还能参与具有浓郁地方特色的体验项目,让旅游者在放松身心的同时陶冶情操。[1]

1. 美国乡村旅游的类型

(1) 遗产旅游

遗产旅游是以遗产资源为旅游吸引物,吸引旅游者前往该地欣赏遗产景观、体验遗产文化氛围的一种特定的旅游活动。美国的自然文化遗产丰富,为其发展遗产旅游提供了优越的先天条件。美国宾夕法尼亚州的阿米什人远离现代文明,拒绝使用现代设施,仍然过着日出而作日落而息、耕田织布、自给自足的生活,他们的这种生活方式吸引了大批旅游者到访。美国西部的金田鬼城凭借其历史悠久的 Mammoth 金矿和 Goldfield 博物馆吸引着大量游客。位于宾夕法尼亚州东北部的 Steel Stacks 艺术文化园区的前身是伯利恒钢铁公司,20 世纪 80 年代,美国基础建设、房地产以及船舶等行业的停滞,导致钢铁市场面临着供过于求的局面,该厂房被迫倒闭,但在政府和非营利机构的支持下,该地以原有的工业遗产为基础,统一场地景观和新建筑的风格,增设架空的走廊以连接工业遗址景观和园区,为当地吸引了源源不断的旅游者,现如今,Steel Stacks 已是一个享誉全球的艺术文化娱乐园区。此外,美国充分利用南北战争遗址、名人住址以及废弃的煤场、采伐场等遗产资源来发展乡村遗产旅游。

(2) 自然生态旅游

自然生态旅游是以自然、生态资源为依托吸引旅游者观光、欣赏自然景观的旅游活动。美国的生态旅游发展处于世界领先地位,其典型代表是国家公园。美国国家公园不仅是国家公园体系的重要组成部分,也是旅游者休闲游憩的旅游目的地,国家公园的户外游憩功能可以满足旅

---

[1] 汉思.美国乡村旅游发展经验对我国的启示[J].农业经济,2018(05):143-144.

游者精神和心理的需求,还能促进区域经济的发展。国家公园不同于一般的旅游景区或自然保护区,它是为生态旅游、科学研究和环境教育场所而划定的需要特殊保护、管理和利用的区域,其主要目标是维护这些区域生态系统的稳定性。

（3）农业旅游

农业旅游是一种通过农场或郊区为旅游者提供娱乐和教育的旅游活动,旅游者可以参与到农场或郊区提供的自然、文化、历史等项目活动中去。农业旅游在很大程度上满足了旅游者体验乡村生活的需求。美国农业旅游的旅游产品主要有乡村音乐节、果实采摘、收割节庆、农场游憩、参观葡萄酒酿造厂等。美国与农事相关的节庆活动丰富。例如,美国旧金山半月湾的南瓜艺术节每年的收益近千万美元;得克萨斯州的波蒂特草莓艺术节于2003年被评选为最精彩的艺术节;加州圣克拉拉县吉尔罗伊镇每年7月的最后一个周末都会举办"大蒜节",每次会投入超过2吨的新鲜大蒜;威斯康星州每年举办汉堡节;美国的帕纳谷是世界级的葡萄酒产地,其以传统的葡萄种植业和酿酒业为发展基础,逐渐发展成为一个集品酒、餐饮、养生、运动、婚礼、购物等于一体的综合性小镇。美国的明尼苏达州、威斯康星州等则以农业种植形成的乡村景观吸引旅游者。另外,乡村雕刻、庄稼绘画等农作物写实景观日渐兴起,如位于美国东部大西洋沿岸的弗兰肯默斯种植大量的南瓜,在万圣节前后吸引大量的游客购买并在南瓜上进行雕刻。1989年,出生于美国堪萨斯州的大地艺术家斯坦·赫德根据凡·高的名画《向日葵》在乡间土地上创作了一幅20英亩的大"庄稼画"——《向日葵》,新颖的庄稼地绘画轰动一时并被各地效仿。

2. 美国发展乡村旅游的经验

（1）可持续发展为乡村旅游指明方向

乡村旅游区域大多位于生态环境较为脆弱的地区,这些地区生态环境较为脆弱,稳定性不强。人们在开发和运用旅游资源的过程中必然会面临自然资源开发和经济发展之间的矛盾。乡村旅游蓬勃发展的过程中必然会给生态环境保护带来诸多压力。美国是较早诞生可持续发展概念的国家之一,其在乡村旅游发展过程中始终将可持续发展理念放在首位,不断出台相关的法律制度以及政策以确保乡村旅游的长效发展。例如,美国田纳西州限定每次游览的人数并建立环境破坏补偿机制;

美国城市与住房发展部在21世纪初推出"社区挑战计划",拨款用以振兴乡村地区的中心街区、特色街道以及培育具有民俗风情的乡村建筑景观。

（2）政府、协会、高校为乡村旅游提供支持

美国政府相继出台多项法令、政策以促进乡村旅游的发展。例如,19世纪末至20世纪初,威尔逊政府出台了一系列法令来保护乡村旅游地的生态景观。在罗斯福新政时期,为了改善乡村地区的生活条件,政府又组织数百万人从事环境保护、基础设施建设等工作。此外,自实施罗斯福新政开始,美国政府积极实行经济和福利政策,提高了居民的人均收入水平,从而使得居民有能力进行乡村旅游消费。美国政府持续颁布政策法规以促进乡村旅游的发展。1992年,政府成立乡村旅游发展基金会以利用旅游产业促进乡村经济的发展。美国的高校在乡村旅游中也扮演着重要角色,如加州大学提出小农庄计划经营乡村旅游的农户提供技术支持。美国自独立以来成立了"赠地学院",学院的专家、学者成为推动乡村旅游发展的生力军,他们为政府发展乡村旅游建言献策、为农户提供服务培训等。不少企业、乡镇在政界、学界的支持援助下,因地制宜地发展乡村旅游并取得了丰硕的发展成果。

（3）法治为乡村旅游提供有力保障

自20世纪60年代开始,美国政府加大了对警务的执法力度,有效降低了美国的犯罪率,为切实保护旅游者的权益营造了良好的环境。当旅游者的权益受到侵害时,可以采取多种方式维权。旅游者既可以向消费者保护局、联邦商业改善局等官方机构求助,也可以从消费者联盟、旅行企业行会等非官方组织获得帮助。行政、司法机构将会严厉惩罚侵害旅游者权益的企业。官方和非官方渠道对消费者权益的保护将会倒逼企业不断改善经营方式,进一步提升旅游者的旅游体验;旅游者优质的旅游体验将会吸引其再次游览并向周边的朋友推荐,从而扩大乡村旅游的客源。

（4）体验性是美国乡村旅游的主要特色

美国的乡村旅游重视旅游者在旅游活动过程中的体验感,乡村旅游地积极向乡村旅游者呈现原汁原味的乡村文化与生活方式。有学者指出:"在旅游活动过程中获得满足的游客对企业或景区的价值更高",其原因是这类游客更愿意做出积极的评价,更倾向于再次购买旅游服务。美国十分重视游客的住宿,强调住宿地不仅仅是旅游者休息的临时住

所,而且是他们旅游活动过程的有机组成部分,住宿地本身就可以成为旅游目的地,为旅游者提供多样化、品质化的服务。美国的带薪休假制度与乡村旅游的体验性密不可分。美国的企业实行带薪休假制度,最典型的方式是员工工作期满一年后每年可以休息两周,休假时间普遍随着工作年限的增加而增加,休假制度可以让旅游者在出行时有效避开旅游高峰期,增加其在景区的停留时间,从而获得良好的旅游体验。

3. 美国乡村旅游对我国乡村旅游高质量发展的启示

（1）注重可持续发展

乡村旅游是以乡村良好的自然环境和独特的文化环境为基础而开展的旅游活动。我国在发展乡村旅游的过程中必须要保护当地环境不受破坏,只有这样才能使有限的资源得以永续利用。开发旅游资源主要是为了获取经济效益,但是往往会出现破坏当地生态环境的不良现象。我国"天人合一"的思想折射出人与自然和谐相处的道理,在乡村旅游的开发过程中应该汲取这一思想的精神养料,正确处理好人与自然的关系。我国在发展乡村旅游时应当贯彻"绿水青山就是金山银山"的理念,做好自然、文化景观保护,森林资源保护,水土保持等工作。各级相关部门要提高政治站位,增强政治自觉、思想自觉、行动自觉,以最坚定的态度开展违法违规用地、建设、采矿等破坏乡村生态环境行为的专项整治工作。

（2）发挥政府、协会、高校的作用

美国政府相继出台了多项法案,为乡村旅游的发展营造良好的法治环境。例如,美国国会于1973年出台《国家旅游法》,该法律是美国政府推动乡村旅游发展的主要法律依据;加州政府于1999年通过《加州农场家庭住宿法案》,该法案规定农场和牧场可以为旅游者提供过夜服务。我国相关政府部门应该在借鉴美国经验的基础上结合我国的实际情况,为我国乡村旅游的发展提供保障。首先,政府应当持续完善相应的法律法规,公平、严格执法,切实保障旅游者的权益;其次,应改善乡村旅游的基础设施,不断提升乡村软硬件水平;最后,在发展乡村旅游的过程中,政府应当积极作为,与此同时,还要充分发挥市场的调节作用,使旅游企业有序参与到市场的竞争中,真正实现优胜劣汰,从而确保乡村旅游实现永续发展。美国相关行业的协会在乡村旅游过程中发挥了重要作用,如制定行业标准、监督检查、评估宣传等。为了提升乡村旅游从业者的服务水平,旅游协会为旅游从业者组织由专业教师主导的培训;协会主动帮助、引导农户如何寻找客源,同时,协会还积极与社区合作,结合当地的风土人情、风俗习惯开展具有地域特色的旅游活动。

反观我国的乡村旅游协会,其尚未完全发挥作用。例如,贵州巴拉河乡村旅游协会主要在规划方面发挥作用,该协会负责开发和利用旅游资源、开辟新路线以及论证开发新产品的可行性等具体工作,但是在制定行业标准、规范管理旅游经营等方面的作用还有待进一步提升。乡村旅游协会应当担负起制定质量评级标准、旅游规范,帮助指导经营者等重任。

(3)注重旅游者的体验性

美国乡村旅游最大的特色是体验性强,旅游者能够在古老的村舍内与主人共进早餐和午餐,增加了旅游者与户主面对面交流的机会,户主通过烹饪自家农场的产品为客人提供饭菜,旅游者还能够与户主一起劳作。通过一系列的活动帮助旅游者认识自然的价值,学习知识,同时加强了城乡居民之间的交流。体验经济时代的到来使得旅游者不再满足于走马观花式的农业观光旅游,他们更注重旅游活动过程中的参与性与体验性。因此,我国在发展乡村旅游时也应该重点考虑如何提高旅游者的体验感。具体可以从以下几个方面着手。

第一,完善乡村旅游的交通道路、停车场以及公共厕所等基础设施与公共服务设施。

第二,推动地域特色鲜明、体验互动性强的旅游项目的开发。开发与当地的自然、人文、历史资源契合的旅游体验项目,强化旅游者的旅游体验。例如,打造沉浸式农事体验项目,让旅游者在认识、采摘、烹饪、品尝农作物中亲力亲为,在体验的过程中缓解城市生活的压力;结合乡村的历史故事、非物质文化遗产等,打造沉浸式景观体验等。

(二)日本乡村旅游

20世纪60年代,日本传统农业产业的地位优势不再,农村人口大量外流导致农村空心化现象严重。日本政府积极采取措施、实施政策以化解农村发展的矛盾,乡村旅游因其能够提高收入水平而成为解决农村问题的重要措施。与此同时,随着生活压力的增大,城市居民更加想要体验安宁、舒缓的生活方式。东京、京都等城市开始出现观光农园、休闲农庄,在这一时期,日本乡村旅游的雏形出现。20世纪70年代,为吸引城市人群,日本建立了专业化的农业观光园、农场,乡村旅游的发展进入"快车道"。20世纪80年代,城市资本、工业资本大规模入驻农业领域,掀起了乡村旅游的开发热潮,各类休闲度假村相继建立,如北海道的农业综合休养基地。日本的乡村旅游经过多年的发展,现在已经形成了集观光休闲、农业体验、文化教育等于一体的旅游产业。

1. 日本乡村旅游的类型

(1)观光型乡村旅游

观光型乡村旅游以乡村田园风光或农产品为主要吸引物,吸引城市居民前往乡村游玩、消费。按照是否利用科学技术,可将观光型乡村旅游划分为传统型和科技型两种类型。

传统型乡村旅游是指以特色农产品为吸引物,吸引旅游者参观、游览的旅游活动。日本传统乡村观光旅游的典型代表是时令果园。它根据果物的成熟季节定期向旅游者开放,并为前来参观游览的旅游者提供优质的旅游服务。游客既可以观赏、了解作物的生长和成熟过程,还能参加采摘活动,在欣赏乡村美景的同时体会劳作的乐趣。

科技型乡村旅游是指在农业生产过程和旅游活动中融入科学技术,如运用科学技术种植作物,建设农副产品基地供游客观赏体验。农产品的生产过程因为高新技术的融入而变得新颖,如野生蔬菜、药材蔬菜等的生产让旅游者大开眼界,能够满足旅游者增长知识、开阔眼界的旅游需求。与此同时,可以利用农业高新技术与乡村旅游结合展示新品种,利用生物多样性和人工培育的优势持续开发新品种,不断丰富乡村旅游的内涵。科技型乡村观光旅游在给旅游者带来全新旅游体验的同时也为乡村旅游地带来了高产高效的价值效益。

(2)休闲型乡村旅游

休闲型乡村旅游以乡村的特色旅游资源为载体,注重旅游者的旅游体验。它能满足旅游者休闲娱乐、调养身心和自我发展等旅游需求。休闲型乡村旅游与传统型乡村旅游相比,能满足旅游者高层次的需求。休闲乡村旅游又可以细分为休闲娱乐型、康体疗养型和自我发展型三种类型。

休闲娱乐型乡村旅游的主要功能是缓解、释放工作压力。田园风光、悠闲的环境能够吸引大量旅游者。与此同时,通过持续开发参与性强、体验性强的项目以满足旅游者迭代更新的旅游需求。休闲农场是休闲娱乐型乡村旅游的典型,休闲农场充分利用自身的资源优势,将旅游业与农业有机结合。日本的农场可以分为专业型休闲农场和综合型农场,旅游者可以在专业型农场内观赏景观、参与农场开展的各类特色活动,还能参与农产品的生产活动。旅游者通过体验参与的形式能有效释放身心压力。综合性的休闲农场内设有草原区、森林区、活动区、服务区等不同的区域,丰富的旅游区域能为旅游者带来不同的体验。例如,位于日本三重县伊贺市郊区的 Mokumoku 亲子农场,农场核心区面积约 200亩,是一个集生产、加工、销售、教育体验、观光旅游、购物于一体的主题农场。

从 20 世纪 90 年代开始,日本逐渐步入"老龄化社会",日本政府有针对性地开发了具有保健功能的乡村旅游以顺应老人亲近自然、修养身心的需求。温泉旅游是日本保健型乡村旅游的典范。日本是世界上最大的温泉王国,全国有 2600 多座温泉。另外,日本还建立了大批的旅游度假村以满足老人保健、疗养的需求。例如,位于富士山下的静冈医养小镇是一个集健康、医疗、保健、度假为一体的新型康养基地。

自我发展型乡村旅游能够满足旅游者休闲放松和学习知识的双重需求,旅游者在享受休闲旅游时光的同时可以学习与探索知识。例如,在日本的观鸟旅游中,旅游者通过旅游活动既可以学习鸟类知识,还能放松休闲和促进自我发展。日本在教育过程中强调自然教育,因此,学校开设农业活动选修课以帮助学生认识大自然。

(3)乡村文化型旅游

乡村文化型旅游将文化与旅游相融合,在旅游活动中融入乡村民俗、传统民族文化。乡村文化型旅游能够满足旅游者汲取文化的需求。日本将自然资源与文化资源相结合,开发了特色鲜明、低碳环保的乡村旅游产品,既对樱花、雪景、河流、瀑布等自然景观进行了开发,也对特色美食项目等文化景观项目进行了开发。此外,日本充分利用其丰富的节庆活动,将节庆活动和旅游紧密结合,从而向旅游者展现当地的服饰、舞蹈、生产活动等地域文化,节庆活动因为其蕴含深厚的文化内涵而成为乡村文化旅游的新引擎。

2. 日本发展乡村旅游的经验

(1)政府发挥主导作用

日本政府在乡村旅游过程中发挥主导作用,各级政府分工明确,行业协会和基层组织辅助参与政府的行动。首先，日本的乡村旅游在政府规划、政策引导和乡村旅游主管部门的通力合作下发展。其次，日本中央政府和地方政府分工明确、各尽其责。中央政府主要负责提供技术、资金、政策支持以及在产业类型、发展定位、营利模式等方面进行详尽的设计。日本将农林水产部门确定为乡村旅游的主管部门以保证规划以及政策的顺利推行，农林水产部门的主要工作是对行业进行监管并提供行业咨询和补助资金。地方政府则负责制定发展规划、宣传、营销等具体的工作。最后，日本政府以立法的形式帮助乡村旅游扫除发展中可能遇到的阻碍。日本为支持乡村旅游发展所出台的文件有《山村振兴法》《景观法》《温泉法》《农山渔村旅宿休闲活动促进法》《旅行业法》《酒店法》等，政策文件为日本乡村旅游的发展提供了完备的法律支撑。

（2）注重绿色可持续发展

日本乡村旅游的发展理念实现了由20世纪80年代单纯追求经济利益向回归自然、提升品质的转变，乡村旅游产品也朝着绿色、低碳方向转型升级。日本政府深知绿色、低碳经济的发展与全民的生活方式息息相关。因此，政府及相关部门十分重视绿色、低碳教育的宣传工作，在制定法律法规的同时鼓励全民参与绿色、低碳社会的建设，通过网络、电视、杂志等各种途径向国民灌输节能、环保、低碳减排等相关的知识以及理念，积极号召国民践行低碳生活，如减少一次性餐具的使用、减少私人交通工具的乘坐。在发展乡村旅游时亦是如此，一方面，在乡村旅游开发过程中，鼓励乡村旅游地的居民以各种形式参与乡村旅游发展的全过程，并在规划、建设、运营等各个环节中，充分考虑当地居民的诉求。另一方面，通过免费发放宣传手册，倡导乡村旅游者在旅游活动过程中践行低碳、绿色理念，如号召游客在酒店尽量减少使用一次性用具，在景区游览时自觉将垃圾放置在垃圾箱内。与此同时，日本将开发低碳乡村旅游产品作为重点，根据不同的环境条件、区域特色、经济状况等，打造符合当地经济水平和环境容量的乡村旅游产品。日本乡村旅游合理地利用当地的旅游资源，开展了诸如乡村体验游、饮食游等既极具乡村特色又低碳环保的旅游活动。在促进乡村经济增长的同时，保持自然环境不受破坏，走上了乡村旅游低碳化、绿色化的发展道路。

（3）乡村旅游类型丰富

日本乡村旅游的成功发展离不开其丰富的旅游类型和旅游产品。

日本乡村旅游主要有以下几种类型。第一,以时令果园为典型代表的观光型乡村旅游。日本城镇化水平的提高使得农业用地面积逐渐缩小,时令果园凭借其集约、单位面积经济效益高等显著优势备受旅游者青睐。时令果园根据时令向旅游者开放不同的园区,旅游者在欣赏与品尝果实的同时体验采摘的乐趣。第二,以农场为典型的休闲型乡村旅游。农场分为专业性农场和综合性农场,前者融合农业生产、休闲体验,凸显乡村旅游价值;后者集参观体验、娱乐购物等功能于一体。第三,以节庆活动为典型的乡村文化型旅游,具有地方特色的稻神祭、丰年祭等极具神秘色彩的活动已经演变成旅游节庆活动,节庆旅游活动凭借其文化性、体验性、神秘性成为吸引游客的重要形式。

(4)走产业集群化发展道路

随着人民生活水平的提升,旅游者的旅游需求和消费偏好均发生了深刻的变化,他们对旅游产品的类型、特点、品质等提出了更高的要求。因此,传统的景观观赏难以满足旅游者多元化、个性化的旅游需求。日本在发展乡村旅游时,为满足乡村旅游者的旅游需求,以村、镇为单位整合特色资源,在最大限度保证乡村旅游原汁原味的同时培育了自己独特的品牌。日本的乡村旅游以观光游览、体验休闲、文化教育为主,这几种类型囊括了自然风光、放松休闲、历史文化等多个领域。乡村旅游产业的集群化发展是日本乡村旅游可持续发展的关键所在。乡村旅游关联企业创新并衍生出乡村旅游服务产业链,如北海道的中札木村有序打造农业、农村、乡村旅游品牌,并不断推广,最后形成品牌合力,增强了当地乡村旅游品牌的竞争力。

3. 日本乡村旅游对我国乡村旅游高质量发展的启示

(1)强化政府的支持、引导力度

日本乡村旅游的蓬勃发展得益于政府的支持与引导。鉴于此,我国应该借鉴日本政府发展乡村旅游的经验,充分发挥政府在乡村旅游中的支持、引导作用。政府应该做到以下几点:

第一,政府统筹,科学规划。政府需要将旅游企业、旅游资源、旅游基础设施等纳入统一的管理范畴,结合地方和区域经济发展的要求,制定可量化的考核目标。政府应当为乡村旅游的发展制定总体规划和专项规划,规划的制定能有效避免无序开发,提升旅游经营者的积极性。政府部门要做好规划管理的评价工作。

第二,加大资金扶持力度。政府通过制定税收减免、财政补贴等政策,扶持乡村旅游业。设立专项经费用于乡村旅游形象宣传、基础设施建设等工作。鼓励社会资本参与乡村旅游业的发展,通过小额担保等优惠政策吸引国有企业、集体、个人等的投资,不断引进资金、技术、人才,推动乡村旅游业的发展。

第三,加强立法,在现有法律体系的基础上进一步完善相应的法律法规。一方面应完善乡村旅游管理制度,如建立标准体系、旅游规划管理等;另一方面,应加强环保制度建设,制定诸如《农村保护法》《旅游环境保护法》《旅游资源法》等法律法规为我国乡村旅游的发展提供法律支撑。

(2)产品朝着特色化、多元化、品牌化发展

日本的乡村旅游产品丰富多彩、特色鲜明。我国在发展乡村旅游时要基于国情,融合高新技术,开发更为多元化、特色化的旅游产品,不断完善乡村旅游基础服务设施。

首先,利用现代技术挖掘旅游消费者需求偏好的相关信息,根据挖掘到的信息开发当地特色旅游资源。例如,拥有特色小吃或美食的乡村重点开发烹饪、品尝美食等旅游体验类项目以吸引旅游者眼球;具有传统耕作、劳动特色的地区则以体验为卖点,开发诸如水车灌溉、驴马拉磨、摘新茶等劳动项目。总之,各个地区应当结合当地的产业基础以及优势资源开发特色旅游产品,全面向旅游者呈现原汁原味的农家特色。

其次,随着人们旅游需求的多样化,单一的旅游产品已不能适应乡村旅游的发展趋势。因此,我国在开发乡村旅游产品时要将不同的旅游资源加以整合,形成集休闲功能、娱乐功能、医疗保健功能等多种功能于一体的旅游综合体。

最后,在市场经济日益发达的当下,人们更加重视品牌的作用,而乡村旅游品牌建设将是实现乡村旅游蓬勃发展的有效途径。乡村旅游品牌的构建需要深入挖掘当地的资源以及其蕴含的丰富的文化内涵,在消费者心目中塑造富有生命力的品牌。特色旅游品牌能够提升乡村的知名度,吸引更多的旅游者。

(3)注重绿色发展

日本政府通过出台绿色发展的法律法规、利用多种渠道宣传绿色出游理念以及在旅游过程中应用低碳技术等措施全方位促进乡村旅游的绿色发展。我国在发展乡村旅游时也要注重绿色可持续发展,在开发旅

游资源时强调对原有生态环境的保护,绝不以牺牲环境为代价来换取经济的发展。

首先,树立绿色发展理念。政府应当从宏观层面出台相应的法律法规以促进乡村旅游的绿色发展,推动节能低碳技术在旅游中的应用。政府作为旅游业绿色发展的倡导者,要充分利用各种传播渠道持续开展绿色旅游宣传教育活动,倡导广大旅游者树立绿色旅游意识,践行绿色出行方式,在出行时尽量选择对环境危害较小的步行、自行车、公交车等交通工具,与此同时,向居民普及绿色发展的重要性,使大众形成绿色发展共识。

其次,开发绿色产品。旅游企业在开发旅游资源时要结合当地的自然、人文资源禀赋,深入挖掘当地的特色资源,以绿色、环保为理念,开发能满足旅游者需求的绿色旅游产品,建立资源开发档案,避免对资源进行过度的开发。

最后,建立健全绿色旅游的监管体制和法律体系。乡村旅游业的绿色发展非一日之功,健全的制度和法律法规有利于凸显乡村旅游在生态文明建设中的作用。政府可以建立企业绿色认证制度、环境预警制度、绿色监管等制度以及完善乡村旅游地的用途监管机制、公众监督机制等机制,以确定乡村旅游绿色发展的底线以及红线,为乡村旅游的可持续发展提供制度支撑。

四、影视文化旅游:基于内容传播营销建设旅游目的地

随着现代技术的发展和大众审美水平的提高,影视作品在取材、内容、形式和传播途径上都不断取得突破,文化传递功能愈发突出。影视文化旅游是通过影视作品的创造和传播,以目的地原有形象为基础,以文学影视作品赋予的新文化内涵为重要吸引力,从而创造新的旅游地标或对原有旅游目的地形象进行强调和深化,既满足游客的艺术追求和猎奇心理,又能创造巨大的经济效益和社会效益的一种文化旅游形式。广义上,所有因影视活动引致的旅游行为皆可称为影视文化旅游,包括影视拍摄地旅游、影视节事地旅游、影视文化演出地旅游、影视明星活动地旅游等。

以文化吸引的内容来源不同,影视文化旅游大致分为三种类型:一是因影视作品拍摄带来的影视基地参观游览,如新西兰霍比特村因电影

《指环王》系列和《霍比特人》系列在全球市场的热度而成为特色文化旅游目的地。二是因影视作品内容造成的文化引致旅游业发展。三是因影视作品原著引发的文学旅游,如英国斯特拉福小镇基于莎士比亚文学作品的巨大影响力,形成了以文化旅游为主导产业的经济模式。影视文化旅游的原动力来自影视或文学作品对旅游目的地形象的表现和传播度,推动力在于对旅游目的地的营销和推广。

新西兰等旅游产业发达国家借助影视作品拍摄加强旅游景点及国家形象的宣传,并通过强有力的营销举措激发游客的参观欲望,真正实现了影视拍摄与影视旅游的良性循环、文与旅的联动发展,产生了良好的经济效益。基于文学影视等媒介传播的场景复现和文化展示,丰富了旅游目的地的文化内涵,增强了旅游目的地的文化吸引力。

通过整合影视文化资源与当地原有资源禀赋,实现当地文化旅游形象宣传效果的最大化,对促进旅游经济发展影响深远。借鉴旅游发达国家的相关政策及市场经验,我国应以影视作品内容的表现力和传播度以及目的地营销为抓手,推动影视文化旅游的发展。在现代大众旅游业中,旅游目的地的知名度是引发游客产生出游欲望的重要因素,"影视表象"促进了游客对于目的地集合性关注的形成。因此,要提升影视作品的内容表现力,它是构成旅游目的地知名度的基础。这就要求要把自然和人文景观的独特性作为影视取景地、拍摄地的重要选择标准。此外,提高我国影视文化输出能力,在内容制作上注重融合全球标准和本土文化,充分利用网络视频媒体崛起契机,既推动影视作品的海外传播,又提高影视取景地的曝光度。必要的营销手段也是提高影视旅游目的地知名度和关注度的重要方式。借鉴新西兰、韩国等国家发展海外影视文化旅游的经验,加强不同部门和组织之间的协同,形成并完善旅游管理部门与影视文化制作机构、开发商等构成的多方主体协作系统,共同推动目的地旅游营销工作。旅游产业与影视元素相结合,提高旅游目的地文化项目体验性和游客接待能力,最终以"文旅"联动形式实现国家形象的宣传和文化软实力的提高。

五、节事会展旅游:基于事件特征展销特色文化

在国际上,会展业通常被称为 MICE Industry,其中"E"原指展览(exhibition),逐渐发展为包括节事活动(event)在内的复合概念。节事会展旅游是借助举办重大节日和赛事、国际会议以及各种展览会等,将活动举办与旅游开发相结合,通过行业权威吸引和主办方深度营销,既吸引专业人员参与,又拉动游客前往当地现场体验的一种文化旅游形式。节事会展旅游的本质是节事会展与旅游的相互渗透与有机结合,以节事会展为前提和先决条件,以旅游为内容延伸。

大型旅游节事和会展活动是集中展现地方文化的重要形式,往往能在举办期间吸引大量游客集中前往目的地,带动当地旅游经济的发展。国外许多节事会展如巴西狂欢节、匈牙利多瑙河音乐节、瑞士达沃斯世界经济论坛、德国法兰克福书展等影响力巨大,经久不衰,不仅展示了当地鲜明的文化形象,而且为当地旅游产业的发展做出了巨大贡献。

节事和会展在概念、产业形态上都具有较大的相似性和重合度,如围绕某一特定主题在特定时空范围内举办,内容可以涉及政治、经济、文化等社会各个领域,呈现鲜明的时间性、地域性、行业性、专业性等特征,这些事件特征使得其与旅游业有着天然密不可分的关联。基于事件特征,大型节事会展能够成为本地文化展示与传播的重要平台,成为一种建构区域品牌形象、提升区域软实力的手段,而不仅仅是一个商品展销、经贸洽谈、专项活动、观光休闲的场所。

爱丁堡古城借助爱丁堡艺术节,充分展现城内古老丰富的传统建筑遗存和富有活力的现代建筑,并为艺术节提供了不可复制的、形式多样的文化空间;塞尔维亚 Exit 音乐节于古老和流行的交汇中传达多元包容的巴尔干文化,其对本国旅游业的贡献总额已超过 1 亿欧元。旅游发达国家高度重视节事会展旅游发展,德国作为世界会展强国,拥有品类齐全、门类众多的会展类型,构建了完善的会展经济运作体系和组织管理机构。节事会展往往成为一座城市甚至一个国家展示文化形象的机会窗口,在举办期间吸引大量游客前往当地参与其中,促进主办地旅游经济的发展,并产生长久深远的影响。

我国在节事会展旅游实践和理论研究方面都取得了一定成就,但与欧美发达国家相比,差距依旧明显。旅游发达国家经验显示,品牌化是节事会展发展的必然趋势,是会展业与旅游业良好对接的保证。想要破解当前我国节事会展与旅游脱节的问题,就要努力打造"显著事件",最大限度调动商业旅游者和休闲旅游者的积极性。对标德国,在做好会展类型细分的基础上实施品牌战略,重点打造广州"广交会"、上海"进博会"、武汉"光博会"等一批世界知名会展品牌,以核心竞争力寻求国际市场上的更高竞争力。会展旅游发达的国家和城市都设有专门的管理机构,如巴黎的旅游与会议局。

一方面要用耐心和创新力培育地方文化盛会,正确认识大型节事会展对当地旅游产业发展的意义和价值,贯彻融合发展理念。另一方面,充分利用新媒体,将节事会展纳入城市旅游目的地营销计划组成中,推动世界互联网大会、博鳌亚洲论坛、青岛啤酒节等节事会展为城市文化旅游发展助力,提高融合发展成效。

六、体育文化旅游：基于核心赛事扩大体育消费

体育本身就是一种文化形态,体育文化旅游与体育旅游的概念基本相似,二者在内涵和外延上高度重合。世界旅游组织的数据显示,体育旅游是旅游市场增长速度较快的细分市场之一。

国外体育文化旅游发展历史悠久,依托发达的体育产业和高度市场化的体育文化氛围,欧美国家的体育文化旅游持续快速发展。除奥运会、世界杯等赛事外,美国四大职业联盟、欧洲五大足球联赛、网球四大满贯赛事等具有国际影响力的知名赛事,为本国体育文化旅游的发展提供了良好的内部环境和强大的文化吸引力。基于体育赛事粉丝群体的扩张性与忠诚度,体育消费迎来井喷式爆发。体育旅游业作为一个高度综合的产业,不仅关系到体育、旅游两个部门,而且涉及国土、工商、环保、安保、保险、金融、财政、航空、海事、森林、水利等众多部门。

发达国家体育文化旅游的盛行有三个方面的原因:需求侧方面,随着生活水平和消费层次的不断提高,运动与健康理念深刻融入个人出行和日常消费中;在供给侧方面,体育活动在世界范围内的普及和流行,各大职业联赛和职业巡回赛在全球影响力的增强,使观赛型体育旅游占比不断提高;在供需连接方面,完善的产业配套政策、灵活的体育营销体系、有效的运行管理组织都推动了体育文化旅游市场规模的壮大。

腾讯前瞻研究院数据显示,目前我国体育旅游占旅游市场比重仅约5%,与发达国家相比差距明显。体育消费是在经济发展到一定水平条件下形成和发展起来的市场需求,基于高度互联社会特征,时间对于体育消费扩大、体育产业增长存在硬性约束。要鼓励国民将体育健身与休闲娱乐相结合,逐渐培育形成体育文化消费习惯。借鉴国外体育文化旅游发展经验,知名赛事是体育文化旅游的优质载体,大型体育赛事作为

极其重要的旅游资源，能为举办地带来大量游客，全面提升城市旅游业的综合竞争力。因此，一方面要积极申办和努力办好奥运会、亚运会等大型综合性赛事和WTA（国际女子网球协会）年终总决赛等具有世界知名度的单项高级别赛事；另一方面要提高中超、中国职业篮球联赛、中国网球公开赛等本土赛事的观赏性和国际化程度，推动国内体育赛事数量的增长和地域分布的均衡。长期以来，我国体育旅游的政府宏观管理秩序较混乱，带有浓厚的计划体制色彩。遵循国际体育文化旅游发展趋势规律，既要加强政府跨部门协同设计，建立体育旅游发展协调机制；又要重点扶持、培育一批有创新能力和竞争实力的体育企业，充分释放体育文化旅游市场活力。可以预见的是，我国体育文化旅游具有庞大的市场空间，以新变革迎合新需求，拓展体育文化消费空间，对于提升国民幸福指数、加快新旧动能转换、推动经济转型升级具有十分重要的意义。

旅游业已成为发展势头最强劲、规模最大的产业之一，在世界经济发展中扮演重要角色。文化产业和旅游产业辐射面广、渗透性强的特征，成为文化与旅游深度融合的契机与切入点。旅游发达国家高度重视文化与旅游的深度融合，形成了文化遗产旅游、主题公园旅游、乡村文化旅游、影视文化旅游、节事会展旅游和体育文化旅游六种较为成熟和主流的文旅融合发展模式。尽管这些模式无法涵盖所有领域，彼此之间也难免有交集，但它们特色鲜明，依托不同的文化载体和文化内涵发展成为拥有鲜明特色的"文旅"产业形态，大大推动了世界范围内文化旅游理论和实践的发展。

我国在推动文旅融合过程中，要理解上述模式的核心要点，从国际社会发展理念与产业实践中获得启示。在尊重文化生态的前提下，以多样性文化空间整合手法合理刺激遗产的功能跳转与价值呈现，构建遗产保护与旅游式开发的共赢模式。于中华优秀传统文化资源库中凝练出具有生命力和延展性的文化IP，突破主题公园原创内容竞争力不足的瓶颈，实现品牌价值的多维度扩张和多向度拓展。

基于当地资源禀赋和产业基础探索乡村文化旅游的多样形式，带动乡村振兴战略背景下中国乡村地区的"文化复兴"与"产业再塑"。以提升作品内容表现力和扩大有效传播路径为重点，通过完善影视文化旅游营销体系发挥影视作品对目的地形象构建的导向性作用。围绕活动自身文化与举办地旅游业的持续有机互动，深入推进品牌节事会展的差异化布局和常态化运作，寻找特色文化展销的最佳场域。重视开拓潜在市场，在核心体育赛事培育与管理体制机制创新之间形成强大合力，释放体育文化旅游的巨大消费空间。

综上所述，我国要在立足国情基础上，充分借鉴国际先进发展经验，秉承"宜融则融，能融尽融，以文促旅，以旅彰文"的工作思路，努力探索出一条具有中国特色的文旅融合发展道路。

第四章

文化保护视角下旅游开发的模式与动力系统

> 旅游开发不是随心所欲的,而是需要遵循一定的原则与模式。事实上,旅游文化在长期的发展与演变过程中形成了一定的开发模式与动力系统,对这方面知识的了解有助于我们基于文化保护视角更加科学、合理地开发旅游文化,繁荣我国的旅游文化产业。为此,本章主要研究文化保护视角下旅游开发的模式与动力系统。

第一节　旅游开发的常见模式

一、供给推动型模式

（一）背景

20世纪60年代初，西班牙首创将城堡改造为饭店，为过往行人提供食宿的模式，之后将城堡附近的农场、庄园进行规划建设，提供骑马等娱乐项目，吸引了大批游客前来游玩。美国、法国、日本等国家纷纷效仿该模式，欧美国家的旅游逐渐规模化地发展起来。我国旅游起步晚于欧美国家，最早兴起于20世纪八九十年代，当时以分散式的一家一户农家乐为主要形式，为过往的行人提供住宿，之后随着城市化和社会经济的发展，农户们主动抓住机遇，将农家的一砖一瓦、一景一色、一饭一茶打造成城市居民休闲娱乐、回归自然的旅游目的地，农家乐模式逐渐成熟和发展起来。在此后的发展中，作为具有自然、社会、经济特征的地域综合体，凭借着优美的自然环境、独具特色的农域景观、悠久深厚的文化背景等综合性旅游资源，在"食、住、行、游、购、娱"等多方面主动探索开发特色旅游产品，打破一家一户的模式，以整个村庄作为旅游目的地，为城市居民提供休闲娱乐、饮食游玩等服务，从而吸引大批客源，带动整个村庄经济的发展。随后，这种旅游目的地主动推出产品，带动旅游发展的模式逐渐推广，在多地得以运用。[1]

2015年11月，供给侧结构性改革的提出，要求在适度扩大需求的同时着力加强供给侧结构性改革，着力提高供给体系的效率和质量，增强经济持续发展的动力，之后，我国经济发展转变为以供给侧结构性改革为主线。现阶段我国人民对美好生活的需求不断上升，但是市场上大多数产品与服务只能满足中低端、低质量、低价格的需求。旅游方面亦是如此，城市扩张催生了旅游业的繁荣，快节奏和高强度的生活使得人们的旅游热情与日俱增，但是旅游总供给不能满足旅游总需求，旅游

---

[1] 罗斌.我国乡村旅游发展模式研究[J].中国市场，2021（16）：33-36.

目的地公共产品服务存在缺口,旅游产业、产品、服务体系存在缺乏综合性、多样化、多层次化、无缝衔接性等发展不平衡与不充分问题,旅游产业供需结构失衡,供给方面亟待改革。因此,各旅游目的地在供给方面主动寻求进步,提升供给质量,从以往的供需错位、粗制滥造、同质模仿、产能低效发展转向供需匹配、绿色发展、文旅融合、产业高效发展,以更好地满足多元、创新、沉浸式体验的旅游需求,推动旅游高质量发展。

(二)典型案例

皇城村隶属于山西省晋城市阳城县北留镇,地处华阳山麓、樊溪河谷,村域面积2.5平方千米,为第一批中国传统村落,有着丰富的旅游资源,尤其是文化旅游资源。皇城村旅游发展模式是典型的供给推动型模式。皇城村历经明清两代,因清圣祖(康熙皇帝)两次下榻而得名,是康熙时期文渊阁大学士兼吏部尚书陈廷敬的故里,名人故居甚多。村内的皇城相府是城堡、官宅、商院相结合的古建筑群,观赏和研究价值巨大;皇城村的重阳习俗是国家级非物质文化遗产;此外,皇城村枕山临水,山清水秀,临近九水仙湖、蟒河等多个景区,区域内生态农业景观丰富,自然环境优美。

皇城村凭借其丰富的旅游资源,从煤炭工业向旅游业转型,挖掘皇城相府古城堡这一历史资源,依靠历史文化资源、农业资源、山水资源等,先后建成由皇城相府、九女仙湖、农业生态园、休闲度假庄园、皇城小康新村5个景点组成,集历史人文、自然山水、科技农业、休闲度假、新农村样板于一体的晋城市唯一的国家5A级旅游景区,拥有众多景点(表4-1)。之后,皇城村秉持"文化旅游业兴村、现代服务业富民、高新技术业强企"的发展战略,相继进军医药、新能源、现代农业、现代物流、园林绿化等领域,投资兴建相府药业、相府酒业、新能源园区等,打造新型工业旅游景点,兴办房地产、物流贸易、园林花卉等服务业,成立皇城相府国际旅行社,扶持发展家庭旅馆、家庭餐馆和个体工商户,形成一条吃、住、行、游、购、娱功能齐全的完整产业链。

近年来,皇城村在"绿水青山就是金山银山"的绿色发展理念、"先富带动后富"的思想指引下,探索实施"五村一体化"连片发展的"大景区、大产业、大旅游"模式,农林文旅康融合发展,并通过影视拍摄、举办节庆活动等举措进行全方位营销,塑造皇城旅游品牌,提升皇城相府品牌影响力,探索出振兴路上的新格局。皇城村先后获得全国新农村建设明星村、全国历史文化名村、全国生态文化村、全国文化产业示范基地、全国农业旅游示范点、中国十佳美丽村庄等20多项国字号荣誉和100多项省、市、县荣誉,是名副其实的旅游模范村。

表4-1 皇城村景点一览表

景区	主要景点
皇城相府景区	止园、紫芸阡、中道庄、御书楼、御史府、小姐院、西山院、西花园、文昌阁、望河亭、屯兵洞、斗筑居、世德院、石牌坊、春秋阁、麒麟院、南书院、河山楼、管家院、古文化街、容山公府、大学士第、陈氏宗祠、中华字典博物馆
九女仙湖景区	龟山、五梁坪、羊肠石、黑龙潭、包骨像、阁老河、九女仙台、金滩大桥、蛟龙窟宅、张家大院、杜河大坝
农业生态园	景观养生区、休闲度假区、生态农业区、生态抚育区
皇城小康新村	青山绿水的景观
工业园	地下矿井、双世公园、生产管理高科技高效应的地面可视化系统室

(三)模式解析

1. 模式内涵

供给推动型发展模式,是指旅游目的地依托于区域内所具有的一切旅游资源,通过对旅游资源的分类、评价、开发、融合创新,积极打造独特的旅游产品吸引游客,最终达到引导和促进旅游高质量可持续发展的目标。在供给推动型发展模式中围绕旅游资源而开发的旅游产品在旅游发展中起主导作用,其成长和发展与其物质资源、非物质资源有着密不可分的关联。地方政府通过统筹规划、招商引资、营销推广以及管理等手段在供给推动型模式中发挥关键辅助作用,产业融合不断对旅游产品进行创新和完善,延续旅游的生命力,保持其高质量可持续发展。

2. 关键因素

供给推动型旅游高质量发展模式中,以下三个因素发挥着至关重要的作用。

(1)旅游资源

旅游资源是旅游业发展的前提,具有优势的旅游资源及其利用对于供给推动型模式至关重要,是打造极具吸引力旅游目的地的关键。

首先,旅游资源的类别决定了旅游目的地的发展方向,对旅游资源进行分类可以更好地促进旅游资源的开发。不同的旅游资源类别对应着不同的旅游发展方向,地文、水域、生物等旅游资源决定了旅游地以得天独厚的自然资源为发展依托,建筑、历史遗迹、人文活动等旅游资源决定了旅游地依托人文资源禀赋进行发展。

其次,旅游资源的价值决定了旅游目的地的发展重点,旅游资源类别从宏观上确定了大致方向,旅游资源的价值则是从更为具体的微观层面指导了旅游资源的开发与规划。

最后,旅游资源的开发决定了目的地旅游产品的最终呈现,所开发的最终实践成果使得旅游资源从幕后走到台前、从潜在变为现实,使得潜在的资源优势转化为现实的经济功能。因此,旅游资源高质量的开发是旅游高质量发展的前提和基石。[①]

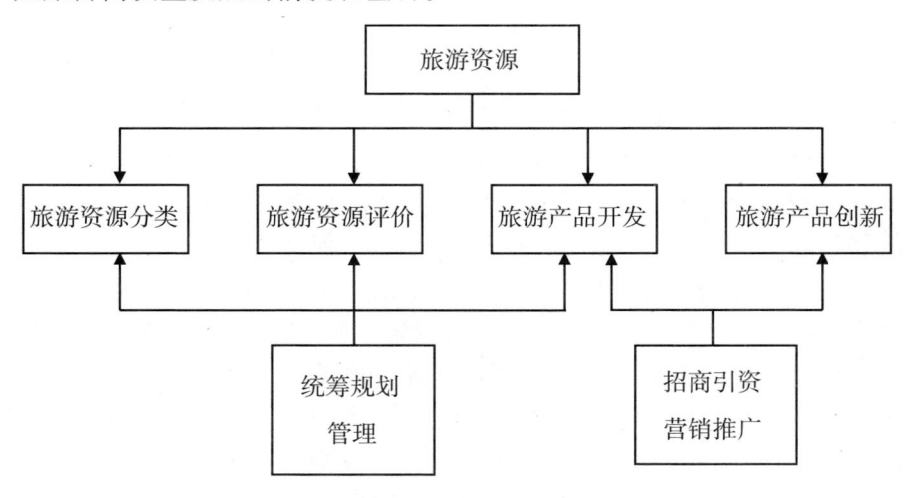

图 4-1 供给推动型模式

（2）地方政府的重视

地方政府是旅游供给推动型发展模式的重要推动者,其对旅游的重视在统筹规划、招商引资、营销推广以及管理等多方面发挥着重要作用,从供给侧为旅游高质量发展保驾护航。一是统筹规划方面。地方政府作为旅游目的地长期以来的管理者,对其空间布局、人居环境、居民关系、产业脉络等最为了解,所掌握的信息全面,能够对旅游的发展进

---

① 刘光.乡村旅游发展研究[M].青岛:中国海洋大学出版社,2016.

行科学的统筹规划,充分利用各种资源要素使得价值最大化。二是招商引资方面。旅游发展的各个环节都需要资本的支持,资本是推动旅游高质量发展的重要保障,是旅游产业发展的动力源泉。地方政府作为旅游目的地的代表,招商引资成为其重要工作。地方政府对旅游的支持程度直接影响着投资企业的投资意愿,只有当地方政府能够配置一定规模的实质资源,或提出具有显著符号性作用的制度举措,为旅游开发营造积极的氛围时,投资企业的投资决策才更易下达。三是营销推广方面。营销使得旅游产品和服务得以推广,通过吸引客源,将旅游项目落地变现。地方政府作为旅游目的地的权威代表,以地方政府名义通过各种营销渠道推广旅游产品,更具说服力。四是管理方面。政府管理对旅游发展绩效有着显著的正向影响作用。正所谓"无规矩不成方圆",缺乏有效管理,旅游的规划将形同虚设,地方政府的有效管理是旅游产品持续健康发展的保障,能够避免利益驱使下的冲突和不良竞争现象的发生,保证旅游质量,促进旅游的发展。

(3)产业融合

产业融合影响着旅游供给推动型模式的可持续发展。业态融合已然成为旅游业态发展的一大趋势,通过制度、技术等方面的创新促使旅游业态和其他一、二、三产业业态的交叉融合、互补,形成了"旅游+"的发展格局,从而产生多元化的旅游新兴业态,促使新型旅游供给产品的诞生。通过创新供给,激发需求,提高旅游产品的吸引力、竞争力和影响力。旅游作为综合性产业,天然就能与工业、农业、文化、体育等各行各业融合共存、协同发展,"旅游+文创""旅游+电商"等新颖的概念表现着旅游产业的融合,但多是机械嫁接,浮于表面,若想保持持续的吸引力、竞争力和影响力,产业融合的程度成为突破的关键点。产业融合的程度事关旅游供给产品的质量,影响着游客的旅游体验和旅游满意度,深度的产业融合有利于保持旅游产品的持续生命力。

(四)实施策略

供给推动型发展模式中一切围绕旅游资源展开,针对旅游资源进行科学规划从而开发出高质量的旅游供给是模式实现的关键。好的产品是成功的一半,供给推动型模式的实现还需要有质量的保障措施和拓宽的产品模式,保障措施使旅游产品能够顺利走向市场得以消费,拓宽产品模式则维持了旅游供给持久发展的吸引力(见图4-2)。

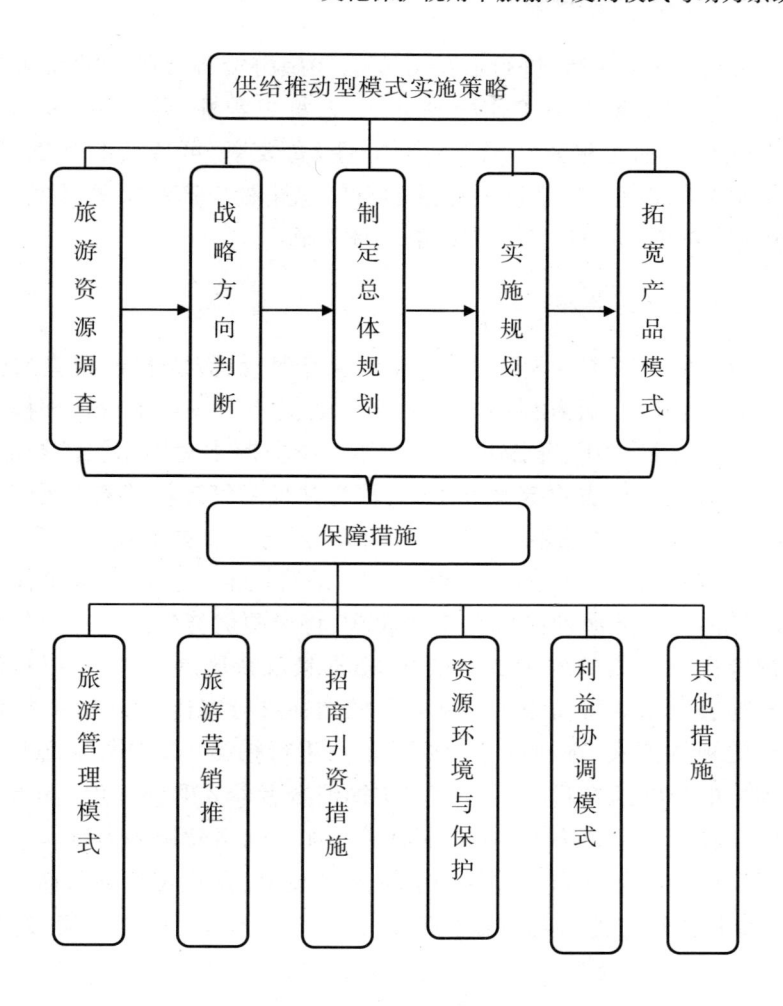

第四章
文化保护视角下旅游开发的模式与动力系统

```
            ┌─────────────────────────┐
            │  供给推动型模式实施策略  │
            └─────────────────────────┘
    ┌──────┬──────┬──────┼──────┬──────┐
  ┌─┴─┐ ┌─┴─┐ ┌─┴─┐ ┌─┴─┐ ┌─┴────┐
  │旅游│→│战略│→│制定│→│实施│→│拓宽 │
  │资源│ │方向│ │总体│ │规划│ │产品 │
  │调查│ │判断│ │规划│ │    │ │模式 │
  └───┘ └───┘ └───┘ └───┘ └─────┘
                   │
            ┌──────┴──────┐
            │  保障措施   │
            └──────┬──────┘
  ┌──────┬──────┬──┼──┬──────┬──────┐
┌─┴──┐┌─┴──┐┌─┴──┐┌─┴──┐┌─┴──┐┌─┴──┐
│旅游││旅游││招商││资源││利益││其他│
│管理││营销││引资││环境││协调││措施│
│模式││推  ││措施││与保││模式││    │
│    ││    ││    ││护  ││    ││    │
└────┘└────┘└────┘└────┘└────┘└────┘
```

图 4-2 供给推动型模式实施策略

1. 科学规划旅游资源开发

首先，对地域类的旅游资源按照一定标准进行调查分析，通过进行旅游资源分类，摸清旅游地的基本情况。

其次，通过旅游资源评价确定旅游供给的主攻方向。在对旅游资源分类调查的基础上，因地制宜选取指标，构建评价指标体系，按照一定的方法对旅游资源在数量、等级、规模、开发前景等方面进行综合性评价，从而就旅游资源的开发价值、资源组合状况、发展重点等方面给出具体的指导建议，确定旅游发展的总体构思。

最后,制定规划,进行旅游开发。在旅游资源分类与评价等理论指导以及规划前期准备工作的基础上,秉承主题性、参与性、多元化以及原真性等原则对旅游资源进行充分性、高效率、可持续的开发,确定旅游供给品的核心,依据发展旅游的总体思路提出产品策划开发、土地利用规划、交通、游览线路等方面的具体措施。

2. 制定保障措施

无论是开发规划还是后续的运营管理,都需要制定相应的保障措施,为旅游开发、后勤保障等提供相应的支持。一是旅游管理模式。在供给推动型模式中,旅游目的地依靠旅游资源主动推出旅游产品,涉及地方政府、企业、农户等多方主体,较为常见的管理模式有"政府+企业+农户"模式、"股份制"模式、"政府+公司+农村旅游协会"模式等,需因地制宜选择合适的管理模式。二是营销推广。通过营销保障旅游目的地的优质旅游产品成功走向大众,将资源优势转换为竞争优势。营销内容围绕优质的旅游供给展开,根据景观特质展开营销,以自然山水特质与农业景观特质为主的旅游目的地在进行宣传时侧重原真性,采用动态的视觉模式,选择视觉较好的景点进行拍摄;以聚落生活和民俗文化为主的目的地在进行宣传时需增加消费者卷入和涉入度,侧重记录和介绍。在营销渠道方面,在传统渠道上加大网络营销的力度。三是招商引资。政府可以发布相关招商引资优惠政策,在税收等方面加大补贴力度,吸引多元主体参与旅游的建设,还需明晰产业投资政策,避免不必要争端。此外,还涉及资源环境与保护、利益协调、项目建设时序等多方面的保障措施。

3. 拓宽产品模式

旅游发展不能一蹴而就,而是一个可持续发展的过程,供给推动型模式的高质量实现仅仅依靠单一的资源产品模式是难以实现的,需要通过产业融合拓宽产品模式,进行产品创新。基础层面即资源、文化和功能方面的融合,将农村各种产业资源、要素、基础设施融入旅游发展,拓宽创新旅游吸引物的范畴,创新旅游产品的休闲、康体、养生、体验等功能,主动推出休闲农事体验、康养养老、文创制作等旅游产品。提升层级产品与品牌融合,与地域内有着较强产业品牌效应的产业联合,塑造统一的旅游品牌,如皇城村与周围的村庄联合,五村一体共同塑造皇城相府这一旅游品牌。支撑层面即技术方面的融合,将物联网、云计算、现代农业等优势技术,广泛应用于农村产业,提升旅游价值,主动推出智慧农业、智慧康养等旅游产品。

二、需求拉动型模式

（一）背景

随着城市化进程的推进,城市覆盖范围越来越广,越来越多的人涌入城市寻求发展机会,城市的居住环境恶化,狭小的居住环境、拥挤的街道、雾霾、节假日人流高峰、工业化食品等,这些都与人们对美好生活追求的愿望背道而驰,寻求一方净土成为人们的迫切需求。人们的消费水平不断提高,旅游观念也在不断转变,旅游需求更是呈现多元化、个性化。当一次次难得节假日出游变成摩肩接踵的"看人海"模式,传统的热门旅游地便不再是游客的首选。人们看惯了城市高楼大厦、钢筋水泥、瓷砖玻璃等这样千篇一律的城市景观,开始寻找充满特色的小众景点。优质环境以及田间小路、小筑庭院、成片的田野等特色景观,满足了城市人群寻求净土和"求新求异"的需求,成为旅游的首选。此外,抛开以上现实层面的需求,从精神层面而言,当下人们生活在高压、快节奏、高竞争的环境之下,远离喧嚣,犹如陶渊明笔下的桃花源生活成为人们的理想生活,成为人们释放压力、寻找初心、短暂逃离繁忙的选择。

（二）典型案例

北京作为中国首都,市周边就产生了许多由游客需求引导的旅游目的地,以北京市昌平区长陵镇中部的康陵村为例。康陵村地处北京市昌平区十三陵镇西北部,耕地面积324亩,山场面积1525亩,植被茂密。村产业以林果业为主,主要生产柿子、梨、苹果、桃、杏、枣等干鲜果品。康陵村四季分明,自然环境优美,春天桃花杏花争相开放,夏秋两季百果飘香,冬季雪花青松映衬红墙黄瓦,村貌奇特,民风淳朴,历史悠久,享有全国生态文化村、中国美丽休闲村等称号。[①]

---

① 吴颖林.旅游发展模式比较研究[J].合作经济与科技,2019(18):59.

文化保护
视角下的旅游开发研究

康陵村靠近十三陵旅游区，距昌平 20 公里，东临 108 国道，距离北京市区仅 45 公里，位于京郊一小时旅游圈范围内，交通便利，耗时短，成为北京市民周末休闲度假的良好选择。康陵村近七成游客为北京本地人，另外三成为游览十三陵的过境游客，可见北京市为其主要客源市场。康陵村在发展林果业的同时也不断发展民俗旅游业，目前，康陵村以民俗旅游和林果业为主导产业，将传统种植农业变为体验休闲产业，能提供各种应时的野菜以及农家饭菜，开展包含酸梨、柿子、李子等各类优良水果在内的优质观光农业采摘，已形成了种植业、养殖业、绿色消费、休闲观光旅游和新型生态村于一体的农业综合产业园区，可以满足广大城市居民体验农村生活的多元文化旅游需求，春饼宴更是成了康陵村民俗旅游的金字招牌。

此外，康陵村的整体环境提升改造工程已全部竣工，路面得到升级，旅游厕所、停车场等基础设施不断完善，是北京市首个高德地图"旅游标注村"，旅游接待能力也大大提升。经过多年的发展，康陵村旅游收入不断增加，从原来的 3 万元到突破 1000 万元，实现京郊低收入村、低收入户致富增收，村民的生活水平显著提高，生活幸福指数提升，村民从旅游经营中获得了丰厚的回报。

（三）模式解析

1. 模式内涵

需求推动型模式是指以人们的旅游需求为主并在政府适当的管控下开发旅游产品，推动旅游业的发展，使人们通过旅游获益（见图 4-3）。其中，人们的旅游需求是多种多样的，受休闲观光、求新求异、返璞归真等多种旅游动机的影响。在需求推动型模式中，旅游目的地背靠庞大的客源市场，客源市场的旅游需求对旅游的发展起主导作用，引领着旅游的产品开发方向，随着旅游需求层次的不断递进，旅游产品不断升级，旅游发展的质量水平也不断提升，政府管控作为保障因素存在。

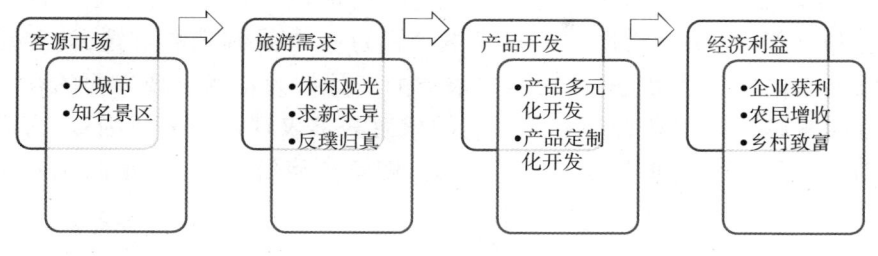

第四章
文化保护视角下旅游开发的模式与动力系统

```
客源市场          旅游需求          产品开发          经济利益
·大城市     →    ·休闲观光    →   ·产品多元    →   ·企业获利
·知名景区        ·求新求异         化开发           ·农民增收
                ·反璞归真         ·产品定制         ·乡村致富
                                化开发
```

图 4-3 需求拉动模式

2. 关键因素

需求推动型模式作为旅游高质量发展模式之一，以下因素至关重要。

（1）客源市场

充足的客源市场能够提供强大的需求拉动力。客源主要有大城市和知名景区两方面，并依靠便利的交通条件作为保障。一是依托大城市保障客源。在数量上，第七次全国人口普查显示，城镇人口占总人口的比例为63.89%，一、二线城市更是旅游客源的重要组成部分（见图4-4），占比高达70%。在需求上，城市人口受生活压力、环境污染等多重因素的影响，更具备旅游的动机。自2020年开始，新冠肺炎疫情蔓延，跨省熔断机制实施，微旅游日渐火爆，成为城市居民的热门选择，从而推动了城市周边旅游的发展。北京蟹岛便依托北京这一国际都市的客源发展旅游。二是依托知名景区保障客源。知名成熟的景区具有强大且经久不衰的核心吸引力，具备广阔的市场，人流充足，周边地区往往借助这一优势发展旅游。鄱阳县礼恭脑村便依托鄱阳湖湿地公园发展旅游。此外，依托大城市或者景区发展旅游还需依靠交通进行保障，交通条件影响着旅游目的地的可进入性，旅游目的地与城市或景区之间的交通通达度高的地方往往能获得更多的客源。

（2）旅游需求

旅游需求作为旅游目的地的主导，影响着旅游目的地的产品打造，旅游消费需求主要分为物质性需求、体验性需求和精神性需求三类。物质性需求往往通过自然资源和农业生产可以得到满足；体验性需求则催生了农事体验、民俗手工艺品制作等产品，强调游客的参与感；精神性需求侧重自我满足和实现，侧重文化旅游、乡音情结、研学等。此外,旅游需求的改变和升级,促使旅游目的地在产品和服务上也不断改变和创新,现阶段物质性需求类的产品已不再是游客的首选,游客更倾向于体验类产品,满足精神需求类的产品作为自我实现层面的存在也越来越受到消费者青睐。人们的旅游需求表现得越来越细致,富有创意,极具个性,催生了许多定制类、创意类旅游产品,如定制化农旅套餐。

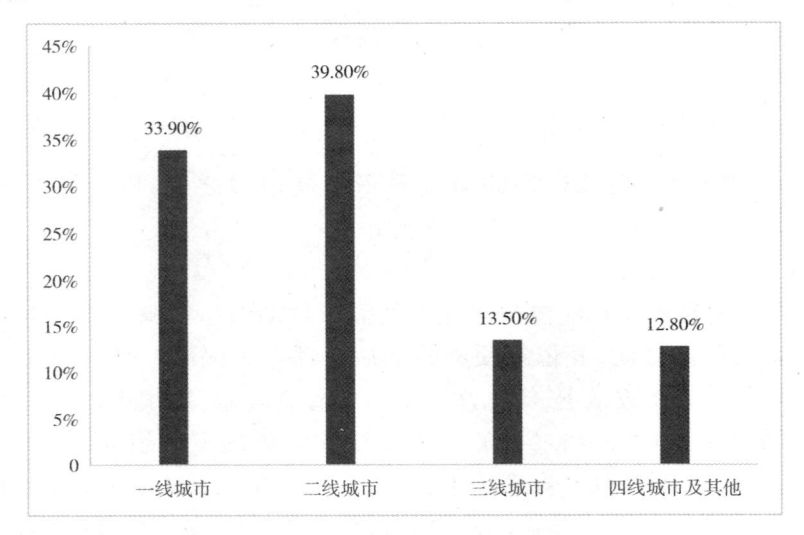

城市类别	占比
一线城市	33.90%
二线城市	39.80%
三线城市	13.50%
四线城市及其他	12.80%

图 4-4 旅游客源城市分布占比

（3）旅游经济利益

在需求推动型模式中,旅游目的地背靠城市或景区,强大的客源市场促使广大社会企业依据游客需求对目的地进行旅游开发。资本是逐利的,巨大的资本投入使得产出成为利益相关者关心的问题。只有当旅游开发者获得足够的回报时,才能持续进行投入,继续探析客源市场消费需求的变化并进行旅游产品和服务创新升级,同时吸引更多资本入驻,获得更多资金支持,发展更多的旅游项目,更好地满足游客日益多元化的旅游需求,从而保证该模式的长期有效高质量运行。

（4）政府管控

在需求推动型模式中游客需求占主导,属于典型的市场导向。旅游具有公共产品属性,在推动旅游发展的同时也存在一些风险,出现市场失灵,导致旅游资源开发重经济利益,轻视社会效益和环境效益,缩短旅游产品生命周期,出现不良竞争、利益冲突等现象;甚至会出现盲目迎合市场需求,造成社会文化、历史遗迹等具有重大价值事物遭到不可挽回破坏的结果。在此影响之下,需要政府进行宏观调控,加以管理,保证旅游项目符合国家社会经济发展规划和环境与生态等要求,把关需求推动型模式下旅游发展的质量,划定底线,合理配置资源与分配利益,避免不良竞争,化解利益冲突。

(四)实施策略

1. 市场分析

需求推动型模式作为需求主导的高质量发展模式,其实现最为关键的环节便是市场分析。首先,科学调研客源市场,包括基础层面和核心层面的调研。基础层面包括客源市场旅游者的数量、年龄、收入、消费等级等;核心层面包括旅游动机、旅游偏好等方面。综合各方面的信息,运用定量或定性的方法对所搜集到的资料进行调研分析,了解客源市场旅游消费者对产品内容、价格、功能等方面的意见和要求。其次,根据调研结果及分析,按照旅游者需求等标准将客源地的旅游消费总市场细分为若干个子市场,并确定目标市场。不同子市场之间旅游者的旅游需求存在着明显的差别,根据所选择目标市场的旅游消费者存在的个性需求,开发满足目标市场群体的差异化产品,把潜在的旅游市场需求转变为现实的旅游消费力。最后,了解产品的市场占有率、市场反馈等信息,从而对旧有产品进行改造升级,调研并了解新的市场需求,从而开发新的旅游产品,根据需求调节供给,平衡产销。

2. 旅游产品开发策略

旅游资源、旅游体验、旅游服务、旅游文化等共同构成了旅游产品,用来满足市场的旅游需求和欲望,但客源市场不同的旅游个体需求不一,要求旅游产品在开发时从旅游消费者的角度出发,以客源市场需求为导向进行产品开发。具体的开发策略包括两种:产品多元化策略和产品个性化策略。

(1)产品多元化开发策略

不同旅游动机对旅游产品开发的要求不同(见表4-2)。在市场分析的基础上,根据客源市场的主流旅游动机开发出旅游主导产品,根据其他旅游动机开发出其他不同类型、不同内容的产品及服务,从而实现多元经营,在最广范围内满足旅游者的多样消费需求。例如,开发高端、中端、低端三个档次的旅游产品,满足不同消费能力消费者的需求。

(2)产品定制化开发策略

旅游个性化需求日益凸显,定制旅游进入蓝海时代,需要开发定制化、主题化的旅游产品以及更高质量的服务水准,从而满足旅游主体的特定需求,如针对探险旅游群体,开发漂流、野外攀岩等刺激性旅游产品。

表 4-2 基于旅游动机的旅游产品开发要求

旅游动机	旅游产品开发要求
欣赏田园风光,回归自然	美化环境,保持景观原真性
体验生活和民俗风情	游客直接参与农事活动和民俗活动
娱乐野趣	垂钓、捕鱼、漂流、采摘等
求知教育	农业园参观及农业知识讲解、人文景点介绍

3.政府适当管控

需求推动型模式作为市场导向的发展模式,其高质量发展需要政府制定适当的管控措施以避免市场导向的负面效益,对市场进行干预以保障其高质量发展。在法律政策方面,政府通过制定和运用经济法规来调节经济活动,明晰产权;制定相关法律法规以维护旅游利益各方的合法权利,限制垄断和反对不正当竞争;加强执法检查与执法协作,规范生产经营者的活动和市场秩序;建立体现生态文明的奖惩机制,制定环保政策,维护空间脆弱的生态环境等。在财政手段方面,划定产品价格的合理区间,进行价格控制,抑制严重溢价、乱收费等现象;对符合绿色环保要求的企业进行补贴,减收税费,健全正向激励机制,以支持节能减排,维护生态空间。在教育手段方面,政府通过宣传、动员、感化、鼓舞等方式与旅游的各经营主体进行沟通,将相关政策理念灌输到企业以及个体经营者的行为模式中,促使其朝高质量发展目标前行。

三、环境推动型模式

（一）背景

2022年，中央一号文件《中共中央国务院关于做好2022年全面推进振兴重点工作的意见》发布，对于旅游助推振兴给予了充分肯定，还指出要"广泛动员社会力量参与振兴，深入推进'万企兴万村'行动"。旅游作为推进精准扶贫和振兴的有效策略，深受国家重视。在此大环境的推动下，政府、企业纷纷参与到旅游的发展中来，助推旅游高质量发展。

（二）典型案例

五村镇巴某村地处广西壮族自治区百色市田阳区南部大石山区，全村总面积14.2平方千米，辖8个屯14个村民小组，户籍人口425户1648人，其中劳动力880人，有733人外出务工，占全村总人口44.5%，有耕地面积1478亩，人均1.11亩。2015年底精准识别后，全村有建档立卡户254户1021人，贫困发生率为61.95%，为"十三五"时期深度贫困村。

广西壮族自治区文旅厅高度重视巴某旅游建设项目，依托巴某村山清水秀、气候宜人的自然禀赋，以及毗邻华润供港基地的优势，因地制宜大力发展旅游。

首先，重塑特色，不断推动治理现代化。巴某村积极推进风貌治理、环境改造以及配套设施建设，如开展特色住房外立面改造、实施农村污水处理工程、完善路网体系、安装人饮净水设备等。

其次，完善旅游基础设施建设。2018年以来，文旅厅共安排专项旅游扶贫资金1353万元用于巴某村旅游基础设施建设，完成了游客服务中心、民居改民宿、村史馆、花溪地、景观桥、环屯步道、花海栈道等基础设施建设。

最后，发展多元产业，提升旅游扶贫的综合效益。采取"公司+合作社+基地+农户"的模式，通过合作社统一流转土地，引进恒茂旅游、华润五丰等公司，打造18℃巴某凉泉度假村，实施500亩桃李基地、1100亩油茶示范基地、200亩铁皮石斛基地、150亩高标准葡萄及野菜园等项目，带动群众合作发展特色旅游产品、农特产品，发展观光农业产业，形成以种植、养殖、旅游为主的三大特色产业，积极创建自治区级生态旅游示范区。2019年底，巴某村实现高质量脱贫，振兴建设率先走在全区前列，逐步实现为同类地区推出好经验、好做法的总目标，荣获"全国旅游重点村""中国美丽休闲乡村""广西五星级旅游区"等荣誉称号。

（三）模式解析

1. 模式内涵

环境推动型模式是在国家大力提倡精准扶贫、振兴等背景下，以政府为主导，农民为主体，辅以企业合作，将旅游产业与脱贫致富相结合，实现旅游高质量可持续发展的一种模式（见图4-5）。该模式一般分布在我国西部偏远地区的贫困村落。

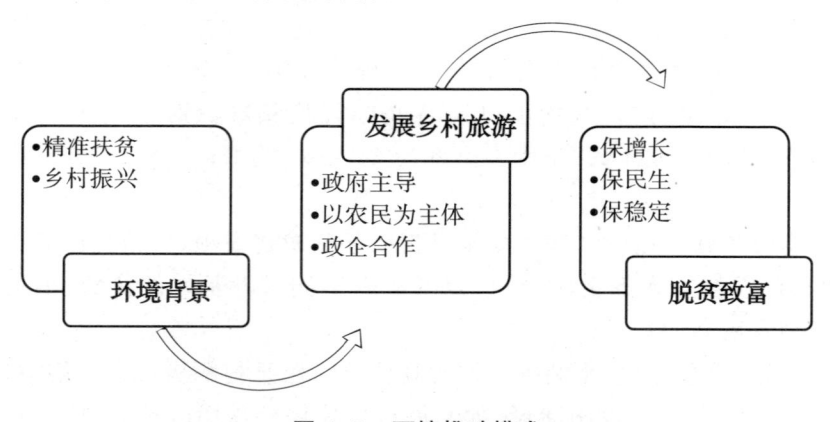

图 4-5　环境推动模式

2. 关键因素

环境推动型旅游高质量发展模式中，以下四个因素至关重要。

（1）以农民为主体

在环境推动型模式中需要始终坚持农民的主体地位，坚持政府主导和农民主体的有机统一，构建政府主导与农民主体有机衔接和良性互动的善治格局。环境推动型模式作为适用于偏远地区的旅游高质量发展模式，要充分调动各种资源和各类主体活力，尤其是激发农民的发展潜能，让当地农民参与到旅游的发展中来，发挥农民的主体优势。

第四章
文化保护视角下旅游开发的模式与动力系统

首先,农民是偏远地区发展旅游最有效且长久的人力储备。旅游的发展为农民提供了就业岗位,促进农民增收。与此同时,农民也承担了旅游相关的生产建设、经营服务等工作。

其次,农民是旅游最大的竞争优势。农村所特有的民风民俗是久居于此的农民在长期生产建设过程中所创造的,以农民为主体能够保持原生的田园风光和淳朴的生活方式,保留原真性,而原真性正是旅游的魅力所在,以吸引游客的到来。[①]

（2）政企合作

环境推动型模式作为政府主导的模式,其旅游发展在初期更多是一种政府行为,带有一定的公益性质。但仅仅依靠政府对旅游进行长期的资金、人才、技术等多方面的投入,财政压力过大,发展思维单一,创新性弱,导致旅游发展后期疲软,难以保障旅游的可持续高质量发展。此时,需要通过提高对外开放水平,与企业进行合作,在拥有土地、资源、基础设施、劳动力等基本生产要素的基础上,借助企业所拥有的资金以及信息、技术、高级人才、营运能力等较高层次的生产要素来发展落后地区旅游业,并且企业所处的领域影响着旅游的发展方向,如华瑞五丰带领巴某村发展种植业,企业的多元化促使旅游产业朝多元化方向发展,多业态融合,扩展产业链。政企合作有助于补足政府单一主导下旅游发展方面的短板,使经济体制灵活化,为中后期的旅游发展续航。

（3）经济效益

将旅游产业用于脱贫致富,是因为旅游作为第三产业,相较于发展第一二产业而言,投资收益高,对空间的破坏性较小,能够长期可持续发展,能够有效地增加农民收入,促进保增长、保民生、保稳定,能够从根本上防止农民返贫。此外,只有当农民因为参与旅游的发展而获益,企业的投资得到回报,发展旅游见到实效,政府、企业、农民等多方才有动力继续发展旅游业,探索旅游业后续高质量发展路径。因此,经济效益是衡量该模式发展质量重要指标,同时也是该模式持续发展的有效动力。

[①] 王云才.中国乡村旅游发展的新形态和新模式[J].旅游学刊,2006（04）:8.

（四）实施策略

1. 充分发挥政府主导作用

政府作为环境推动型模式的主导，需要充分发挥作用。

首先，加强基础设施建设。加强基础设施建设主要包括两个方面：一是配套设施。依据当地文化特色，开展特色住房外立面改造，动员群众拆除危旧房，建设小景墙、小庭院、小菜园等，改善建筑风貌；开展安全饮水、污水治理、街道硬化、无害化卫生厕所改造、清洁能源利用、"三清一拆"和垃圾治理、村庄绿化、农村电子商务网点建设、生态扶贫农田水利、高效节水灌溉等美丽工程项目，改善群众生产生活条件。二是旅游配套设施。健全停车场、驿站、风景道、指引标识系统等旅游交通设施，以及游客中心、住宿、餐饮、娱乐、购物等旅游接待服务设施。对旅游配套设施进行乡土化改造、功能性升级，与信息化接轨，满足人们的高品质生活需求。

其次，加强从业人员的职业技能培训。当地农民转换为旅游服务人员，角色的转换要求职业技能转变，迫切需要采取脱产学习、现场教学、实际模拟等多种方式，进行沟通、礼仪、语言、专业技能、业务能力等多方面的相关培训，提升旅游服务品质。

最后，激发市场活力，吸引社会企业。结合特色打造符合市场需求、形式多样的旅游产品体系，出台旅游优惠补贴政策，发行旅游消费券，完善营销策略，吸引客源，激发市场活力；结合旅游产业发展需求，出台招商引资补贴政策，吸引社会企业参与到旅游发展中来，实现投资多元化和产业业态多元化。

2. 延伸产业链条

延伸产业链条是扩展旅游效益的有效方式，包括横向扩展产业链和纵向扩展产业链两个方面。受地区经济落后的影响，旅游产业与其他产业间缺乏横向合作，缺乏产业联动，融合度低，导致产业链过窄。为此，需要加强产业链条中同级产业核心部门的协同意识。通过建立产业融合的环境机制、引进产业融合人才、建立旅游产业园等多种措施，以旅游发展为核心，加强旅游产业与文化、体育、康养、互联网等产业的融合，横向拓宽旅游产品的功能。

旅游产业链条上游为农、林、牧、副、渔等产业,中游为农家乐、采摘园、度假村等核心旅游产品,终端为旅游产品的消费者。通过将特色或者创意产业融入旅游产业链条,将群众镶嵌到旅游产业链条以及引进旅行社、旅游平台等中介机构等多种措施,纵向拉长产业链条,在拉长产业链条的同时还需优化配置相关产业,进行纵向深化,推进旅游全产业链发展。

3. 坚持群众路线

环境推动型模式的主体是农民,发展成果要惠及农民,这就要求始终坚持群众路线,让当地群众广泛参与。

四、混合驱动型模式

(一)背景

推动旅游高质量发展是利用资源、供给侧结构性改革、助力旅游产业升级、满足市场需求、顺应环境趋势的必然要求。在供给方面,旅游业持续高速发展,已经成为世界重要的经济部门之一,而资源更是旅游业发展的前提和支撑。每个旅游地都拥有着独特的自然环境、人文风俗等旅游资源,发展旅游产业具有天然的优势,不少人抓住机遇,纷纷利用所拥有的资源推出农业观光、民俗体验等旅游产品,一改单纯发展农业的传统。在需求方面,随着城市进程和都市人口的快速增加,使得公园、绿地、休闲活动空间和设备不足,迫切需要开拓新的旅游空间。加之人们生活节奏和生活压力加大,城市生态环境远不如前,人们对美好生活的需求越来越强烈。随着经济的发展和人们生活水平的提高,人们的旅游经验和旅游经历逐步丰富,传统旅游形式如观光游、景点游已不再能满足旅游市场多元化的旅游需求。前往生态环境优美,民风淳朴,别具一格的地区旅游,成为人们追求美好生活、满足多元化需求的最佳旅游形式,作为新的旅游空间深受旅游市场喜爱。

旅游对于推进现代化和经济全面发展有着重要作用,符合国家发展的需要。综上,在供给、需求、环境等多方因素的驱动下,发展旅游是大势所趋。

（二）典型案例

安吉县隶属于浙江省湖州市，位于长三角腹地，县域面积1886平方千米。安吉县的旅游发展历程经过了三个阶段。

在旅游培育阶段，工业发展导致生态环境恶化，在"生态立县"发展战略和"绿水青山就是金山银山"理念的指导下，在各级政府部门的主导下，通过政策、资金的支持，利用县域内拥有的资源大力推动休闲旅游的发展，开办农家乐，发展农业休闲观光。

在旅游的发展阶段，开展美丽建设，将安吉县域当作景区进行规划，高标准编制了《安吉县旅游发展总体规划》，着力打造一村一业、一村一品、一村一景。通过建设"大、好、高"的旅游项目，改变了传统旅游"散、乱、差"的局面；通过产业集聚，引领安吉县农业规模化发展方向，以市场为导向发展创意农业；通过市场化机制让农场开发不同类型、不同层次、不同规模的旅游产品，着力打造地区特色发展模式，促进旅游产业转型升级，朝高质量方向发展。

目前，安吉县的旅游发展进入了成熟阶段，与时俱进，进行科学规范的管理，在振兴战略指引下进一步提升旅游产品供给质量，拉动市场需求，与农民共享发展红利。

（三）模式解析

1. 模式内涵

混合驱动型模式是在旅游的发展过程中，供给、需求、环境等多方因素共同作用，政府指导、市场经济、农民参与三者相结合，驱动旅游高质量发展的一种模式（见图4-6）。政府高度重视旅游业的发展，在不同的发展阶段扮演着不同角色，企业和农民是旅游的参与主体，是利益的主要获得者。但在此类发展模式中，很难区分主导因素，不同阶段有着不同侧重点，驱动因子也不尽相同，具体的发展路径也会随之有所改变，具有强烈的阶段性特征。

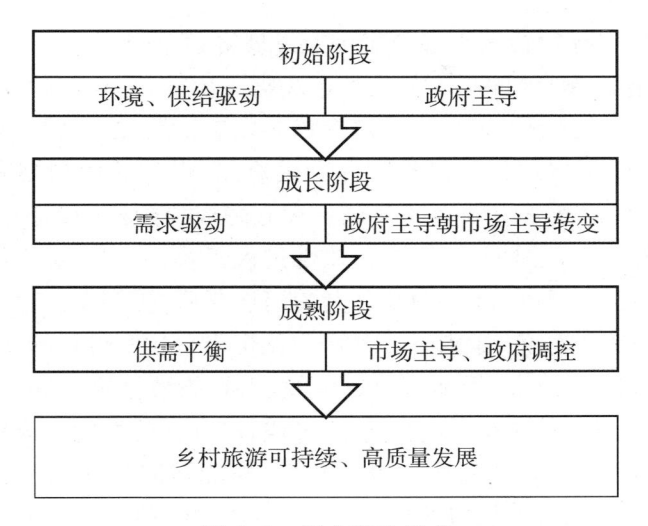

```
┌─────────────────────────────────────┐
│            初始阶段                  │
├──────────────────┬──────────────────┤
│   环境、供给驱动   │     政府主导      │
└──────────────────┴──────────────────┘
                  ↓
┌─────────────────────────────────────┐
│            成长阶段                  │
├──────────────────┬──────────────────┤
│     需求驱动      │ 政府主导朝市场主导转变│
└──────────────────┴──────────────────┘
                  ↓
┌─────────────────────────────────────┐
│            成熟阶段                  │
├──────────────────┬──────────────────┤
│     供需平衡      │  市场主导、政府调控 │
└──────────────────┴──────────────────┘
                  ↓
┌─────────────────────────────────────┐
│      乡村旅游可持续、高质量发展        │
└─────────────────────────────────────┘
```

图 4-6 混合驱动模式

2. 关键因素

混合驱动型模式作为旅游高质量发展模式之一，以下三个因素至关重要。

（1）鲜明的阶段性

混合驱动型模式作为多因素驱动、多利益主体参与的高质量发展模式，难以区分该模式下旅游发展全阶段的主导驱动因素、首要主体，不同阶段有着不同的侧重点，具有鲜明的阶段性特征。以安吉县旅游发展历程为例，初始阶段是在环境推动下，利用政策、资金、资源等条件，以政府为主导带动农户发展旅游；成长阶段是在政府引领下，以市场为导向，吸引企业入驻，利用市场机制开发多元化产品，高质量发展旅游；在成熟阶段，政府化身"保安"，以企业、农户为旅游的经营主体，在供需协调下推进旅游可持续发展。

（2）政府职能定位

不同阶段政府的职能定位有所不同。在旅游发展初始阶段，政府充当引领者的角色。旅游的发展一直受到党中央、国务院及相关部门的高度重视，中央从规划、产业、土地、资金、人才以及人居环境整治等五个方面进行了重要指示，出台了多项文件，对旅游的发展方向、标准、目标等进行了规划。例如，《促进乡村旅游发展提质升级行动方案（2018年—2020年）》中指出要不断完善旅游的配套设施，丰富旅游的产品种类，积极支持和引导社会资本参与旅游业发展等;《关于促进乡村旅游可持续发展的指导意见》中指出从旅游市场需求出发,推动旅游发展的产业化、市场化等。这就要求地方政府在旅游发展初期,按照国家总体规划,从整体出发,制定地方发展理念和开发思路,做好总体规划和部署,避免无序开发,扮演好引领者的角色。在旅游成长阶段,政府充当规范者的角色。经过一段时间的发展后,旅游进入正轨,占据一定市场份额,经济也逐步发展。此时,需要政府从台前退居幕后,更多发挥市场的作用,扮演好规范者的角色,重点任务是研究制定出台切实可行的旅游法律法规,并通过项目、资金、用地、信息等手段引导旅游健康发展。在旅游成熟阶段,政府充当协调者角色。经历过成长期后,旅游的发展体系成熟。此时,政府更多的是充当协调者的角色,职能转向宏观调控、公共管理等方面,简政放权,重点协调好企业、农户之间的利益关系,保护旅游者的权益等。

（3）驱动因素

在混合驱动型模式中,旅游的高质量发展受到多因素的驱动,这些驱动因素可以分为内生驱动因素和外生驱动因素两个方面,内生动力主要包括旅游供给和旅游市场需求,外生动力包括政策支持、制度引导等。外生动力在旅游发展中发挥着重要作用,但内生动力是一种内生性、根本性、持续性的系统动力,是最根本的存在。混合驱动型模式具有典型的阶段性,不同阶段驱动因素有所不同。在旅游发展初始阶段,政府出于宏观形势、经济发展的需求,利用旅游资源推动旅游的发展。在旅游成长阶段,在政府政策支持和经济利益的驱使下,农户、企业等广泛参与到旅游发展中来,规模化、产业化、高质化地提供旅游产品,城市居民出于追求差异化的反向性需求,消费旅游产品,这个阶段动力逐渐转换,从政府主导转向市场主导、从要素驱动转向创新驱动、从单一动力转向综合动力。在旅游成熟阶段,旅游产品体系完整,旅游市场份额稳定,满足市场需求,提质增效,创新升级成为发展目标,内生动力占据主导地位。

（四）实施策略

1. 制定阶段性发展战略

混合驱动型模式具有鲜明的阶段性特征,不同阶段政府的职能定

第四章
文化保护视角下旅游开发的模式与动力系统

位、驱动因素等都有所不同。在实施混合驱动型模式时，在初始阶段、成长阶段、成熟阶段应准确区分政府职能定位，识别驱动因素，从而制定相应的阶段性发展战略。

首先，准确区分政府职能定位。在初始阶段，政府扮演引领者，充分利用行政体制，分配所掌握的资源，对旅游进行率先开发。在成长阶段，政府扮演规范者，根据实际情况研究制定出切实可行的旅游地方性法律和条例，完善各项管理制度，使旅游经营运作有法可依，有章可循，营造旅游市场健全的法治环境，为好的旅游项目的落地做好政策支持与服务。在成熟阶段，政府扮演协调者的角色，搭建旅游发展平台，建立健全旅游管理综合协调机制，培育发展旅游行业协会等。

其次，识别驱动因素。驱动因素主要有供给、需求、环境三部分，在侧重供给驱动时，要求合理规划旅游资源开发，拓宽旅游产品模式，加强旅游产业发展保障，提供高质量的旅游产品。在侧重需求驱动时，要求在政府适当管控下，依据全方位的市场分析开发旅游产品，满足多元化的旅游市场需求。在侧重环境驱动时，要求政府加大扶持力度，充分发挥政府主导作用，积极鼓励农民参与，坚持群众路线。

最后，制定阶段性发展战略。在初始阶段，充分发挥政府的作用，制定旅游发展的初始规划和策略，如加强公共服务设施和旅游设施建设，通过道路硬化、建筑改造、厕所革命等多种措施改善环境。在成长阶段，充分发挥发展主体的多元性，吸引更多的社会资本和经营主体投入旅游的发展，政府主导逐渐转变为市场主导。在成熟阶段，坚持市场主导，企业为主体的原则，走市场化道路，持续发展。

2. 完善利益协调机制

旅游开发项目必须研究旅游利益相关者，协调利益关系，减少利益各方之间冲突，走可持续发展道路。混合驱动型模式涉及政府、企业、村集体、农户、旅游者等多方利益相关者，它们不同阶段利益诉求有所不同，需完善利益协调机制，保持利益协调机制随着旅游的发展动态演化。

首先，在旅游发展初始阶段，充分强调政府在利益协调中的作用。政府出面协调旅游资源开发与空间保护、开发企业与当地居民等方面的冲突与矛盾，举行各方代表出席的协调会和听证会，加强各方间的沟通，倾听各方诉求，找准矛盾切入点进行管控。

其次，在旅游发展成长阶段，成立行业中介组织与非政府组织，利用第三方当事人介入的形式对各利益相关主体进行监督管理，引导各利益相关主体进行理性竞争与利益博弈协商，维护当地旅游业市场公平竞争与健康发展；与此同时，注重游客诉求，提升旅游的服务品质，进而提升游客满意度。

最后，在旅游成熟阶段，搭建旅游信息网络平台，各旅游企业由信息网络在吃、住、行、游、购、娱等一系列服务上形成紧密的产业关联网络体系，进而组成经济网络与结构体系，保证各企业间旅游产品与服务的互补性，互通有无互补经营，缓解产品供需矛盾。

第二节 文化保护视角下旅游开发的动力系统

一、动力系统简述

（一）旅游开发动力系统的界定

动力系统是解释推动某事物运行发展的原因与力量。旅游高质量发展动力系统具有复杂性和开放性，在旅游发展的不同阶段与时期，其构成要素也在不断地变化。最初，学者对旅游动力研究主要集中在旅游资源的开发与规划上。20世纪80年代后期，学者开始关注对旅游动力系统的研究。

彭华是国内较早对旅游动力系统展开研究的学者，其认为旅游发展动力模型是由需求系统、引力系统、中介系统、支持系统构成的一种主导动力模型。

Gunn提出供给和需求是旅游系统中两个最基本的子系统，其中供给子系统包括吸引物、促销、交通、服务和信息五个要素。

Anne-Mette Hjalager构建了以产业、政策、基础设施和技术为子系统的旅游业创新传递机制系统模型。

在此研究基础上，学者构建了包括需求、供给、媒介、支持和决策五个子系统的旅游发展动力系统结构模型。

城市居民、农民、政府、旅游产业作为旅游的主体，彼此间的诉求形成了旅游的资源供给力、需求拉动力、转型升级驱动力、政策配套扶持力四个子系统，子系统之间相互影响，相互促进，形成合力，共同推动旅游高质量发展。①

（二）旅游高质量发展的动力系统构成分析

旅游活动本就是由不同子系统构成并且相互作用的系统。根据旅游子系统的不同功能，将其分为资源供给力、需求拉动力、转型升级驱动力、政策配套扶持力四个部分。独特的自然资源和人文资源构成旅游系统的供给力，城市居民和旅游者的需求构成旅游发展的拉动力，旅游发展中的问题构成其转型升级的驱动力，"三农"问题、脱贫攻坚和振兴战略下出台的一系列政策是旅游动力系统的政策配套扶持力。

1. 资源供给力

旅游业发展成功的核心基础动力因素是丰富的资源供给力。资源供给是旅游发展的推动力，是旅游开发和发展的基础。资源供给力和需求拉动力两个因素共同作用，从而促进旅游业规模的扩大和质量的提升。乡村旅游以独特的自然资源和人文资源为依托，以其特性吸引城市居民进行反向旅游。随着旅游业的快速发展，旅游市场竞争越发激烈，促使旅游企业开发新的旅游市场和旅游产品。旅游产业开始向乡村扩张，从而吸引了更多企业投资，优化了旅游环境，促进了旅游产品的改革和创新，推动了旅游产业的发展。丰富的旅游资源是旅游开发的基础条件。区域旅游资源的独特地域性和文化风俗习惯是激发游客旅游动机的重要因素，使潜在需求变成实际购买力。

2. 需求拉动力

市场需求子系统作为旅游系统的基础动力之一，是促进居民旅游的拉动力量。城市生活和农村生活环境之间的差别，吸引众多城市居民暂时离开城市，到农村暂居。城市居民是旅游发展的源动力，是旅游赖以生存的前提条件。随着经济社会不断发展，居民消费结构转变，城市居民拥有越来越多的闲暇时间，强有力地推动城市周边旅游的发展。人们

---

① 张永强，赵铭，李道成，王刚毅.乡村旅游可持续发展的系统动力学分析——以内蒙古自治区呼伦贝尔农垦集团牙克石农场为例[J].农业经济与管理，2015（03）：11-19.

对于乡土生活、健康生活以及文化的诉求,进一步拉动了旅游产业的消费市场。特别是受新冠肺炎疫情影响后,城市周边游成为率先复苏的旅游市场。此外,城市生活的压力和快节奏,使得旅游者产生"逃离城市"的想法,农村优越的生态环境和悠闲的生活情趣吸引大批游客到农村旅游,亲近自然。

3. 转型升级驱动力

随着我国经济增长结构和产业增长方式的转变,旅游产业迫切需要转型升级以保证旅游的高质量可持续发展。党的十九大报告提出的振兴战略为解决"三农"问题提供了理论指导。旅游作为经济发展新的增长点,是以"三农"资源为载体的新兴业态,支撑着经济的可持续发展。促进旅游发展和转型升级是解决"三农"问题的切入点,是实现振兴的重要突破口。

在旅游快速发展的同时,也存在低水平发展、产业融合度不够等问题。在开发旅游的过程中,许多开发商没有遵循"因地制宜""科学规划"的原则,盲目开发,导致旅游产品同质化现象严重。由于旅游初期开发进入门槛低,从业人员多为个人,缺乏管理意识和环保意识,发展理念陈旧,导致旅游低水平同质化建设成为普遍现象。在经济新常态下,游客需求趋向于多样化与个性化,产品更新迭代快。但是旅游发展一定程度上还停留在旧的发展方式,与农业、体育、娱乐业和文化等产业的融合深度不够,创新不足,缺乏符合当下的新产品、新项目,旅游产业的有效供给不足,无法满足旅游者的多样化与个性化的需求。

4. 政策配套扶持力

政府积极制定相关政策,指导和推动旅游的发展。2021年,中央一号文件提到了"打造旅游精品线路""实施数字建设发展工程""发展休闲农业"等措施,从资金投入、用地供给、基础设施建设等要素供给,产业规划、文化传承、生态保护等环境制度,以及鼓励消费、市场培育、试点示范等市场需求三个方面,对旅游发展进行有序引导、扶持、保障和调节,基本构建了旅游政策体系。新农村、脱贫攻坚、乡村振兴、城乡融合等理论指导,为旅游的发展提供了良好的政策环境和氛围,为旅游的高质量发展提供了持续的辅助动力。

（三）旅游动力系统内在逻辑与联系

在旅游发展动力系统中，资源供给力、需求拉动力、转型升级驱动力、政策配套扶持力四个子系统之间相互影响、相互作用。需求子系统和供给子系统作为基础动力，供给子系统通过开发旅游资源，向旅游市场提供旅游产品，刺激游客产生需求，离开日常居住地进行旅游消费，使游客需求得到满足。旅游系统转型升级的驱动力，刺激旅游目的地进行产品创新和转型升级，以满足游客多样性和个性化需求。只有游客多样性和个性化需求得到满足，资源供给力、需求拉动力、转型升级驱动力、政策配套扶持力四个子系统的利益相关者才能获得更多经济利润，从而推动经济和旅游的发展。

政策配套扶持力子系统为旅游环境的发展提供了良好的政策支持，以保障旅游环境的顺利构建和可持续性发展。对资源供给力和需求拉动力系统而言，一方面，政府通过制定相关政策法规约束旅游企业和景区的行为，以使游客的合法权益获得保护。另一方面，政府通过政策支持鼓励旅游和相关企业的发展，以保障旅游的顺利发展。

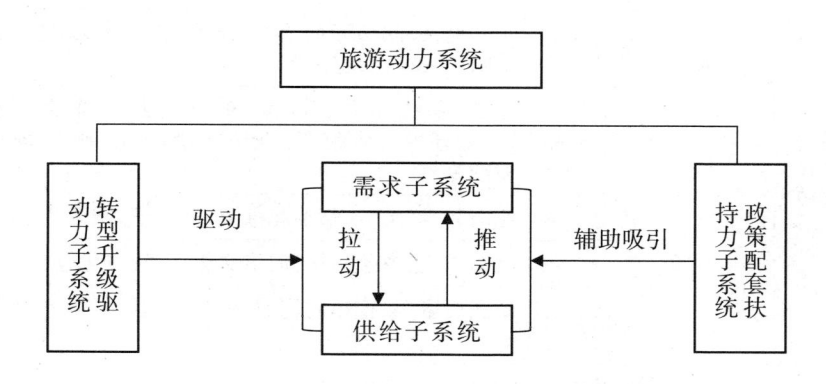

图 4-7 旅游高质量发展动力系统

二、旅游开发动力系统的要素

（一）丰富的资源供给力

我国旅游资源种类多样、数量丰富、分布广泛，具有独特的文化内涵，既有自然形成的江河湖泊，又有历史遗留的古城遗址。我国历史悠久,民族众多,在不同的地理环境和历史环境下,形成了独特的民俗习惯和生活模式。这些旅游资源对世界各地的游客都有着较大的吸引力,是推动我国高质量发展的宝贵财富,也为旅游高质量发展提供了丰富的资源供给力。

1. 旅游资源分类体系

丰富而多样的旅游资源是实现旅游高质量发展的前提。我国是一个农业大国,同时拥有丰富的资源,由于地理位置和文化背景的差异,所展现出的特性也有所不同。学术上对于旅游资源的分类与评价的研究一直是研究的基础问题和热点问题,根据资源的性质和成因将旅游资源划分为两大类:自然旅游资源、人文旅游资源。对旅游资源分类比较权威和典型的标准是文旅部2017年发布的《旅游资源分类、调查与评价》(GB/T18974-2003)(见表4-3,4-4)。

表4-3 人文旅游资源主要类型

主类	亚类	基本类	典型案例
民俗文化资源	物质文化资源	服饰	苗族、土家族、维吾尔族、藏族等少数民族服饰
		传统美食	长安盆菜、陕西荞面饸饹、柞水糍粑、峡江米粉、修水哨子、柴沟堡熏肉等
		手工艺品	苏绣、蜀绣等手工刺绣;东阳木雕、广东金漆木雕、福建龙眼木雕等;延安剪纸、佛山剪纸、扬州剪纸等
	非物质文化资源	传统节日	花山节、泼水节、酥油花灯节、火把节、铜鼓节等
		特色文化	巴蜀文化、齐鲁文化、河洛文化、江淮文化等
		民间艺术	浙江皮影、景德镇陶瓷、川剧、陕西民歌、徐水狮舞等
历史遗迹资源	历史古迹	古城遗址	商丘古城、平遥古城、荆州古城、凤凰古城等
		石窟	金塔寺东西窟、云冈石窟第五第六窟、龙门石窟宾阳中洞、巩县石窟一号窟、莫高窟等
		墓群遗址	狮子山楚王墓、大堡子山墓群、泰安大汶口遗址、章丘城子崖遗址、满城汉墓等
		宗庙祠堂	陈家祠堂、胡氏宗祠、德远堂、太原晋祠、成都武侯祠、广州陈家祠等
		红色遗址	延安革命遗址、瑞金革命遗址、井冈山革命遗址、西柏坡革命遗址、红岩村等

续表

主类	亚类	基本类	典型案例
		历史文物	佛指舍利、铜车马、商后母戊鼎、金缕玉衣、越王勾践剑、素纱襌衣等
		遗址公园	隋唐洛阳城国家遗址公园、明城墙遗址公园、大报恩寺等
	民俗建筑	古建筑	北京四合院、围楼土寨、吊脚楼、窑洞等
	名人文化	名人故居	杜甫草堂、郭沫若故居、三毛故居、鲁迅故居等
生活聚落景观资源	村落景观	农村景观	婺源古村落、安徽宏村、福建培田古村、元阳箐口哈尼族民俗村、肇兴侗寨、新疆图瓦村、甲居藏寨等
		牧村景观	哈登布拉格小木村、内蒙古奥奇牧村、牧村土林、江布拉克等
		渔村景观	青岛青山渔村、三亚的后海渔村、平潭钱便沃渔村、上海金山嘴渔村、象山县石浦渔村等
		山村景观	安徽石县大山村、凤凰县扭仁村、临安指南村、修武县双庙村等
	旅游型集镇景观	特色小镇	秦皇岛市卢龙县石门镇、吕梁市汾阳市杏花村镇、杭州市桐庐县分水镇、丽水市莲都区大港头镇、贵阳市花溪区青岩镇等
		休闲农庄	长鹿旅游休博园、杭州湾海上花田生态旅游度假区、三圣花乡、光明农场大观园、西海岸生态观光园、福清天生农庄等
		田园综合体	无锡阳山田园综合体、迁西花乡果巷田园综合体、襄汾田园综合体、沂南县朱家林田园综合体、武夷山市五夫镇田园综合体等
生产劳作景观资源	田园风光	田园风光	广西龙脊梯田、浙江云和梯田、云南元阳梯田、湖南紫鹊界梯田、霍城薰衣草花海、金阳索玛花海等
		林区风光	荔波喀斯特森林、蜀南竹海、轮台胡杨林、波密岗乡林芝云杉林、天山雪岭云杉林、长白山红松阔叶混交林、尖峰岭热带雨林等
		草场景观	呼伦贝尔大草原、坝上草原、喀拉峻草原、锡林郭勒大草原、西藏那曲高寒草原等
		城郊景观	炮台湾湿地森林公园、红海滩、九寨沟风景名胜区、剑门关风景区、千岛湖、南普陀寺等

续表

主类	亚类	基本类	典型案例
	农事劳作景观	农耕文化景观	金华农耕文化园、赵家渡农耕文化产业园、苏州江南农耕文化园、阿农湾农耕文化园、华北农耕文化产业园等
		现代科技应用景观	南京现代农业园、贵州余庆白泥坝区现代农业园、邛崃康绿鲜生态农业庄园、太仓现代农业园等

表4-4 自然旅游资源主要类型

主类	亚类	基本类	典型案例
自然资源	景区公园	湿地公园	巴音布鲁克湿地、三江平原湿地、西溪湿地、若尔盖湿地、向海湿地、鄱阳湖湿地、东寨港红树林湿地等
		森林公园	张家界国家森林公园、西双版纳原始森林公园、海螺沟冰川森林公园、白云山国家森林公园、天门山国家森林公园等
	地貌资源	峡谷	恩施大峡谷、安集海大峡谷、金沙江虎跳峡、怒江大峡谷、太行山大峡谷等
		山川瀑布	赤水瀑布、黄果树瀑布、四川螺髻九十九里温泉瀑布、五台山、峨眉山、普陀山、九华山等
		岩洞	安顺龙宫、鸡冠洞、芙蓉洞、金狮洞景区、雪玉洞、白云洞等
	水域景观	湿地	孟津黄河湿地、若尔盖湿地、黄河三角洲湿地等
		河流	长江、黄河、珠江等

2.旅游产品类型

旅游资源只有经过开发、设计，才会变成适应旅游消费者需求的旅游产品。我国旅游产品在地理空间分布、特征属性、资源供给、市场需求和发展趋势、旅游消费等方面都有其独特性，能满足不同类型、不同目的的旅游消费需求。根据旅游产品和服务的特性，综合众多学者的研究，我国的旅游主要产品类型可划分为：现代农业型、休闲农庄型、体育康养型、主题教育型、文旅融合型。

（1）现代农业型

现代农业是政府高度关注的重点，2020年的中央一号文件提出了加快独具特色的现代农业产业园区建设，努力推进农业农村产业融合发展等重大战略部署。日本、荷兰等国家在开发旅游产品时积极引入科技手段，使之成为推动农业现代化进程的动力产业。近年来，我国开始建设一批现代科技农业园区，促进旅游的发展。"农业+旅游"的模式拉长了传统发展的价值链条，是新时代促进经济振兴的重要手段和方式。现代农业型旅游产品包括农业观光园、农业产品展览馆、科技生态园等形式。其主要特征有：

①休闲观光游览。现代休闲农业型旅游具有休闲体验和观光游览的作用。其依托独特的地理位置和自然生态环境，将农业和科学技术、休闲体验、观光度假等有机地结合，开展手工自制活动、农事体验互动等参与性活动。

②农业技术展示。在开展现代农业型旅游时，可以充分展示当地的农业生产过程、农业技术、产品等，使游客能够更好地观光。

③普及科技教育。现代农业型旅游在现有的农业科研基地基础上，将相关设施作为重要景点，将先进的农业科研技术作为教育内容，构成融合教育、展示、生产的综合性科教农业园。

（2）休闲农庄型

休闲农庄型旅游将旅游和休闲农业进行了很好的融合，以此促进相关产业的发展。休闲农场模式通常适合在农业产业规模效益显著的地区开展，在休闲体验和观光的基础上，扩展"吃、住、购"等领域，以产生协同效益。其主要特征有：

①复合性和综合性。休闲农庄是以农业技术、农业景观、农事体验为基础，与住宿、餐饮、购物等领域融合的一种运作模式。休闲农庄旅游开发具有多元化的形态，其涵盖第一、第二、第三产业，能够满足游客的差异化需求。

②多元化收益形式。休闲农庄是一种典型的复合体，它将资本和劳动进行了有机融合，相关投资方和农民都可从中获得利益。农民可以通过土地租赁、在庄园内部工作等方式获取收益；投资方则可获得来自农业、食宿、购物、娱乐等领域的相关收入。

（3）康养休闲型

在健康中国战略的大背景下，康养休闲旅游作为一种新业态、新模式，推动了健康产业和旅游产业的发展。具有良好的生态环境和独特的文化氛围，成为退休人群最佳的旅游地。其主要特征有：

①以"关注生命"为目标。康养休闲型旅游和传统的旅游方式具有一定的区别，康养休闲旅游是旅游的深度体验，是由健康养生衍生出来

的新型旅游形式。康养旅游的主要目标和出发点就是关注生命和健康。康养休闲旅游更加注重让游客脚步"动起来"、身体"住下来"、内心"静下来"。

②以"健康管理"为载体。康养休闲旅游通过科学地制定个性化的健康服务，与养生文化、饮食文化、中医道养生、运动科学等元素充分融合，以实现改善、增进和保持游客身体和心理健康的目的。

（4）主题教育型

政府政策的扶持和日渐成熟的消费市场，对旅游提出了更高的要求。教育旅游作为一种旅游体验形式，参与者通过与目的地的互动体验，使得休闲旅游和学习一同发生。旅游具有回归自然、润物无声的特点，可以将思想政治教育、民俗文化教育、情感意志教育、生态环境教育很好地融入其中。因此，近年来，很多地方开发出具有主题教育意义的旅游产品，受到了市场的青睐。主题教育型旅游以时间拓展和学习知识为主要内容，以教育性和体验性为主要特征。在文旅融合的大背景下，旅游和农场旅游向娱乐教育类休闲活动方向发展，通过体验传统文化和历史，以达到教育的目的。目前，教育式旅游主要有文化体验、红色教育等主题形式。其主要特征有：

①教育性。主题教育式旅游是让游客在旅游中拓宽视野，提高能力，以接受教育为主要目标。教育性是这类旅游模式的核心特征，通过旅游景点的文化渲染、故事讲解，了解目的地背后的故事和历史。

②体验性。体验本就是旅游活动的基本属性之一。主题教育式旅游对体验性提出更高的要求。游客在游览景点的过程中，除了视觉上的震撼之外，与目的地间的互动会使游客对其历史文化和技艺有更深的理解，获得精神震撼，从而达到接受教育的目的。

（5）文旅融合型

2018年，文化和旅游部组建，进一步提出了文旅融合体制与旅游机制创新等一系列新命题。文化是旅游发展的核心，文旅融合加速了旅游高质量可持续发展。文化是旅游发展的根与魂，文化的独特性以及根植在游客心中的记忆促进着旅游的不断发展。文旅融合型旅游产品，以文化特色为基础，通过乡土建筑改造，建设民宿和客栈，融合旅游地较有底蕴和内涵的民俗风情，为游客提供独具特色的体验。文旅融合型旅游是民族特色与现代文明的融合，其依托独特的地理位置和建筑风格，通过

手工艺品和节事活动发扬民族文化,让传统文化得到继承。[①] 其主要特征有:

①地方性。民俗文化源于世代民众的传承,很多地方都因为自身独特环境形成了极具地方特色的文化习俗。不同地区和时代背景下的民俗文化都会有自身特点,成为具有鲜明地方特色的旅游资源。

②传承性。文化具有代际传递效应,是人类活动在一定区域内经过历史传承沉淀下来的人文反映,是当地文化的象征。乡村文化对我国优秀民间文化进行传承,能对传统文化精神进行延续。

表 4-5　旅游产品主要类型

旅游产品类型	特征	典型案例
现代农业型	休闲观光游览、农业技术展示、普及科技教育	秦皇岛集发农业梦想王国、上海孙桥农业区、昌吉农业科技园区
休闲农庄型	复合性和综合性、多元收益形式	台湾台一生态休闲农场、上海闻道园、句容岩藤农场
体育康养型	以"关注生命"为目标 以"健康管理"为载体	首健国际苏州康养基地、仙居谷森林康养基地
主题教育型	教育性、体验性	郑州熊孩子森林营地、安徽省合肥市燕域田园
文旅融合型	地方性、传承性	丽江古城、晋城司徒小镇、江苏天目湖景区

(二)强大的消费需求拉动力

我国经济快速发展,居民消费水平不断提高,城市和农村之间的时空距离不断缩短,乡村旅游产业逐渐成为中国旅游业的重要支撑。人们闲暇时间的增多、游客旅游行为的转变、旅游人次的增多、消费收入的改变等因素成为旅游消费需求的强大拉动力。

1. 闲暇时间增多

目前,我国全年休假时间共有 115 天。双休和黄金周制度的实行,激发了城镇居民的出行意愿。节假日时间的调整使人们闲暇时间增多,也引起我国旅游供需关系的转变。旅游具有异地性的特征,这就决定了

---

① 何璇.文旅融合与乡村振兴衔接问题研究[J].中国行政管理,2021,(5):155-157.

其耗时性。闲暇时间的增多,为实现旅游发展提供了一个重要的前提条件。

在闲暇时间的不同阶段,我国旅游业也呈现出不同的发展特征。1994年以前,我国居民收入水平较低,闲暇时间较少,此时旅游业主要是从外事接待到发展入境旅游转变;1995—1999年,城镇居民的恩格尔系数逐步降低,旅游业被确定为国民经济新的增长点;1999年—2007年,人们产生了强烈的出游动机,并且在黄金周期间供给和需求出现矛盾;2008年之后,我国经济水平提升,旅游向着休闲功能转变。

图4-8 2015—2019年国庆黄金周游客总数与同比增长率

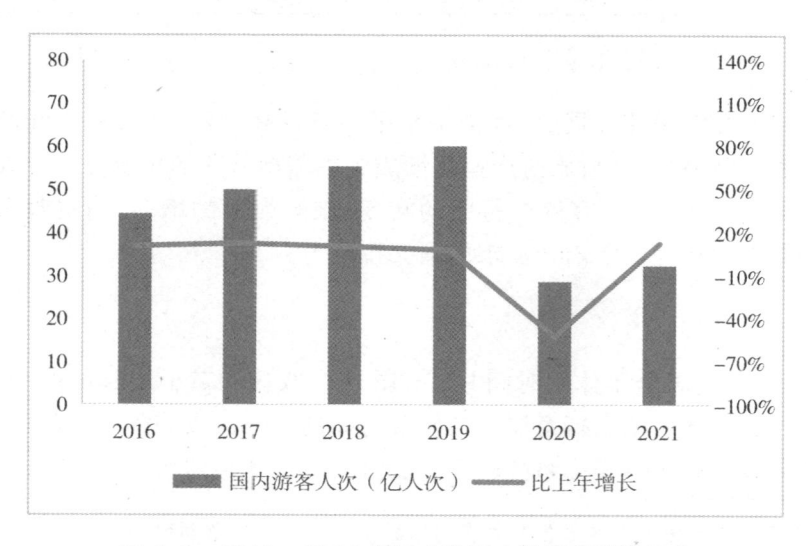

图4-9 2016—2021年国内游客人数及其增长速度

此外，道路的优化和私家车的普及使得旅游的出行时间缩短，使旅游更为便捷。近年来，我国大力提升农村公路的畅通能力，政府部门出台多项政策支持农村基础设施建设。目前，全国农村公路"路长制"县级覆盖率达到89.26%，等级公路比例由88.90%提升至95.60%，优良中等路率由80.40%提升至87.40%。随着居民生活水平的提高，汽车的普及度也越来越广，超两亿人拥有私家车，仅仅2021年上半年新注册登记机动车便有1871万辆，达到历史新高。这些因素缩短了游客的路上时间，使其拥有更多的闲暇时间在目的地进行旅游活动。

2. 旅游行为改变

（1）乡土生活的回归诉求

随着城市化和工业化进程的快速发展，城市人口不断增加，居民生活水平提升，消费模式也发生转变。面对冷漠和快节奏的城市生活，人们失去了自我与土地的归属感。城市居民的行为方式发生了改变，产生了想要逃离单调、重复、紧张的城市生活的想法，由此构成了旅游的动机。富有田园风光和浓厚乡情的乡土生活能够激起人们心底的归属感，找回迷失的本质自我。基于人地关系的亲土习性和身份认同心理结构的传统需求主要表现为田园理想的精神追求、身份认同的寻找、人性根基的回归、文化与传统的皈依4种行为心理。

与此同时，我国已进入人口老龄化社会，传统形式的居家养老生活已经无法满足现代社会老年人的需求，相较于居家养老，老龄化人群更喜欢休闲舒适的康养旅游生活。在我国旅游的客源里，中老年游客占比较高。这些游客大多都拥有一段较长生活的记忆，这就成为其展开旅游生活重要的需求拉动力。

由于个人、社会、家庭等各方面的原因，人们无法建造理想田园，而旅游为人们提供了一种可以短暂享受田园生活的方式。面对忙碌的城市生活，优美的生态环境以及休闲生活可以减轻压力，使其放慢脚步，获得身心的放松与慰藉。通过农事活动体验一个与城市生活完全不同的生活方式，这种回归自然的生活迎合了城市居民对旅游的需求。

（2）追求健康的生活方式

近几年，受空气质量、新冠肺炎疫情、亚健康等因素的影响，人们越来越关注于自身健康，休闲养生旅游已经成为时代热点和潮流。中共中央、国务院印发了《"健康中国2030"规划纲要》，并在党的十九大报告中提出实施健康中国战略,国民健康问题上升成为我国经济社会发展和改革的重要目标。人们对健康生活的愿望和意识逐渐加强,旅游消费行为层次逐渐升级。人们对于良好的生态环境和健康身体的需求日益凸显,为旅游发展提供了强大的动力。乡村旅游作为现代旅游产业未来发展的重要方向,近年来一直是人们缓解城市环境和生活带来的压力和紧张感的首选。

拥有优良的生态环境、淳朴的乡土文化、轻松的生活氛围以及返璞归真的生活方式,有效地缓解当代人的生活压力和亚健康问题,乡村旅游也逐渐成为健康旅游方式的首要选择。随着旅游经济的不断发展,大众参与式旅游已经超越农家乐形式,向观光、休闲、文娱复合型转变,既包含自然景观又具有人文情怀的健康旅游新形式使得大众参与式旅游的潜在消费者市场日益扩大。旅游也开始开辟以健康为主题的旅游项目,以满足人们回归自然的心理需求。生态旅游与康养旅游不断融合,通过美容养颜、康健体魄、修身养性、营养膳食、保护环境等各种手段,使人身心达到自然和谐的良好状态。

(3)文化的需求

随着我国经济的快速发展,人们在物质需求获得满足的前提下,开始追求精神层次的满足。文化是旅游的本质属性,它可以使旅游者所追求的精神陶冶和文化体验获得有效满足。由于我国地大物博,各地民俗文化差异较大,民俗文化旅游开发资源基础丰富,独特性强,发展优势明显。即使同一种民俗,在不同地区和时代背景下都会有自身特点。乡村文化具有质朴性和独特性,其展示的风俗习惯、服饰、居所、节日、宗教、歌舞等民俗,具有强烈的吸引性,满足了游客想要体验乡土风情的需求。文化旅游旨在提供健康丰富和独特的文化旅游产品,满足人们的精神需求。文化旅游通过提供社会缺少的文化底蕴,给游客带来社会缺乏的、大众渴望的、独特的情感体验。

3. 居民收入水平提升

近几年,我国经济发展势头良好,居民可支配收入也在不断增长,消费能力有了显著提升,改善型和享受型的消费预算增加,旅游逐渐成为人们生活的一个基本组成部分,我国旅游产业得到快速发展。2017年,国内旅游人次50亿人次,居民可支配收入25974元,2018年国内旅游人次55.4亿人次,居民可支配收入28228元,2019年国内旅游人次601

亿人次,居民可支配收入30733元。由此可见,居民的收入水平持续正向刺激旅游消费市场。虽然城市居民和农村居民在收入水平上存在较大差距,但随着收入的增长,农村居民的旅游热情也在不断升高。文化、健康、体育、生态等产业相互融合的旅游模式,扩展了旅游的受众群体,拓宽了旅游的市场,吸引了越来越多的游客前来体验。

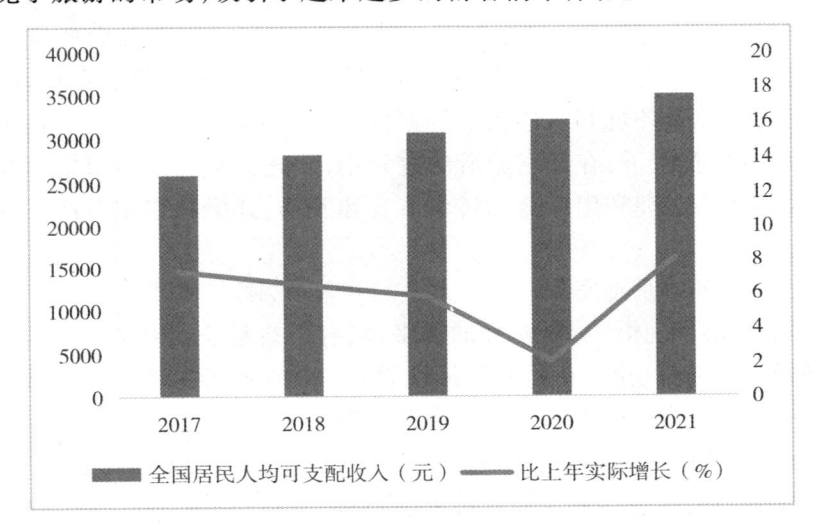

图4-10　2017—2021年全国居民人均可支配收入及其增长速度

（三）迫切的转型升级驱动力

随着社会经济的高速发展,居民消费水平的提高,游客对于旅游的需求也在不断改变,对旅游产品提出了新的要求。目前,我国旅游业存在低水平发展以及产业融合度不够等问题。旅游产品同质化严重、服务体系不完善、资源被过度开发等问题迫使旅游必须走高质量可持续发展的道路。在产业融合的大背景下,我国旅游在科技创新、人才培养、品牌营销等方面都有较大的提升空间。

1. 低水平发展驱动旅游转型升级

（1）产品同质化严重

目前,乡村旅游主要形式还是农家乐,缺乏对文化内涵的深入挖掘,产品同质化严重。大部分地区的旅游项目还是以农产品采摘、体验农事活动、农家美食品尝、休闲钓鱼等项目为主,大部分地区的旅游模式不能满足游客特色化和多样化的旅游消费需求。中部和西部地区的乡村旅游主体主要经营农家乐、温泉度假、休闲采摘，东部沿海地区主要运作海滨浴场、海鲜美食等。在旅游开发过程中，由于当地缺乏正确引导与合理规划，造成产业布局较为分散，各地开发者盲目照搬和模仿，缺乏对本地资源的深入探析和对当地民俗文化的深入挖掘与融合。没有设计出适合当地特色的主题来支撑产品，不仅没有为旅游的发展提供优势，反而降低了旅游的体验品质。旅游的本质是文化的体验，由于地理位置、社会环境和时代传承等原因，文化都具有其独特性。在文旅融合的时代背景下，在开发旅游的过程中，要挖掘藏在民俗习惯和风情背后的内涵，合理利用当地的特色节日和服饰，并融合在旅游产品的设计中。①

（2）服务体系不完善

随着大众和休闲旅游时代的到来，旅游公共服务供给从单一的便民服务转向高质量、全方位的旅游体验服务。现在旅游体系还存在供给不足、基础设施不完善、信息化程度低等问题。

首先，基础设施不完善。城市居民选择乡村旅游，体验田园时光，并不意味着他们愿意感受卫生环境差、服务设施不完善的环境。多数旅游景点都处于较偏僻的地区，由于经济条件等多方面原因的限制，仍然存在公路不通，道路质量差等问题。

其次，"住、购、娱"配套设施不足。乡村旅游的经营者大多是本地村民，没有接受过专业和系统的培训。因此，在卫生安全和服务设施配套等方面，难以满足游客的需求。此外，旅游的主要特点就是体验休闲生活，许多景区休闲娱乐配套设施缺乏。

最后，信息化程度低。由于所处地理位置的偏僻和经济环境水平较低，存在旅游信息数据采集不足、信息调度时滞的问题，线上和线下渠道存在信息不一致，信息更新缓慢的问题，严重影响游客的体验感。

（3）旅游过度开发

由于旅游开发者大多以营利为目的，部分地区缺乏管理经验和专业人才，对自然资源无节制地开发利用，忽视旅游资源自身的孕育需求以及生态系统服务价值的提升，对生态环境造成严重破坏。国内大部分基层政府在发展旅游产业时，都难以站在更高的战略定位上看待旅游，未

---

① 段兆雯.旅游发展动力系统研究[D].西北农林科技大学，2012.

能充分意识到旅游产业是统筹解决"三农"问题的重要措施,而只是简单把发展旅游作为一种增加经济收入、帮助相对贫困人员脱贫致富的手段。旅游资源的难以恢复性和易破坏性要求管理者必须提高环保意识。另一方面,游客环保意识的缺失,导致其随意丢弃垃圾,破坏生态资源。景区的管理者缺乏资源保护政策和对此类行为的惩罚措施,侧面加剧了生态环境的破坏。在旅游开发中,过多地引入城市符号和元素,违背游客体验之美的需求。在旅游开发过程中,过多地将重点放在基础设施的大建设、大项目上,忽略真正能够体现区域特色的文化符号。旅游发展的关键就是保留优美的生态环境和当地居民的风俗习惯。旅游地过度城市化的开发,使其失去了本来的味道。

2. 产业融合驱动旅游转型升级

基于产业融合的大背景,旅游与农业、体育、文化等产业的融合已经成为推动我国经济发展的重要途径。《国家乡村振兴战略规划(2018—2022年)》中明确指出"培育农村产业新业态,打造农村产业融合发展新载体新模式,推动要素跨界配置和产业有机融合",旅游便是主要的发展方向之一。在振兴的大背景下,通过鼓励科技创新、建设产业联盟、培养综合型人才、加强品牌营销等举措,优化旅游与相关产业的融合机制。

(1) 建设产业联盟

站在产业融合的角度整体来看,我国旅游发展缺乏宏观指导和整体运营。因此,需要多维度合作推动产业融合。

第一,发挥政府的统领作用。立足于各地的旅游资源和文化民俗资源,联合高校机构、农业部门、文化产业部门等,结成战略联盟,并由综合实力较强的旅游企业牵头规划,实现资源和信息共享。应强化政策支持,以政府为主体制定施行优惠补贴、技术支持等政策,推动融合项目的宣传推广,以鼓励产业融合模式。

第二,建立多元化的混合式联盟。将不同业务性质和经营类型的主体结成联盟,结合实际选择经营和联盟方式,通过相互合作、信息共享,提高经营收入,提升融合效果,实现其可持续发展。延长产业链是旅游转型升级的重点环节,从低端向高端攀升,提高产品附加值。通过特色产品深加工,提高旅游产品的附加值和竞争力。

（2）鼓励科技创新

利用先进的科技手段，实现产业融合成果的转化。在旅游产业融合时，可融入VR、AR、MR（Mixed Reality，混合现实）等科学技术手段，打造高附加值、精品化、科技化的旅游项目和产品体验。保持产品开发中的当地特色和文化，利用文化特色吸引游客，通过设计特色化、差异化的产品，使游客获得震撼的视觉享受和愉悦的精神体验，体验到多元的产品内容。

（3）加强品牌营销

市场是旅游产业发展的生命线，旅游产业转型策略必须符合市场的发展动向，根据市场特点和游客的消费需求倾向，科学合理地规划旅游产品的市场定位和旅游总体战略。借助线上和线下双重推广模式，对旅游项目和产品进行宣传。线上可以利用微信、官网、微博、抖音等新媒体，线下可以利用宣传册、报纸、广播、新闻报道、会展等多种方式。例如，旅游在和农业融合时，可通过互联网全方位地展示农产品的制作过程和制作工艺，提高其知名度。通过加大促销力度，提高市场收益和旅游目的地知名度；建立旅游服务平台，通过资源整合、跨界合作的方式，推动旅游产业融合智慧化的推进。培养一批高素质、业务能力强的专业人才，建设完善的营销体系，推动营销工作的顺利开展。在实现了针对旅游产业与农业、文化、体育等产业宣传推广的基础上，还应该有效宣传多个产业的融合，并引导相关产业、企业、大众认可并践行，提升大众对产业融合的认知。

（四）持续的政策配套扶持力

政策是政府组织以权威形式规定在一定历史时期内应该达到的目标、原则、任务、方式、步骤和措施，是促进经济社会发展的重要工具手段。旅游涉及基础设施、农民就业、产业转型升级等诸多方面，使得其不仅受到自身政策的影响，也对不同时期城乡发展相关的战略、规划与政策极为敏感。为促进旅游的发展，政府从国家层面、省级层面出台多项政策，引领和支持旅游的发展，成为促进我国旅游高质量发展的重要动力。

1. 政策数量不断增加

我国最早的关于旅游的政策出现在21世纪初。2001年、2002年，农业农村部相继制定了《农业旅游发展指导规范》和《全国农业旅游示范点、全国工业旅游示范点检查标准》,对引导和规范旅游的发展起到了重要的推动作用。由于这个阶段旅游的产业功能还未形成社会各界的普遍共识,因此更多是从执行层面制定旅游发展政策,旅游的作用还未得到战略性重视。后来,国家权威机构开始在相关政策中频繁提及旅游,从而促进了旅游的发展。

旅游政策在数量特征的演变上存在数量不断增加、省份间数量特征不同等表现。首先,发文数量不断增加。从2009年仅10份政策文件到2019年的53份,增长率显著,发展议题在国家政策体系中的作用不断提升。旅游相关政策的出台与"十二五"规划、"十三五"规划、"十四五"规划、"乡村振兴"等国家重大战略息息相关,2010年—2012年、2015年—2016年以及2017年—2019年是旅游者政策数量快速增长的时期。其次,不同省份旅游产业政策发布数量往往具有不同特征。在2009年—2019年期间,贵州省、河北省、浙江省出台旅游政策数量排名全国前三。2015年,国家脱贫攻坚战略的提出,对于西部地区的发展起着重要作用,特别是贵州省在2015年—2017年期间,每年发布20份左右的旅游相关政策。

2. 政策主体逐步多样

旅游政策文件涉及中共中央(办公厅)、国务院(办公厅)和相关部门等17个主体,其中65.4%的国务院组成部门单独或联合出台了有关旅游的文件。2009年—2019年间中共中央(办公厅)、国务院(办公厅)单独和联合发布的旅游文件达80份,占同期出台政策数量的29.3%。自2015年以来,每年的中央"一号文件"均提及旅游,并先后在"拓展农村非农就业空间""产业融合""示范县和示范点创建"和"规划指导"等方面做出要求。此外,农业农村部和国家发展改革委发文量最多,财政部、原国务院扶贫办、住房和城乡建设部、文化和旅游部等部门发文数量在10份以上,多部门联合发布文件的比重较大。这一变化充分体现了旅游在旅游业和经济振兴中起到的关键作用,以及其涉及多产业、多部门的复杂性。

3. 政策类型日趋完善

通过国家和地方不断出台旅游政策,旅游越来越受到重视,产业政策内容也在不断增加。旅游政策已经初成体系,主要包括引导型政策、支持型政策、保障型政策和规制型政策。旅游政策在旅游高质量发展中起着扶持、引导和保障的作用。

第一,政府在旅游政策法规的制定中起着主导作用,其规范和指导着旅游的发展方向和发展重点。我国旅游政策随着"三农"问题、"振兴""脱贫攻坚"等国家战略的提出不断地深入,相关政策为旅游项目设计和培育提供了充分的政策支持,保证了旅游可以高质量发展。

第二,旅游政策承载了不同历史阶段发展的特征,阶段性的旅游政策的出台促进了我国旅游发展的转型升级以及产业融合度的提升。政府在政策法规上的规范和指导保障了旅游产业的高质量发展。

4. 政策作用日益凸显

在脱贫攻坚、乡村振兴等战略的指引下,党中央、国务院、农业农村部、发改委、文旅部、财政部、住建部等国家部门,从用地供给、资金投入、基础设施建设等要素供给,产业规划、生态保护、文化传承等环境制度,以及鼓励消费、市场培育、试点示范等市场需求三个方面,引导、保障和扶持旅游的发展,并且基本构建了旅游政策体系。

第三节　文化保护视角下旅游开发的政策响应

一、文化保护视角下旅游开发的设施建设政策与法规

自乡村振兴战略实施以来,乡村旅游成为新兴支柱产业,其重要性日渐凸显。但当前我国乡村旅游基础设施建设还相对滞后,这在一定程度上影响了乡村旅游的发展。目前,我国乡村旅游发展面临着严重的基础设施及环境建设滞后、卫生条件差、配套设施不完善等问题,严重制约了我国乡村旅游发展进程。为破除乡村旅游发展的基础设施壁垒,应着手构建乡村旅游服务基础设施体系,推动人居环境整治,完善配套设施建设。

（一）构建基础设施体系

加快推进交通、接待服务、信息服务设施体系建设。

第一，完成农村道路通畅工程。不断提高农村"四好公路"覆盖率，加大公路网密度。

第二，鼓励多种主体从事旅游经营活动，提高旅游接待服务水平。鼓励并扶持有条件的居民改造自有住房作为民宿；鼓励支持城镇组织和个人开发建设民宿；支持农村集体经济组织利用空闲宅基地建设旅游活动场所。

第三，推动信息通信基础设施建设。保证农村居民在第一时间内获取新信息，享受数字红利。习近平总书记在脱贫攻坚大会上指出，我国通信难等问题得到普遍解决。[1]

（二）推动人居环境整治

以农村垃圾污水整治、厕所革命和村容村貌提升为三大重点任务，开展农村居住环境整治。

一是广泛开展村庄清洁行动，资源化、清洁化处理垃圾。推进厕所革命，加大对粪便的资源化、清洁化处理，普及冲水式厕所。

二是中央划拨专门资金支持农村人居环境整治。如使用专门资金建设垃圾站及垃圾处理设施，美化环境。

三是开展美丽宜居村庄和最美庭院创建活动。对农村环境整治先进县给予奖励，极大提高了创建美好整洁的积极性，普遍提升整体风貌。

（三）完善配套设施

加强城镇化建设，全面提升农村教育、医疗、社会保障、文化体育等公共服务水平。实施新一轮学前教育，加快建设农村普惠教学资源，提升并扩充农村办学条件和资源。推动医疗卫生共同体建设。改革农村基层医疗保险服务，做到医疗保险全覆盖，保险资金监管有力。提高养老院照护能力和集中供养水平，鼓励村庄开办老年食堂，切实保障老人养老。开展党史宣传教育活动，宣传教育践行社会主义核心价值观，创

---

[1] 杨萍.社会力量参与乡村旅游基础设施建设的社会责任及其实现方式研究[J].农业经济，2020（04）：49-51.

新农村精神文明建设。整合文化惠民资源，支持村民开展广场舞、"村晚"（乡村文艺晚会）等惠民文化活动。

二、文化保护视角下旅游开发的产业政策与法规

（一）加快发展特色产业

立足农村自身资源特色，因地制宜发展农业、手工业，特别是特色果菜茶、食用菌、薯类、中药材等特色农业，使其成为促进旅游高质量发展的基石。

第一，加强引导转变农民观念，改变农业生产自给自足的现状，明确农业发展带动效益的观念，提高农民积极性。

第二，增强科技观念。引进优良品种和先进技术参与农业培育过程，引入先进人才参与开发、培育农业发展过程。通过思想引领、科技支撑带动农林牧渔类第一产业发展，为后续产业融合提供基础支撑。

（二）大力发展产品加工业

一是大力推动农林牧渔等产品初加工。鼓励支持农村居民发展农林牧渔等产品保鲜、储藏、分级、包装等工业环节，为农产品进入后续加工流程及流入市场做好前期工序。

二是大力发展农、林、牧、渔产品精深加工等第二产业。鼓励支持引导国家重点龙头企业深加工农产品。依托第一产业优势，拓展特色加工业，建设特色鲜明、规模适中的产业聚集区。

（三）实施数字战略

第一，加强信息基础设施建设。加快推进农村地区宽带网络和移动通信网覆盖，大幅度提高网络设施水平和覆盖率。为推进旅游发展，鼓励社会各部门开发适应"三农"特点的信息技术、产品、应用和服务。

第二，发展农村数字经济。推动信息技术在农业生产过程中的普及和全面深度融合，打造智能化、科技化农业生产实施过程。实施"互联网+"与物流深度融合，加快建设一批农产品智慧物流配送中心。线上深化电子商务进农村，推动人工智能及电子商务实体店进农村，培育农村线上促销线下销售融合发展系统。

第三，统筹推动城乡信息化融合发展。引导挖掘资源特色，彰显互

联网特色。构建互联互通、各具特色的数字城乡融合发展格局。依托国家数据共享交换平台信息,推动信息共享、资源公开,扩大信息传播范围,提高旅游认知度和影响力。

(四)构建产业融合发展体系

产业融合发展模式主要有一产内部间融合、"一产+二产"融合发展模式、"一产+三产"融合、"一产+二产+三产"融合。在旅游发展进程中,旅游业作为第三产业,与第一、第二产业密不可分。扩展产业链向前、向后纵向延伸,促进农林牧渔业、加工业和旅游业、运输、零售、餐饮等第三产业融合的发展模式,是目前使用最广泛、效益最高的产业融合模式。该模式以产品生产业为基础,与加工业及销售服务业融合,可拓宽农产品生产线,延长农业产业链,增加农民收入,提高社会经济效益。

三、文化保护视角下旅游开发的土地政策与法规

(一)旅游设施用地的使用

首先,国家出台相关文件,要求各省市县乡级国土空间规划应预留建设指标用地,用以保障产业发展及单独选址用于农业设施、旅游设施等建设。

其次,规范设施用地建设。坚持节约集约利用土地,严格规定设施规模和用途。鼓励旅游业带动农业发展,突出与农业的深度融合。

最后,加强项目评估,最大限度利用土地。合理分配建设期项目用地指标,评估运营期项目土地利用达标情况,对不达标的项目,责令整改或收回土地;对带动发展的土地给予提高设施用地上限等政策支持。[①]

(二)未利用地的规划

随着城镇化的不断发展,空心化现象越来越严重,农村闲置宅基地日渐增多,给旅游发展带来新的机遇和挑战。

---

① 王倩,赵林,于伟.中国乡村旅游用地的政策分析[J].开发研究,2019(04):108-115.

首先,鼓励村集体在法律允许的范围内收购空闲宅基地为村集体经济组织所有,用于统一盘活利用。

其次,鼓励村集体组织对闲置宅基地或闲置住宅采取再利用、调整再利用、结余指标挂钩等方式统筹利用,发展旅游业。然后,鼓励农村闲置宅基地或闲置住宅所有者将闲置宅屋流转给经营者。

最后,鼓励返乡创业人员或拥有闲置宅基地或闲置住宅的居民按照经营需要翻新或修建住宅以从事民宿、农家乐等旅游相关经营活动。

总之,盘活利用农村闲置宅基地等闲置土地资源,有利于促进乡村振兴,推动旅游高质量发展。

四、文化保护视角下旅游开发的资金政策与法规

旅游起步发展及提质升级需要大量资金投入,尤其是基础设施和经济发展水平较为落后的中西部地区。为支持我国旅游产业发展,中央出台了一系列资金政策法规,保障旅游资金来源。如国务院等部门联合印发《关于进一步促进旅游投资和消费的若干意见》《关于积极开发农业多种功能 大力促进休闲农业发展的通知》《关于金融助推脱贫攻坚的实施意见》等,明确提出对接旅游为其提供金融服务。旅游发展中资金短缺问题是制约旅游发展的首要问题。一是旅游资金需求量大,加上基础设施本就落后,其开发成本更高;二是现有扶贫资金难以满足旅游发展需要。

(一)财政优先保障

一方面,中央统筹设立我国旅游扶贫专项资金,确保财政投入持续增长。2015年,国家将旅游项目纳入专项建设基金,2016年将旅游列为重点扶持项目。要进一步建立健全财政投入制度保障,从财政供给和财政引导角度规范财政资金用途。通过发挥全国农业信贷担保体系作用、设立国家融资担保基金、支持地方政府发行债券等举措,加大对旅游业的资金扶持。另一方面,各省市部门统筹安排扶贫专项资金、整合涉农资金、信贷资金以及其他有关财政资金。统筹利用惠农资金保持传统风貌,扎实推进旅游基础设施建设。大力宣传优惠政策,鼓励经营者用足信贷资金,提升旅游服务质量。

(二)社会积极参与

社会力量是重要生力军,由于社会资本拥有规模庞大、资金雄厚的特点,能够为旅游发展提供充足的资金支持。应鼓励引导各类社会企业、社会组织和个人等积极参与投资基础设施建设,将旅游基础设施建设转向市场化运作方向。创新社会资本参与方式,鼓励引导民间社会资本以 PPP、公建民营等方式参与旅游经营建设和管理。引导部分企业和社会组织以政府企业合作或者购买服务的方式参与建设和管理农村公益性支持项目。全面支持社会资本参与商业化运营的旅游业。政府要给予表现突出的社会企业、组织及个人一定的荣誉和政策补助,以提高社会资本参与旅游建设开发的积极性。

(三)完善扶贫组织

精准扶贫是我国旅游扶贫重大战略,它强调采取科学有效的方法和程序精准识别、准确帮扶和精准管理不同贫困对象。为确保我国旅游精准扶贫工作的顺利开展,旅游扶贫组织应运而生。2014 年 9 月,国务院同意以旅游局为牵头单位建立的国务院旅游工作部际联席会议制度。县级旅游扶贫工作联席会议制度在该会议制度指导下诞生。联席会议成员包括县旅游局、县统计局、县交通局、县财政局、县住建局等多部门。其主要职责有统筹协调推进全县旅游工作,指导督促全县旅游工作,提出促进旅游业改革发展的措施建议等。

第五章

文化保护视角下的乡村旅游开发

> 乡村旅游文化在我国当前时期发展比较迅速,生活在都市中的人越来越渴望回归田园,享受生活中的宁静,这在一定程度上促进了乡村旅游事业的发展。然而,在乡村旅游开发的过程中也需要对乡村文化进行保护,从而保持乡村文化的可持续发展。本章主要研究文化保护视角下的乡村旅游开发。

第一节　乡村旅游概述

一、乡村旅游的内涵

(一)乡村旅游的概念

乡村旅游源自乡村,落脚点在旅游。从产业角度来看,乡村旅游涉及乡村一产、二产和三产,即为农业、农村手工业、商业服务业与旅游业的融合。乡村旅游发达国家如日本、法国等在发展乡村旅游过程中,实现了一二三产联动发展的良好模式。因此,乡村旅游仅从产业角度看,部分学者将其与农业旅游、乡村观光、休闲农业、农业观光、都市农业等同。[1]

从空间上看,乡村旅游活动地主要集中在近郊、远郊或其他乡村。从旅游的吸引物的视角看,乡村旅游是以旅游度假为宗旨,以农村富有特色的乡村风土人情和自然景色、农业种养生产、农家传统饮食等作为观光游览内容,以原汁原味无干扰的人文环境、自然状态的生态环境为特色,吸引游客到乡村游居的新兴旅游方式。

从旅游的出游目的来看,乡村旅游是现代工业社会发展和城市化进程的产物。伴随着城市人口快速增长,人们在都市生活的压力剧增,他们渴望到城市周边地区感受郊外的悠闲与宁静,获得与城市生活不一样的体验,乡村旅游则提供了这种旅游服务。由此可见,乡村旅游是综合利用农业景观资源和农业生产条件,集观光、休闲等旅游要素于一体的新型体验模式,也成为深度开发农业资源潜力、调整农村产业结构、改善农村环境、增加农民收入的新途径。游客在体验乡村旅游的同时,不仅可观光休闲,体验农家生活、享受乡土情趣,更可住宿和度假。

21世纪,西班牙学者将乡村旅游分为传统乡村旅游和现代乡村旅游两种类型。所谓传统乡村旅游,是指从农村进入城市的人们,利用短暂休息时间重新回到农村家中度假的形式,活动的时间主要集中在节假

---

[1] 骆高远.休闲农业与乡村旅游[M].杭州:浙江大学出版社,2016.

日,在我国这种形式被认为是探亲游。因此,传统乡村旅游的时间较短,活动种类较单一,这种形式并不能为当地带来明显的旅游收入增长。现代乡村旅游不再局限于回乡,游客来自四面八方,活动内容也丰富多彩。旅游不仅发生在假期,也出现在平时。因此,现代乡村旅游是一种能够给旅游地带来显著的旅游收入,同时具有促进旅游地乡村产业和经济转型升级的绿色和高效产业,对乡村经济和社会发展、农民增收和脱贫致富都有重要的意义。

（二）乡村旅游发展历程

起源于1830年欧洲的乡村旅游,在19世纪80年代开始大规模发展,至今已有近200年的历史,其发展经历了萌芽阶段、规模扩张和成熟发展等阶段。如图5-1所示,世界范围内的乡村旅游发展历程,主要经历了四个阶段。

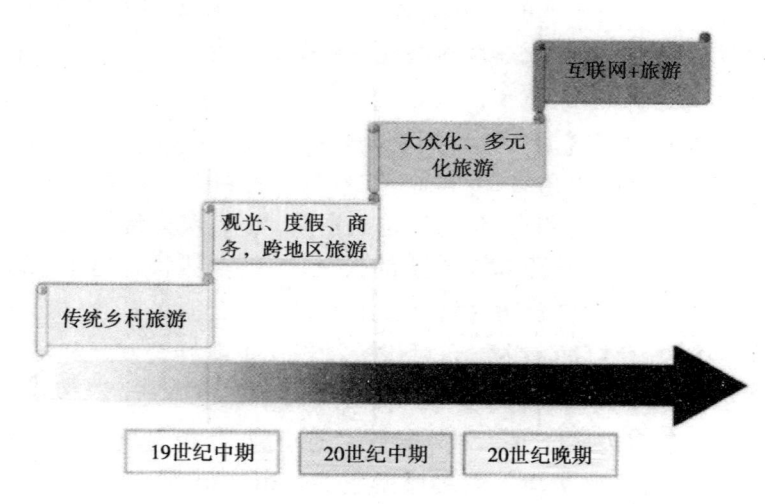

图 5-1 乡村旅游的发展过程

第一阶段是出现在19世纪中期以前的传统乡村旅游模式,主要出现在欧洲工业化较早的英国、法国等发达国家。

第二阶段形成于19世纪中期至20世纪中期。在工业化发达国家和一些经济发展好的国家和地区,开始以乡村旅游为目的新建度假农庄,将城市和风景区的观光、度假、商务等度假元素加入度假农庄。随着旅游群体不断扩大,越来越多的人参与乡村旅游,旅游地点也从城市近郊地区拓展到跨地区旅游。

第三阶段形成于20世纪中期至晚期。伴随汽车进入家庭生活以及民用客机的普遍应用,外出路途时间缩短,旅游目的地的可选范围扩大,旅游变得更加便捷,体验乡村旅游的人越来越多。农村的景观、建筑和文化等旅游资源被进一步挖掘,乡村旅游也随着旅游元素的进一步丰富而采用观光与休闲度假融合的模式,乡村旅游项目越来越多元化,乡村旅游市场进入大众化阶段。

第四阶段出现在20世纪晚期。随着互联网的发展,信息技术被广泛应用到旅游行业,旅游市场日趋成熟,游客的信息渠道变宽、信息量变大、消费意识变强,乡村旅游开始进入"互联网+"时期,也逐渐以新的产业模式呈现。

我国乡村旅游的第一阶段虽然雏形很早就形成,但由于工业化起步较晚,社会经济落后,从农村进城的人数也相对较少,城乡交通非常不便,乡村几乎完全没有旅游服务,设施与条件也相对落后,乡村旅游的目的只局限在回老家探亲。直到1978年改革开放后,伴随大量的下乡知青返城工作、农民工进城和农村学生升学入城才真正形成规模。因此,虽然我国的传统乡村旅游雏形早已形成,但1980年前,几乎没有得到重视和发展。20世纪80年代,我国出现了一种享受型度假模式的现代乡村旅游,并在1990年迅速发展起来。这种旅游类型不仅仅发生在假期,旅游地点也不再局限于回乡,游客的活动内容更丰富多彩。这种明显区别于城市公园游和传统景区游的独有特色,迅速吸引了大量的城乡游客,给率先开展乡村游的农村游览地带来了很好的消费收入。

学术界往往将中国乡村旅游的起步定位在1980年,这是从产业发展含义层面观察和分析的结果。欧洲花费了100年发展经历的乡村旅游第二阶段,在我国几乎是伴随第一阶段从1980年同步发展,并在1990年代快速完成了转变。21世纪,伴随中国家用汽车和互联网的迅速普及,我国又一次不露痕迹地将乡村旅游的第三和第四阶段实现了合并发展。

二、乡村旅游的类型

我国乡村旅游在发展过程中为了满足游客的旅游个性化和差异化的需求,更好地适应旅游市场发展的实际需要,形成了以下几种乡村旅游类型。

（一）观光型乡村旅游

观光型乡村旅游主要是以自然田园风光和绿色景观为主题，主要类型有乡村公园、田园观光，科技观光游和绿色生态游，观光农园、牧场、渔村、鸟园等。观光型乡村旅游产品必须突出当地的乡村特色，充分利用当地独特的旅游资源优势塑造特色产品，才能具有持续长久的生命力。

（二）体验型乡村旅游

体验型乡村旅游主要是指到乡村地区，在特定的乡村环境中，以体验农业生产过程和乡村日常生活为主要形式的旅游活动。主要类型有酒庄旅游、茶园采茶、田耕体验、牧场放牧、人工林场、林果采摘园、"做一日乡村人"等。开展形式是向当地人学习并共同进行农事活动、参与当地人的生活、同步体验农事活动外的乡村休闲游戏娱乐等，从体验农业生产或乡村生活的过程中获得乐趣、知识等，以达到愉悦身心、修养身心的效果。

（三）时尚运动型乡村旅游

时尚运动型乡村旅游作为旅游市场跨界组合的乡村旅游新产品，主要是依托乡村地区的山水资源，产生独特的体育运动等，以乡村性为基础，将乡村性与前沿性、时尚性和探索性充分结合。主要类型有漂流、登山、自驾车乡村旅游、航拍摄影、定向越野、野外拓展等。这种新兴的乡村旅游产品针对的主要销售对象是白领、运动爱好者和自由职业者等年轻的创新型群体。

（四）民俗文化型乡村旅游

民俗文化型乡村旅游主要是以乡村地区的传统文化、乡村民俗活动和民族风情为主题，展示特定乡土文化、民俗文化及民族文化的乡村旅游。主要类型有民俗文化村、村落民居、传统村落、乡村博物馆、农业文化区、遗产廊道等。

第二节　文化保护视角下乡村旅游规划创新

一、文化保护视角下乡村旅游规划理念创新

（一）以乡村文化为灵魂

通过充分挖掘和利用当地乡土文化，让游客在休闲娱乐的同时感受乡村的传统历史文化、民俗文化以及农耕文化等。随着城乡一体化加速发展，乡村的特色文化逐渐淡化，传承和保护传统乡村文化是平衡城市和乡村失衡关系的重中之重。让乡村在不断发展的同时也能找回本我，在文化的熏陶中实现发展的可持续性。

（二）以基础设施为支撑

完善基础设施在乡村发展中起着相当重要的作用，基于后续市场对于乡村基础设施的需求不断变化，基础设施也需要不断完善和发展。偏僻的乡村如果缺少完善的基础设施，其在特色道路上走得再远也不会一直走下去，游客的体验感也会变差，不利于乡村形成健康良好的环境。

二、文化保护视角下乡村旅游规划原则创新

（一）生态性原则

乡村旅游景观规划设计要将生态性作为第一原则，以保护为前提，以生态修复为目标营造乡村旅游景观。从景观生态学的角度对景观的种类、数量及分布情况进行合理的规划，将绿色环保的理念融入进来，尽量将景观营造对生态平衡系统的影响降到最小，开发与保护并举，保证乡村的动植物资源、土壤资源、水资源等生态资源的健康可持续发展，尊重乡村原始生态系统，规划设计从对乡村资源的利用到乡村垃圾、污水等废弃物的净化处理，将生态性原则贯穿到底，创造恬静自然的乡村自然居住环境。

（二）互动体验性原则

依据当下游客的旅游心理变化,来到乡村中的游客更加注重于对乡村的认同感,期望可以通过乡村旅游活动,获得物质和精神上的双重收获。所以,在乡村旅游景观的营建过程中,开发具有互动体验感的景观,使游客亲身参与进来,是促进乡村旅游业发展的有效途径,如农作物的种植与采摘、渔业捕捞、水上娱乐活动、传统手工制作、农家菜的烹饪等,游客可以在动态体验的过程中感受乡村风情。

三、文化保护视角下乡村旅游规划体系框架创新

（一）理论支撑

1. 景观设计学

景观设计学是基于人的需求,利用土地来给人类创造一个安全、舒适和绿色的人居环境,使人类和环境和谐相处,是一门自然科学、人文和艺术的应用学科。[1]

美国景观设计之父奥姆斯特德认为,景观规划不仅必须提供健康的城市环境,而且必须提供受保护的乡村环境。农业资源在农村环境属性中具有生产和生态的双重特征,应广泛发掘和利用。

景观设计就是要紧密关注人与自然之间的关系,合理优化配置土地,实现土地利用的最大价值。在景观设计中要遵循两大原则。

一是设计应该理解人、尊重人和服务人,把人作为景观设计的主要服务对象,让人能从景观中获得体验感和舒适感。

二是设计应该了解自然、尊重自然和保护自然,了解自然系统的自身演变过程和受到人为因素干扰及破坏的自然,尊重自然法则,利用人与自然的关系,保护自然生态的可持续性。

乡村旅游景观规划设计应该高度了解人与自然的关系,合理安排利用有效土地,顺应乡村肌理,对乡村聚落进行有机更新和发展。从空间结构、生物多样性、功能和视觉美学等方面,设计出令人舒适愉悦并能保护生态和人居环境的景观。

---

[1] 余守文,王俊勇.乡村旅游开发与经营[M].北京:科学普及出版社,2013.

2. 农业旅游学

农业旅游学贯穿于农业与旅游之间,是研究农业旅游发展规律的交叉学科。它以农业旅游为研究对象,研究如何将其发展和构造为审美对象和旅游对象,以及如何进行开发和利用。利用农学和旅游学这两大学科来研究农业旅游问题。农业旅游运动规律具有季节性、地区性、市民性和参与性四个特征。

乡村旅游规划设计强调农学和旅游学有机结合,就是农业的生产性与旅游的体验性相结合,即农田优质高产与田园优美风光相结合,果蔬多元品种与趣味采摘相结合,生产装备齐全与造型美观相结合。利用农业资源,包装改造农业景观,从而实现吸引游客的目的。

3. 旅游可持续发展理论

可持续发展这一理念,是在20世纪80年代初由世界环境与发展委员会在《我们共同的未来》中所提出,其中可持续发展理论概念主要由三大要素组成,分别为生态要素、经济要素以及社会要素。

第一,生态要素指加强对生态环境的保护,尽可能减少破坏;第二,经济要素指应该多思考经济效益;第三,社会要素指在满足社会经济发展的前提下,还需要考虑能否满足人类自身的需求。当面临旅游资源开发和对旅游资源潜在价值进行挖掘时,我们只有将上述三大因素进行协调发展,才可以顾全经济效益的获取和人类自身的需求,从而实现资源环境的可持续发展。

在对旅游地进行开发时,首先需要考虑的是生态要素,在努力挖掘旅游资源潜力价值时,还需要将旅游地周边的生态景观的协调性和旅游资源互相结合,在加强对旅游地周边环境保护的同时,还应该将生态环境的可承载能力纳入考虑范围。现如今,众多旅游资源属于不可再生资源范畴,因此在对相应的旅游资源进行开发时,必须以旅游资源可持续发展理念为指导,需要清晰准确地认识旅游资源,在旅游资源特殊性的背景下,综合考虑社会、经济、文化以及环境这四大指标,科学地决策,合理地制定相应评估方法,只有这样才能逐步实现可持续发展,对旅游行业具有一定的理论价值和现实意义。

4. 环境心理学

环境心理学是研究环境与人的心理和行为之间关系的一个应用社会心理学学科,分析人在不同环境下所产生的心理反应和行为规律。景观设计围绕个体环境的心理需求,从人对空间公共性、私密性和领域性的需求特征出发,设计出满足人们舒适感和安全感的景观设计。

在一定意义上,受到人们欢迎和符合人们需求的景观设计都是研究心理的结果。乡村旅游景观设计通过研究环境心理学,可以在空间尺度、色彩搭配、景观配置上提升居民和游客的满意度。

(二)规划要素

1. 乡村自然景观资源

乡村的自然景观资源主要包括耕地资源、森林资源以及湖泊溪流类水资源等。这些自然生态资源具有独特的特征,是乡村发展旅游业和吸引游客前来观光的基础。在大力挖掘乡村旅游景观资源的时候,要注意保护自然生态环境,不能因为过度开发旅游产品而忽视人与自然的和谐关系。在保护生态资源的同时,可以通过人为手段修复因开发而破坏的自然生态景观环境。[1]

2. 生活空间

乡村居住生活空间是包括乡土建筑、乡村道路、乡村公共空间且包含当地居住习惯特色的三维空间。它不仅是乡村居民长久以来生活的地方,同样也是为游客展示乡村魅力并为游客提供休闲住宿、餐饮消费、购物娱乐等活动的空间。随着乡村的不断被开发以及乡村旅游的不断发展,乡村生活空间变得拥挤和混乱,而传统的空间组合已满足不了游客不断更新和丰富的需求。因此,有必要优化传统乡村空间,让乡村旅游更加舒适且充满活力。

3. 乡土建筑

乡土建筑是乡村生活空间的重要组成部分,也是乡村悠久历史、传

---

[1] 熊金银. 乡村旅游开发研究与实践案例[M]. 成都:四川大学出版社,2013.

统文化以及民风民俗的典型代表。当地的建筑规模、建筑形态、色彩装饰、空间形式不仅代表了当地村落的特色所在,也同样是吸引游客前来观光旅游的闪光点。为了发展乡村旅游,乡土建筑有必要改进其建筑功能、丰富建筑形式、满足游客多方面的需求,将建筑的深层价值发挥到最大程度。

4. 旅游景点

在乡村旅游景观规划过程中,能让乡村有亮点的关键就是旅游景点的设计环节。它的设计是乡村旅游建设中的头等大事,因为它必须综合各个方面。在旅游景点的设计中,要综合考虑旅游景点的主题、配套设施、游客容量等多方面的内容,只有让旅游景点出彩,才能让乡村旅游散发出自身的魅力。

(三)规划内容

1. 现状分析

在乡村旅游景观规划的早期阶段,有必要对村庄进行实地调查和分析,收集相关数据,并深入村庄,与村委会开展讨论,从而全面了解村庄的现状。在与村民访谈后根据受访村民的切身需要和村落的基本情况,对乡村休闲旅游的发展进行评估,切忌盲目跟风,在适应当地实际情况的基础上科学合理地规划和设计乡村旅游景观。

2. 规划定位

在充分调查和了解当地村落的基本概况和资源现状的基础上,根据乡村的整体风貌和肌理,对乡村旅游的主题风格、发展方向、景观特点等进行精准定位。首先,厘清乡村旅游的总体规划思路,进而找准其特色主题风格、发展方向以及景观类型等定位,最后对乡村的生态、生产、生活景观及各种细节景观元素进行主题统一,在烘托当地特色文化的基础上展现乡村旅游景观的特色。

3. 整体布局

在对乡村旅游进行精准的规划定位以后,就要对乡村进行总体的旅游规划设计,首先要保护和尊重乡村原有的村落布局及乡村肌理,在传承和保护原始形态的基础上因地制宜地满足时代发展要求,对乡村的整体布局进行合理改善和调整,科学合理的规划可以满足居民们的日常生产、生活、生态的基本需求,以及不同年龄层对于多样化旅游产品的需要。

4. 专项规划

乡村旅游景观的专项规划是在特色规划定位和规划整体格局后开展的,乡村旅游景观的专项规划主要包括:交通流线规划、公共基础设施规划、建筑景观规划、旅游产品设计等。专项规划是乡村旅游景观规划的主要流程,它对于乡村旅游景观规划的完整性起着必不可少的作用,在设计中要注重专项规划与总体布局相协调和统一。

5. 运营管理

在项目的策划环节,要充分了解和挖掘当地的乡村自然生态资源及特色人文资源,结合当地的农业产业情况以及民俗民风特点打造丰富的不同类别的旅游活动。应充分考虑游客的不同需求,结合传统节庆活动,开发趣味性强、参与性强的特色项目,包括节庆项目、民俗项目、体验项目、观光项目、科普教育项目来提升乡村特有的吸引力。在运营管理上,应制定详细的相关规划且多方配合地保障乡村管理监督、资金、技术等措施的施行,实现乡村的可持续发展。

(四)构建方式

1. 原生发掘

原生发掘主要针对具有良好自然景观资源的乡村,以保护为前提,进行乡村旅游景观营造。若是具备优秀传统文化和传统产业的乡村,只需在传统产业和传统文化的基础上进行景观转换升级,略加修饰。在这种类型的乡村中田园风光和乡村居民的生活生产方式本身就是一种"天然"的景观,是当地村民与大自然共同创造的独特景观,具备巨大的旅游吸引力。

2. 再生修复

再生修复主要针对曾经具有良好自然环境或者特色传统文化,但是在乡村建设过程中优势资源逐渐衰败甚至消失的乡村。对于这样的情况,前期要通过深入调研了解乡村具体情况,听取村民意见,然后进行具体的规划设计,以修补恢复为目标,使传统文化得以延续,景观与乡村建设相互协调。可以从两个方面进行：一是生态修复,利用景观营造对乡村中的水、土壤、植被等生态要素进行修复。二是文化修复,对濒危的文化进行挖掘和追溯。

3. 重生涅槃

重生涅槃主要针对已经丧失良好自然环境和无产业、无特色文化的乡村,这样的乡村其历史无从考究,发展乡村旅游较为困难。可以考虑与当下城市居民新兴需求相结合,如打造野炊、露营、亲子游、自驾游营地、儿童度假营地等项目,发动村民参与,招商引资,打造旅游品牌,重新激发乡村活力。

第三节 文化保护视角下乡村旅游资源开发

根据旅游资源的一般概念,乡村旅游资源可以界定为在乡村地域范围内,能够被旅游业开发利用,对旅游者产生吸引力,并且可获得社会效益、经济效益以及环境效益的各种现象和事物。

一、文化保护视角下乡村旅游资源的价值

（一）美学价值

美学观赏性是旅游资源能够提供给旅游者的一种审美体验,是旅游资源吸引力的主要构成因素之一。自然景观中山光水色、流泉飞瀑、风云变化、珍禽异兽等给旅游者带来包括形象美、色彩美、动态美、听觉美等美学感受,其中形象美是自然景观美的核心。

（二）经济价值

在开发利用过程中,乡村文化旅游资源在社会物质资料生产和再生

产中产生积极作用并带来一定的经济效益,乡村文化旅游资源的经济效益主要表现在以下三个方面。

第一,乡村文化旅游资源能够促进乡村文化产业的发展。文化产品和服务是通过加工利用文化资源而形成的,在市场销售的过程中,消费者逐渐认可文化产品和服务,为文化产业和文化经营提供了效益,在这个过程中就形成了文化资源产业化。现在我国的经济水平已经远超于新中国成立初期仅满足温饱的程度,人们的精神消费逐渐增加,开始对精神文化方面提出更高的要求。

第二,乡村文化旅游资源的开发是发展乡村旅游业的重要支柱。乡村文化旅游资源的开发能够使乡村旅游地展现不同风采,而不是大同小异的景点。受地理环境和历史的影响,各地形成了各具特色的文化。受好奇心的驱使,异域文化对游客来说具有极大的吸引力,吸引人们想要去探寻文化的差异,这为乡村旅游业的开发提供了有利条件。

第三,乡村文化旅游资源的开发为社会创造了一些工作岗位,解决了部分就业问题。开发乡村旅游需要各种不同行业的人群共同参与,比如设计者、开发者、经营者、服务者等。近年来,人们越来越意识到文化产业对一个国家发展的重要性,并且国家也大力支持乡村旅游业的发展,因此我国制定了多条有关文化旅游业的发展政策,我国从事文化旅游产业的人群越来越多。但是,与西方国家相比,中国在发展文化旅游产业的过程中解决就业问题的水平还有待进一步提高。我们应该在开发文化旅游业的同时有效解决就业问题。

(三)历史文化价值

文化资源是一个时代的记录者,它承载着历史所赋予其的文化内涵。它反映了在特定的时期,当时的社会、经济等综合状况。乡村文化旅游资源反映了乡村地区随时间传承下来的文化,具有重要的历史价值。正如人们在博物馆里所看到的被展示出来的物件一样,这些物件在特殊的时代具有特殊的含义,这就是它们的历史文化价值。通过大量历史文献形式所记录的文物、建筑、遗址产生的前因后果,能让现代人了解过去的生产生活方式,了解人类的发展史。

(四)精神价值

乡村文化旅游资源是具有开发意义的文化资源,它是某一地区的人民一代代流传下来的优秀文化。其中,这些优秀的文化传统作为至关重要的精神力量,起着中流砥柱的作用,不断去支撑着一个国家或民族之间的相互交流和学习。与此同时,这种优秀的文化传统也彰显着与众不同的吸引力和凝聚力,支撑着一个国家或民族继续发展。在某种程度上,乡村文化旅游资源成了一座桥梁,不仅可以让现代人了解过去,还可以让不同地区、不同民族的人相互了解。通过对乡村文化旅游资源的了解、欣赏,人们不仅可以获得感官上的享受,更能使自己的精神受到洗礼。古人的智慧是我们现代人需要虚心学习的,他们的精神更是我们学习的榜样,这种精神营养是现在这个浮躁的时代所急需的。

二、文化保护视角下乡村旅游资源的空间整合

旅游资源整合是旅游业的一个重要概念,也是旅游业发展时的必然要求。从广义的角度来讲,旅游资源整合不单单针对人文和自然的旅游资源整合,还需要包含各式各样从事旅游活动的旅游企业之间的整合,涉及区域中与旅游直接或间接相关的环境风貌、建设空间、特色产业、道路交通、文化项目等,最终让该区域范围内的旅游资源要素得到充分开发,从而形成一个以激发游客兴趣,促进旅游发展,带动经济增长的有机整体;从狭义的角度来讲,旅游资源整合是基于一个独立的区域范围,通过设计的具有可操作性的路径,对零散要素进行重组,使得结构更加合理,以实现整体功能以及整体效益的最大化,以形成区域旅游发展总体战略。在具体的乡村旅游资源整合中,常依据以下理论对旅游资源进行整合。

(一)增长极理论

增长极理论最早源于《增长极概念的解释》一书,是由20世纪50年代的法国著名经济学家弗朗索瓦·佩鲁所提出,[1]增长极理论指的是在现实生活的一个区域内要实现经济的平衡发展是无法实现的,其平衡发展是人们假设的一种理想化模型,而经济的增长通常出现在一个或数个条件优越的增长中心,此时增长中心汇集了区域的人才、技术以及绝大部分资本,其自身迅速的增长产生较大的规模经济效益,与此同时会

---

[1] 郑莹,何艳琳.乡村旅游开发与设计[M].北京:化学工业出版社,2018.

对周边临近的区域产生辐射带动的作用，如资本以及人才等将会逐步向其他地区和部门进行传递，这些地区被统称为增长极。

增长极的形成会对区域经济的发展产生两个相反的作用，这对区域旅游资源开发具有较大的指导意义。在旅游增长极形成初期，极化效应产生主要影响，此时极点不断汇聚区域的资源、信息、人才和资金等相关资源，良好的收益环境吸引资本注入，旅游业的发展为周边村民带来了更多的就业机会，产业、经济发展的空间差异越发明显；当旅游增长极不断地前进和升级，将会造成游客数量增加与游客接待能力不足的矛盾，此时扩散效应产生主要影响，生产要素在政策等条件引导下向其他区位、条件基础较好的地区扩散，形成新的聚集点。例如，对于都江堰市柳街镇乡村旅游的发展而言，先将柳街镇乡村旅游的优势资源进行整合开发，形成一定的影响力与知名度之后，再不断改善交通、基础服务设施等条件，带动辐射其他资源的开发与发展。

（二）点—轴发展理论

点—轴理论最早源于波兰的两位经济学家——萨伦巴和马利士，然后在1984年被我国著名的经济地理学家陆大道院士同增长极理论、空间扩散理论以及中心地理论相结合，[①] 对点—轴理论做出进一步的解释。点—轴理论：社会经济客体在空间区域范畴内一直处于相互作用之中，小到区域、大到国家的发展过程中，大部分的经济要素在"点"上进行聚集，而这些"点"指的是人口和各种功能集中的地方，是区域中需要重点培养与发展的对象，这些"点"通过线状的基础设施联系在一起，形成发展"轴"，而"轴"则指的是连接各区域间的沟通线路，包括人类出行的交通线路、人类生存的水源线以及人类沟通的通信线路等，以上的线路也是点与点之间的联系纽带，并且这些轴线也会极大地引诱周边区域的物资、人才以及资金等向轴线靠拢聚集，当达到一定的规模，又会产生新的"点"，那么在新的"点"上聚集的要素又会通过新的"轴"向四周扩散，推动区域经济发展，最终实现区域的整体发展。图5-2为点—轴系统形成过程图。

---

① 张述林．乡村旅游发展规划研究：理论与实践[M]．北京：科学出版社，2014．

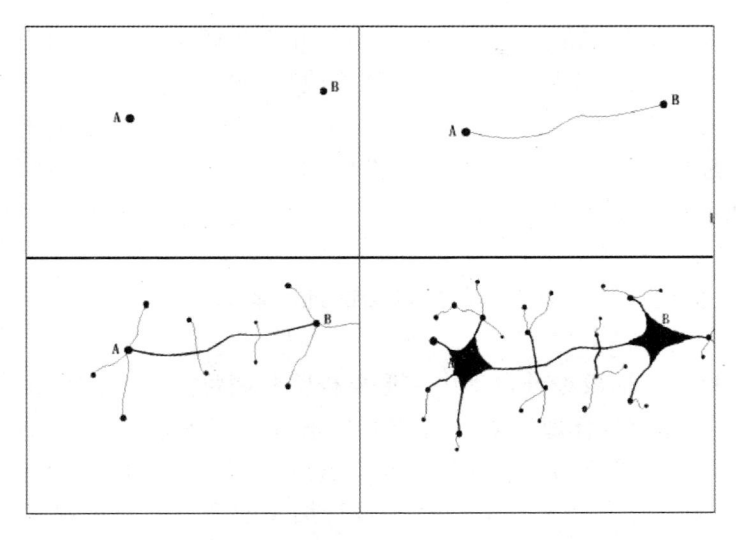

图 5-2　点—轴系统形成过程图

点—轴理论能够对区域内的旅游资源整合以及开发进行指导,即"点"为最初所开发资源较好的区域,随着该区域发展到一定程度,获得一定的规模时,此时它将会向外衍生出若干轴线,与周边的区域合成一个整体,得到一条旅游新线路,改善周边的社会环境以及带动周边的经济增长,因此可以看出点—轴理论可以反映一定的社会经济空间结构变化规律,具有一定的理论价值。

第四节　文化保护视角下乡村旅游形象塑造与传播

一、乡村旅游形象的界定

国外学者巴楼谷(Seyhmus Baloglu)等认为乡村旅游形象的形成受到两方面因素的影响:个性因素(个性、文化、价值、动机)和刺激因素(信息源、先前经验)。[1] 在个性因素中,旅游者的文化差异、人际关系等都会对乡村旅游形象感知产生极大影响;在刺激因素中,信息源是影响

---

[1] Baloglu S. M. K. W.A mode of destination image formation[J].Annals of Tourism Research, 1999, (4):868-897.

乡村旅游形象形成的关键因素。有些研究学者还认为,乡村旅游形象是一个动态的概念,会随着时间的推移而改变,也有着季节性的波动。

国内学者同样也将乡村旅游形象的形成过程分为静态过程和动态过程。陈桦、吕兴洋等学者认为旅游感知距离、旅行社、互联网等都会对目的地乡村旅游形象产生影响。[1]

二、文化保护视角下乡村旅游目的地形象塑造

乡村旅游形象设计过程中有形象校验和调整的环节,因此在乡村旅游发展中,科学、合理地对乡村旅游地形象进行评估,并适时地采取措施和方法对形象系统进行调整(改进、修正或重新定位等)是十分必要的,将有助于了解前期设计过程和设计结果的合理性与实用性,并对下一阶段的旅游地发展提供整体决策支持和发展方向等。根据理论研究,在目的地营销和规划方面提出建议,以期对乡村旅游发展有所裨益。旅游目的地形象是基于游客认知和情感基础产生的,不同游客会产生不同的情感,在此过程中表现出来的积极情绪则为地方依恋的基础,不同的认知和情感的积聚共同促进行为意向的形成。

(一)深挖怀旧体验,创新旅游业态

近几年来,怀旧作为一种社会现象引起了很大的关注,而乡村是中华文化之魂,乡村旅游的本质是回归与怀旧。怀旧旅游者追求的是目的地给其带来的熟悉感和亲切感,旅游资源只是承载其回忆与情感的媒介。从某种程度来说,游客所产生的怀旧不仅仅是自身需求的刺激,还取决于目的地怀旧元素的呈现方式和深度。吸引游客去重温记忆、寄托乡愁和体验怀旧恰恰是乡村原真性的最佳体现方式。

目前,乡村旅游地的升级转型急需从浅层次的观光转向深层次的体验和互动,保留乡村原始的生产方式和风俗习惯,让游客体验日出而作、日落而息的生活方式,深度挖掘怀旧元素,创新旅游体验项目,打造乡愁品牌,为游客带来直击灵魂的年代感。乡村旅游地应构建多元的怀旧体验,在建筑、饮食、旅游产品和细节上做到全方位怀旧元素的渗透。

---

[1] 张铮.都江堰柳街镇乡村旅游资源空间分布特征与整合开发[D].成都理工大学,2020.

第五章
文化保护视角下的乡村旅游开发

1. 精心策划,突出王牌优势

注重细节打造,提炼乡村文化的符号。乡村古朴的原生态建筑具有很大的吸引力。房屋外观上的古朴,让游客产生年代感,但缺乏对细节的掌控,应增加细节处的怀旧感,突出王牌优势,如在屋内添置具有年代特征的物件,增加真实性和视觉感。通过标识牌、围墙、垃圾桶和坐凳等不同物件的展示来营造怀旧氛围,使游客在旅途中感受怀旧之风。

同时,需要增加互动体验,让游客切实地回归田园生活。如在田间增加铁耙和耕犁,让到访的游客体验"晨兴理荒秽,带月荷锄归"的农耕生活;开展织竹篮、酿土酒、磨豆腐、蒸花馍等亲子活动,静中添动。

2. 融合乡村特色,创新住宿形式

乡村住宿形式一般是客栈、农家小院。民宿作为怀旧住宿的一种载体,有其存在的特殊含义,承载着游客的怀旧情怀,这种情怀是一种对童年记忆以及原生态生活的向往。民宿应体现乡村旅游地乡村性的特色,融入当地文化,让游客身在其中,更深地领悟乡土精髓。

3. 打造商业街区,开发旅游产品

目前,一些乡村缺乏特色文创产品,随着文旅不断融合,应该开发不同类别的旅游产品,形成规模化和正规化。打造带有怀旧元素和当地文化特色的纪念品,与游客达成情感共鸣,促进消费,如制作复古明信片、照片、书包或挂饰等。

(二)提升认知形象,塑造品牌形象

旅游目的地形象是对区域内的旅游资源进行的高度概括,不仅表现在当地的特色上,而且应该给游客遐想空间,最大限度地激发潜在旅游者的出游欲望,塑造品牌形象,切勿让游客"乘兴而来,败兴而归"。

1. 完善旅游服务

乡村原生态和现代化的不可调和性,导致乡村旅游基础设施的落后,但完善的服务是良好认知的前提。

乡村旅游地应努力实现村落免费 Wi-Fi、电子讲解、智能导游和微信推送的全覆盖,推动智能服务的应用。乡村旅游地没有上线智能服务在一定程度上保持了村落的原真性,但电子讲解的入驻并不影响其整体古朴风格,反而能够加深游客对乡村旅游地的有形认知,满足不同层次游客的需求,这也是现代旅游存在的意义。

2. 细分游客市场

不同年龄的游客认知程度不同,一些乡村旅游地缺乏儿童娱乐项目,使得其对低年龄游客的吸引力有限。很多游客都是举家出游,周边游最大的价值在于可以在有限的时间内带给家人最佳的愉悦感。所以,乡村旅游地应该细分游客市场,抓准不同年龄段游客的兴趣点,在主线不变的前提下开展多样的活动。

三、文化保护视角下乡村旅游形象传播

(一)乡村旅游形象传播形式

1. 标识传播

乡村旅游形象标识一般是以旅游地的社会环境、文化背景为基础,对旅游地的景观资源、民风民情加以提炼,用精简的话语、符号和图片展现旅游地的特点和优势,主要功能是突出乡村旅游形象特征,形成旅游品牌,吸引游客做出旅游决策,包括乡村旅游形象口号、logo、吉祥物等。乡村旅游形象标识要凸显地方独特性,要简单明了、通俗易懂、便于记忆,也要具有一定艺术性,给人以深刻印象。

例如,海南推出的旅游形象口号是"阳光海南 度假天堂",凸显了海南旅游资源特色,以阳光和度假为主题,同时也体现了海南的热情,但很多人仅将"阳光"理解为一个名词,也简洁明了。此形象口号曾对海南旅游形象传播发挥了重要作用,但形象口号应与时俱进,紧跟受众需求。

2. 推介传播

乡村旅游形象推介传播的主体是旅游主管单位和相关政府,一方面他们牵头组织对国外旅游开展推介活动,与各地旅游单位合作开展旅游推介会、参加旅游博览会、组织旅游会展,向旅游经销商、旅游地潜在受众推荐乡村旅游资源、签证政策、出入境手续、开拓航线、旅游特色、基

第五章
文化保护视角下的乡村旅游开发

础设施等。另一方面推出乡村旅游形象大使传播乡村旅游形象。

3. 形象宣传片

乡村旅游形象宣传片是以旅游地具体景观、文化、风土人情为主的艺术创作,也是乡村旅游形象传播的主要形式之一。例如,海南省及各市县都推出过旅游形象宣传片,内容丰富,涵盖了海南景点、美食、生活方式等方面。除此之外,还有旅游广告、旅游微纪录片等各种形式的旅游解说、旅游宣传短讯。宣传片有大量航拍镜头,画面磅礴美观,以旅游景点和自然资源为主,对乡村旅游形象进行了全面的展示。

(二)乡村旅游形象传播的优化

优化旅游形象传播策略是研究的最终落脚点,在对乡村旅游形象现状和实证研究进行分析的基础上,灵活运用形象传播策略。

1. 多角度定位,实现旅游形象品牌升级

(1)着力打造乡村旅游主题形象

乡村旅游主题丰富多彩,在滨海度假、探险体验、体育赛事、乡村休闲、康体养生、家庭亲子、旅游美食、文化艺术、科普研学、民俗节庆等十大主题中,目前,最为受众所熟知的是度假主题。从旅游者需求角度来说,旅游者出行追求远离喧嚣、放松心情,旅游者休闲度假时不仅可以住在旅游度假区,还可以选择休闲舒适的乡村旅游点,体验乡村生活、享受静谧氛围、感受自然之美。从乡村旅游资源来说,近年来,一些地方发展全域旅游和乡村旅游,依托独特气候和自然条件,乡村旅游硕果累累,受众凭借优势资源认知对乡村旅游认可度较高,因此在定位品牌形象时,将乡村旅游作为一个亮点融入品牌定位中,可以为旅游形象增光添彩。

(2)深度挖掘文化内涵

文化是旅游的灵魂。例如,海南强大的自然资源优势一度弱化了其文化资源,黎苗文化、东坡文化、军坡公期文化以及体现海南资源的浪漫的"天涯"文化和展现人民生活方式的"慢"文化都是海南别具一格的特色文化。厦门鼓浪屿旅游形象避开千篇一律的自然资源形象,赋予其文化底蕴,对外旅游形象侧重于文化传播,通过"钢琴之岛""万国建筑博览会"增强鼓浪屿文化厚度。

第一,挖掘开发历史文化资源,增强旅游形象文化内涵。将文化符号抽象化,添加于旅游形象符号设计中,同时,在东坡文化、黎苗文化和南洋文化等的开发利用上应多下功夫,内外合力进行传播。

第二,开发海南现代文化,传播海南精神。海南旅游形象宣传片内容以现有资源展示为主,缺乏"人"元素,将天涯文化和慢文化贯穿于形象传播中,应注重传播居民生活方式和生活观念,增强旅游者感受力和亲切感。"天涯"代表豁达,是一种人生态度,也是一种生活态度。"慢"文化体现享受,既休闲幽静又轻松愉快。

第三,加大文体赛事传播。海南省在体育旅游和开展各种赛事方面有着得天独厚的优势,也拥有举办众多国际性赛事的良好基础及丰富经验,如全国山地自行车冠军赛、海南国际马拉松赛、环海南岛国际大帆船赛、环海南岛国际公路自行车赛、中国海南万宁国际冲浪节、沃尔沃环球帆船赛等,提高赛事知名度,有助于海南旅游形象传播。一方面顺应体育旅游融合发展模式,以沙滩运动、水上运动为契机传播旅游特色,通过赛事效应辐射旅游效应。另一方面以体育赛事精神和内涵为诱发点,增强海南旅游体验感和有趣性,通过切身体验和感受提升游客感知度和满意度,丰富海南旅游内涵。

(3)升级旅游形象品牌

第一,旅游形象主口号与依附于主口号的分口号设计。旅游形象宣传要在主口号的统筹下,延展分口号和其他主题旅游形象宣传语设计。

第二,以"打卡式"地标制造新鲜感。著名景区景点常常被视为旅游人群打卡地,名人、达人和"大V"们出现过的地点常常会成为游人们乐于前往的地方,地标式打卡地可以是造型奇特的建筑,可以是好玩的游乐场所,也可以是具有新奇感的拍照地。

2.优化传播途径,改善传播效果

(1)重视口碑传播效应

旅游形象口碑传播者群体主要由现实游客、当地居民、旅游达人和利益相关者等构成。

首先,积极发挥网络意见领袖作用。与传统意见领袖相比,大众传播时代意见领袖是指"较早接触大量大众媒体信息,且因人格魅力而拥有较高的威望和影响力的人",由他们将信息再加工后通过人际传播传递给更大范围的受众,并产生影响。网络意见领袖更具广泛性和号召力,在网络上拥有强大的话语权,他们拥有大量粉丝团体,很多事件和信息通过他们的传播将会有广泛影响和热度,包括旅游爱好者、旅游达人和职业旅行家等。在旅游形象传播过程中,要主动与影响力大、实力强的旅游爱好者和旅游达人群体采取合作,通过为他们提供素材采集、免费出游机会、支付报酬等形式,有计划、有组织地进行形象素材的采编和发布,凭借网络意见领袖粉丝基数扩大传播影响力和效果。

其次,运用名人效应。一些地方节庆活动众多,如博鳌亚洲论坛、国际电影节、音乐节、明星演唱会和各个卫视跨年晚会,每场活动都会有知名人物、著名影星、歌星来参加活动,他们自带流量,因此传播力度大、传播效果强。可以邀请名人作为乡村旅游形象公益大使,参与乡村旅游形象主题传播,分享感受,或邀请他们通过自媒体平台发布乡村旅游形象传播口号。不仅为名人创造了参与公益的机会,也提高了乡村旅游形象知名度和可见度。

最后,在网络口碑效应中,实际参与乡村旅游的旅游者是不可忽视的因素,通过他们可实现二次传播。他们通过网络平台分享旅游体验和感受,受众认为他们的游记和分享可信度高,但他们的传播具有自主性、情绪化和难以控制性,同时也受旅游者个体特征限制,每个人对相同旅游行程具有不同感知。可以通过线上互动活动进行转发,拉近与旅游者之间的距离,刺激产生更多网络口碑正向的传播内容。与线下服务相互配合,形成恰到好处的口碑内容,达到良好的口碑传播效果。具体可通过转发游客微博及微视频、赠送纪念品、设置游客拍照留念场景、制作手机 H5 页面,便于旅游者在社交平台上传播。

(2)整合旅游形象传播渠道和手段

整合营销传播是将多个因素组成的一个整体形象向消费者展示的完整过程,其既满足了工作需求,平衡了各相关者之间的利益关系,还建立了良好的合作共赢模式。整合传播渠道和传播手段,将相关资源集合起来进行最优分配,减少资源浪费,聚合资源能量,使得资源应用效率最大化。

①要树立整合营销传播理念。一方面,理念是行动的指导,任何事情的实施必理念先行。旅游行业竞争愈演愈烈,关键在于形象传播的博弈,怎样在信息流中占据优势地位,需要将区域内优势资源整合起来,打出强势组合拳。另一方面,建立一个全面系统的整合机构,促进各相关机构良好沟通,不仅要争取各方利益的最大化,还要保证其合理高效

运行,通过整合机构了解旅游者信息、旅游者客源地、旅游者消费结构,了解旅游者需求,建立与旅游者之间良好的关系。

②整合传播渠道。受众细分化导致媒介细分,每一种类型传播渠道皆有自己的受众,最好能够覆盖式地传播旅游形象信息。

第一,运用传统媒体的深度和精度,向电视台投放旅游宣传片和旅游纪录片,通过策划专题报道进行形象传播,传播具备专业性和广泛性的内容。

第二,发挥新媒体优势,注册入驻短视频平台,如抖音、微视等,制作形式多样、内容精良、亲和力强的短视频,进行一手视频信息的发布和引导。

第三,在海外旅游联络点设置VR体验中心,通过新技术,内嵌丰富内容,如视频宣传片、图片、文字、语音、动画等,使用户感受"身临其境,触手可及"。

第四,要注重地面媒介传播功能,发挥地面媒介渗透式传播作用,如城市内外公共交通设施、城市地标性建筑物、便捷物质载体(如纪念品、明信片)等。

(3)抓好传播时机

青岛"啤酒节"、G20国际会议助推了当地旅游形象建设,提升了国内外旅游形象,为目的地进一步提高知名度提供了机遇。活动筹备期是本地媒体借势传播的好时机,通过会前准备工作,一方面可以借助重大节事活动热度,从各个侧面展现自身丰富的旅游资源、旅游基础设施情况和当地人民的热情好客。例如,博鳌亚洲论坛是海南名片之一,知名度和影响力大,应充分利用论坛活动筹备期间开展宣传活动。另一方面,举办节庆活动是加速基础建设的催化剂,以节庆活动为目标建设的基础设施在活动结束后依旧可以投入使用,加快了基础设施建设步伐。将论坛带来的海南变化作为传播重点,突出海南"变好"的要素。在会议期间,将节事与本地特色相结合,发挥带动作用。一方面,挖掘典型性资源、代表性人物和事件,连接形象内容和故事,以点带面发挥撒网式传播效果。另一方面,会议结束后的升华报道极其重要,通过搭乘事件热度和余温,进行总结性传播和构建形象新元素,为节庆活动中的形象传播画上一个圆满的句号。

3. 拓展传播主体,注重发挥"人"的作用

(1)培养旅游从业人员形象传播意识和服务意识

从业人员范围宽广,分为一般性接待服务和旅游服务人员。航空、车船、酒店、餐饮购物商场等企业服务人员属一般性接待服务人员,旅游者对他们的服务态度和服务质量优劣的感受直接关系到感知旅游形象的好坏。相关服务企业应该做好公司职工职业道德培训和职业规范培训,提升业务水平和能力,增强大局意识,为传播良好的旅游形象做出贡献。

旅游企业形象设计要与旅游目的地形象相一致,成为旅游形象的组成部分。旅游从业者相比一般性接待服务人员,会带给游客更强烈的感受,旅游者对他们的期望比其他服务人员更高,因此,旅游从业人员需要树立传播意识,认识到自身服务形象对整体旅游形象的重要性,增强服务意识,规范旅游服务,严格按照景区景点制定的服务细则学习和参加培训。景区对工作人员的素质要求和培训学习要格外重视,举行定期考核和评比,增强旅游形象人员传播意识和服务意识,走好旅游形象人员传播的"最后一公里"。

(2)构建旅游志愿者服务体系

旅游志愿者服务体系是旅游形象服务行为的重要组成部分,既能提升旅游管理者形象,又能改善旅游服务形象。丽江在旅游高峰期组织旅游志愿者提供咨询、引导和组织服务,为旅游者答疑解惑,使得旅游者在遇到问题时可以及时解决,化解疑惑和不安,提升旅游服务形象。在乡村旅游形象建设过程中,可以让志愿者在游客集散地和旅游景区景点人流量集中的地点组织游客有秩序开展游览活动,维护景区形象,提升游客旅游满意度。建构完善的旅游志愿者服务体系,面向国内外招募志愿者,为志愿者提供旅游优惠活动和相关服务,形成一套完整的运营体系。在构建过程中,旅游协会充分发挥组织优势,为乡村旅游形象的建构、维护、传播出谋划策。

4. 重视旅游管理,修炼形象宣传"内功"

(1)形象危机预警与处理

完善旅游形象危机预警机制和信息沟通网络,为传播旅游形象保驾护航。不同的旅游危机事件对目的地旅游形象带来了不同程度的影响。

旅游地要制定多套危机预警机制,当旅游危机事件发生时,及时启动预警机制,发布权威讯息,掌握舆论主动权,及时发布事件处理动态,以最快的速度消除公众猜疑,坚持快速、及时、准确处理事件。畅通"游客—投诉处理机构—旅游区—当事人"处理渠道,保证突发事件能够及时得到反馈和处理,尽可能将危机事件影响缩减到最小。

建立危机处理措施细则,组建危机处理队伍。当危机事件发生时,部署专门小组和人员进行及时处理,完善紧急新闻发布机制,确定新闻发言人,及时发布信息进展和处理情况,用诚恳负责的态度维护整体局势,避免不实信息和流言误导公众。针对有损游客利益的事件,要勇于承担责任,并对游客给予物质和精神补偿,妥善解决危机事件,进行舆论监督,减小负面信息带来的不良影响。

(2)树立竞争意识

随着人们生活水平的提升,旅游市场竞争愈发激烈。例如,泰国气候资源与海南相似,岛屿资源丰富,国内旅游者常常将海南旅游与泰国旅游进行二选一,泰国旅游产品与海南旅游产品不相上下。海南应树立竞争意识,实地调研旅游资源和旅游市场,知己知彼方可及时调整传播策略,争取旅游市场份额,赢得旅游形象满意度和忠诚度。海南应树立具有本地特色的旅游形象,突出形象遮蔽,寻找具有自身特色的旅游形象,选择竞合模式,与广西北海、广东湛江等旅游地进行互利共赢合作。争取将旅游形象范围扩大,与内陆旅游地形成一个更大的旅游形象圈,从地域层面拓展旅游形象,更有利于突出海南特色。

(3)加强旅游市场监管

旅游市场规范与否关乎旅游形象的好坏,出现旅游危机事件的根本原因是旅游市场秩序不规范。很多突发事件的发生是市场混乱和监管不力导致,如"黑导游""黑车拉客"等。乡村旅游应加强当地居民拉客购买门票的管理,规范旅游市场,通过规范市场美化乡村旅游形象。

旅游市场价格混乱是导致危机事件发生的根本原因,也是评判旅游管理者执法有力与否的要素之一,更是关乎旅游地形象满意度和美誉度的关键。海南旅游消费过高,严重超乎游客心理预判,一是海南海鲜市场混乱带来的负面影响后遗症延续至今,二是海南部分旅游市场较为混乱,同一商品价格差异大,甚至存在价格差异偏见和歧视,旅游商品和日用品有时存在旅游者和本地人两个定价的局面,大大削减了旅游者的被认同感,为海南旅游形象传播带来了极大的负面影响,不利于形成口碑传播效应和旅游者重游意愿。因此,要加强旅游市场监管,尤其是加大价格监管。

第五节　文化保护视角下乡村旅游市场开拓

一、乡村旅游市场结构

乡村旅游市场结构涉及的市场关系共计四种。
其一,买方,通常指消费者或者企业。
其二,卖方,泛指乡村旅游经营者。
其三,买卖双方。
其四,已经进入或有意向进入或处于进入过程中的买卖方。

通常情况下,乡村旅游市场结构泛指不同乡村旅游市场主体间的力量比较,它可以将乡村旅游市场中的竞争与垄断关系反映出来,是维持不同乡村旅游市场主体间力量均衡的重要标志。

（一）乡村旅游市场供需结构和特点分析

市场经济活动平稳进行的内驱动力是供给和需求,供给和需求也是市场结构研究内容的关键。供求关系指的是供给与需求在商品经济条件下相互联系、相互影响的关系,两者之间的关系就是生产与消费之间的关系在市场经济中的反映。影响一种物品需求量的因素有很多,如自身价格、替代产品价格、购买者喜好、购买者的人数及其经济水平、时代潮流等。影响其供给量的因素包括商品价格、生产要素成本、技术创新、生产者预期、市场规模、国家政策等。

市场结构研究的主要内容是乡村旅游供给、需求及力量对比。综合性与复杂性是影响乡村旅游供给因素的主要特征。乡村旅游供给的决定性因素是乡村要素与旅游资源,而乡村旅游业所呈现的乡村旅游产品种类和质量则是由乡村旅游资源的质量和种类决定;乡村旅游供给水平由于受生产主体与经营方式不同的影响而具有差异化,在进行乡村旅游供给研究之前需要对乡村旅游供给水平及其影响因素进行解构。稳定性、增长性、经济性、高频率等是乡村旅游需求的特点,交通、互联网技术等基础设施的更新升级推进了乡村旅游产品的供给发展,人们对乡村旅游产品的需求不断增加,需求结构范围日益扩大。因此,加快促进乡村旅游供给结构优化的关键在于对乡村旅游的需求特征与需求结构的深入了解。乡村旅游市场结构的升级受乡村旅游供需结构矛盾影响。通过观察图5-3可以直观地看到供需水平的差异情况。

其中,供不应求区域当前面临供给水平低局面,应当增加供给产能;供需疲软区域的供给水平、需求均有待提升;供大于求区域应当对供需结构进行合理优化与调整,着力解决需求不足的难题。就乡村旅游业来说,供需结构矛盾主要体现在下述方面。

其一,旅游产品以观光类产品为主,休闲、度假产品比较匮乏,消费方面主要倾向于基本消费,如食宿等,延伸消费需求较少。

其二,公共服务能力有待强化,产品品质有待进一步提高。就旅游体验产品与旅游服务来说,它们本身蕴藏着典型的无形性与不可储存性特征,因此重视供需适配,既是带动乡村旅游业发展,提高经济效益的重要保障,也是优化调整市场结构的关键。

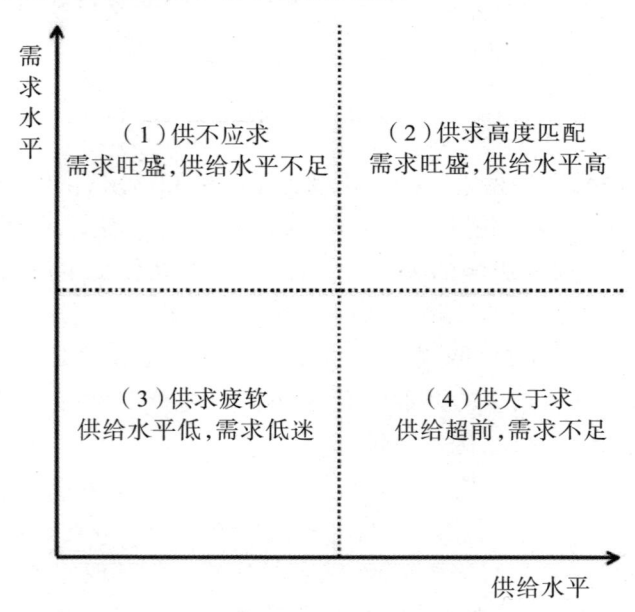

图 5-3 供需水平的差异与匹配[①]

---

① 丛明光. 威海市文登区乡村旅游市场结构及优化配置分析[D]. 烟台大学,2020.

（二）竞争优势与乡村旅游市场结构

产业竞争力受企业战略与产业市场、企业规划与国家政策、供给与需求的驱动作用影响。正如波特所认为，影响产业竞争力最关键的要素包括生产要素，需求条件，相关和支持性产业，企业战略、企业结构和同业竞争，共同构成"钻石体系"，如图5-4所示。

企业竞争优势与四个关键因素密切相关：首先是生产要素，泛指产品在生产过程中需要的自然、人力资源等投入。值得强调的是，生产要素囊括初级与高级两种，其中，先天具备是前者的主要特征，而后者来源于长期投资或者是培育。在当代背景下，高级生产要素变得尤为重要，这是提高竞争优势的保障。其次是需求条件，泛指本国市场的需求，如产品需求、服务需求。市场规模以及性质在一定程度上决定了产业的生产规模以及效率，同时能够对企业的产品优化、服务创新起到推动作用，它是产业长期稳定健康发展的驱动力。所以，产业在发展过程中，应当及时捕捉市场动态，根据市场需求来对产品或者服务进行有针对性的优化和提升，依托多样化的营销手段，创造并激发消费需求。然后是相关和支持性产业，它与主导产业存在密切联系。其中，前者指在技术、服务以及营销路径方面存在部分共用共享的产业，而后者通常指上游企业，有助于主导产业根据市场需求及时做出调整，降低成本并强化竞争优势。最后是企业战略、企业结构与同业竞争，泛指基于特定环境，企业为生存与发展，落地实施的企业战略，以及同行实力等等。所谓产业竞争优势，可视作不同差异条件的合理组合。优化乡村旅游市场结构的初衷是强化竞争优势。在此期间，生产要素以及需求条件是最关键的。其中，前者既是旅游开发的重要前提，也是供给完成闭环的支撑与保障，如基础设施等。因此，重视并以生产要素为切入点，完成指标体系的构建，由此得出乡村旅游供给水平的相关数值，进而实现对生产要素规模与质量的细化。以需求条件为切入点，深层次全方面地分析乡村旅游的需求特征，有效优化供需结构，进而摸索出科学有效的产业竞争优势提升之路。

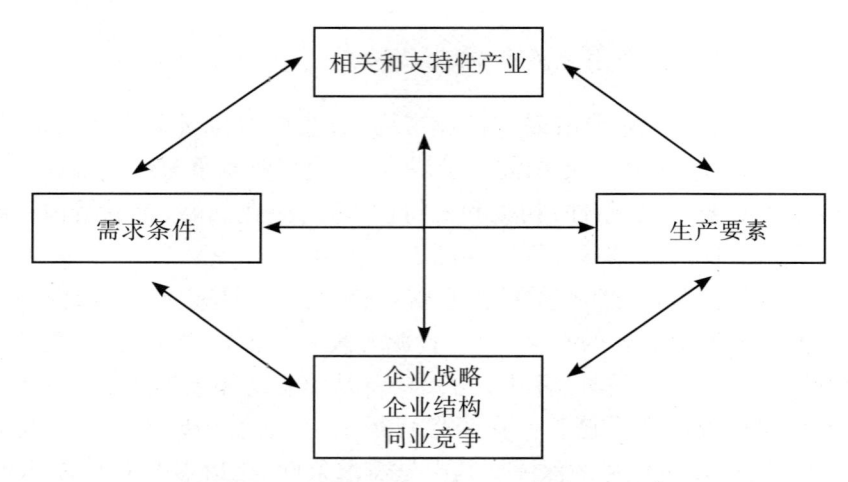

图 5-4 产业竞争优势的"钻石结构模型"[1]

二、乡村旅游价格策略

价格策略是旅游营销策略中不可或缺的一部分,在行情产生变化的时候,旅游产品的价格必须快速适应不断变换的市场环境,以形成较强的竞争力。调整旅游产品的价格包括主动的价格调整和被动的价格调整两种类型。

(一)主动调整价格

企业在具备成本领先优势、生产能力过剩或者有特殊的营销目的的情况下会主动降低产品价格,以适应市场变化。相反,在产品成本提高、旅游产品供不应求或为实现某些特定营销目的的情况下,企业一般会主动提高价格。

(二)被动调整价格

公司的被动价格调整主要是为了应对竞争对手的定价策略。在被动价格调整过程中,公司必须及时正确地应对竞争对手的价格变化,还要做出合理的决定。沿相同方向跟进,当竞争对手提高价格时,本身的

---

[1] 丛明光.威海市文登区乡村旅游市场结构及优化配置分析[D].烟台大学,2020.

价格也要上涨;而当竞争对手把价格降低时,其本身的价格也要随之降低。

反向调整。在竞争对手对产品价格进行调整之后,公司会朝相反的方向相应地调整价格,与竞争对手拉大差距,以此彰显自身产品的独特性和良好的企业形象。

保持原价不变。价格的上下调整会对销量产生影响。如果价格上涨,销量也就会减少,市场份额也会有所下降,这样价格上涨也不会增加利润;价格如果下跌,销量上升幅度不大,毛利润没有按计划增加,所以许多公司选择静观其变。选择非价格竞争策略,在竞争对手降低价格的时候,公司要采取措施来提升产品的质量,如以加大产品产量,建立品牌并扩大销售网络等非价格手段进行调整。

旅游产品价格策略如图 5-5 所示。

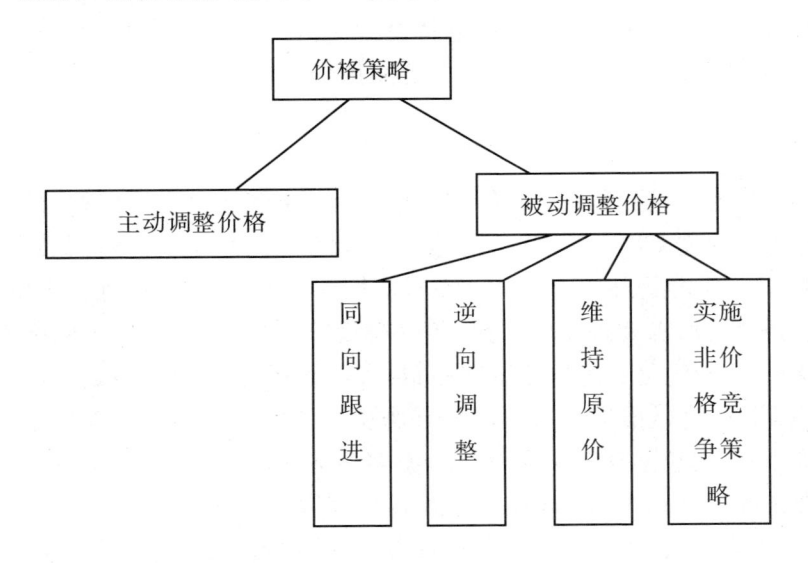

图 5-5 旅游产品价格策略

三、文化保护视角下乡村旅游市场开拓的路径

（一）科学规划乡村旅游市场发展

对于传统乡村旅游发展中缺乏统筹规划与部署的问题,地方政府相关部门应该根据国家乡村振兴的战略,科学规划乡村旅游市场发展相关

策略，根据本地实际情况，开发特色资源，防止重复建设与无序竞争，地方政府应该与本地的农业、国土、林业等部门沟通协调，制定出体现本地特色、具有良好发展前景的乡村旅游市场发展规划。同时，还应该根据相关地区的实际情况，拨发专项资金用于乡村旅游的基础设施建设，协调地方银行给予信贷支持，以及进行税收优惠等。一个地方的不同乡村应该在地方政府的引导下，根据本地的实际情况开发与建设相关的旅游项目，从而有效推动乡村旅游的健康与可持续发展，让政府的乡村旅游规划可以落实到位。

在这一方面，浙江省湖州市政府走在了全国前列，其主要是以结合发展乡村旅游、带动农民增收、促进美丽乡村建设为目标，致力于建成生态优良、设施配套、服务完善、特色鲜明的乡村旅游示范区，努力将湖州乡村打造成国内顶级的乡村休闲度假目的地，在政府的统一引导和多方参与下，因地制宜和突出本地特色，统筹城乡一体发展，以保护生态与可持续发展为原则，重视发展旅游文化与地方品牌。

（二）重点开发乡村特色旅游项目

不同地区在发展乡村旅游的过程中，必须充分运用和体现本地的自然景观与特色文化，才能够让游客更好地感受本地独特的自然景观与人文风情，让游客记住这个地方。乡村应该重视科学的规划，加强水电网、道路、公厕、污水处理、垃圾分类等基础设施的建设，提供完善的配套旅游服务，不断优化业态的旅游产品布局，重点开发乡村特色旅游项目。

以浙江湖州推进乡村旅游发展为例。该地区在加强基础设施建设的基础上，又建立健全了乡村旅游游客服务中心体系，如将旅游景点门票放在各大网络平台销售，完善游客咨询服务，开发了古村文化、休闲娱乐、体育健身、赏花品尝、采摘果实、农家休闲垂钓、乡土风俗体验等多个特色项目，利用本地的山水自然景观，打造了一大批乡村旅游示范区，如莫干山国际乡村旅游、安吉大竹海乡村旅游、下渚湖乡村旅游、移沿山乡村旅游、水口茶乡乡村旅游等。其他地区也应该根据本地特色，开发山水人家、乡村驿站、生态渔庄、休闲农庄等，形成以观光和餐饮为基础、民俗体验为枝干、休闲度假为重点的特色乡村旅游项目。

（三）创新市场经营发展相关理念

想要更好地发展乡村旅游市场，必须突破传统乡村旅游市场经营的理念,创新市场经营发展相关理念,形成以社会需求为核心、以游客的消费需求为营销基础的理念,根据本地存在的问题和实际情况,做出正确的规划部署,更好地落实更加科学的市场经营发展相关理念。对于这方面,乡村旅游经营应该从加强品牌建设与营销、提高旅游要素品质两大方面入手:在品牌营销方面,应该构建一大批具有地方特色的乡村旅游品牌,如开发农业观光游、采摘体验、乡村美食游、民俗文化体验等特色品牌;在提高旅游要素品质方面,主要是结合旅游的"吃、住、行、游、购、娱"六大要素,让乡村旅游向着特色、标准、规划方向发展。

全国各地的很多乡村都通过各种方式,创新市场经营发展相关理念,形成了独具特色的乡村旅游品牌,如江苏华西村的"天下第一村"品牌,安徽小岗村的"中国改革第一村"品牌,湖南十八洞村的"精准扶贫示范村"品牌,浙江余村的"绿水青山就是金山银山"品牌等。其他地区可以根据本地的发展特色,努力打造乡村旅游品牌。在提高旅游要素品质方面,各地乡村应该挖掘本地特色饮食文化,推出具有地方特色的菜品,并提升住宿品质和游玩体验,这样在修炼好内功的基础上吸引更多的游客,进而建立良好的市场口碑。

第六章

文化保护视角下的影视旅游开发

> 随着物质生活水平的提高,人们逐渐开始注重精神方面的需求,这在很大程度上促进了国内影视文化的快速发展。我国不仅快速提升自身的影视艺术水平,而且引进了国外大量的影视作品。影视文化产业的发展在一定程度上促进了影视旅游的繁荣。本章主要研究文化保护视角下的影视旅游开发。

第一节 影视旅游概述

一、影视旅游的定义

影视旅游作为一项特殊的文化旅游活动,是旅游业与影视产业相结合而产生的衍生物。国外学者将影视旅游总结为:由电影或电视剧引起的旅游活动。不过,作为较为新鲜的研究方向,至今还没出现过较为权威的专著,对其的定义也未见统一。

西方称之为"电影引致旅游",认为它是由于旅游目的地在银幕上的展现而促使旅游者前往目的地和吸引物的旅游活动。国内得到较多认可的则是以影视拍摄、制作的全过程及与影视相关的事物为吸引物的旅游活动。二者的共同之处都是旅游目的地的吸引物与影视的关系,总体而言,就是由影视制作相关的吸引物而形成的旅游活动。

影视产业已经有了100多年的历史,它对人们的文化产生了深刻的影响。影视产业是集服务、销售、租赁渠道为一体的多产业集群。好莱坞的火车头理论认为影视作品的真正价值不只源于影视作品所创造的利润,还来自对影视作品相关衍生产品所创造出的发展机会,包括模型玩具、视听产品、主题公园、电影节等。[①]

影视旅游是影视产业与旅游产业相结合的产物。影视作品通过其营造出来的背景环境、人物形象、剧情情节等对观众产生一定程度上的吸引,被吸引的观众向往前往"影视"之中去亲身体验影视中的环境,由此产生了影视旅游。影视旅游由旅游目的地、影视相关内容和观众三个部分组成。只有当旅游目的地满足了观众对于影视作品相关的旅游需求才会形成影视旅游。影视旅游包含不同形式的活动,如参观摄影棚、参观影视取景地、参加电影节、参与电影首映及颁奖仪式。

---

① 张新艳.基于影视旅游的目的地营销研究[D].云南财经大学,2011.

二、影视旅游产品的分类

著名学者 Beeton（2005）将影视旅游概念进行延展，把影视旅游产品分为场地旅游和脱离场地旅游两大类。[①]

表 6-1　影视旅游产品的分类

产品类型	场地旅游	脱离场地旅游
定义	对影视作品中的实景场地和仅作为拍摄场地的旅游观光	对电影制作工作室或与电影相关的主题乐园、拍摄基地进行的观光
性质	商业化旅游：将影视作品中的景观或场景作为旅游观光地点 信息不对称的旅游：对电影拍摄地而并非发生地的观光	一次性事件电影节或首映式：对某个知名电影节或电影首映仪式的目的地进行的旅游观光，例如：法国戛纳、意大利威尼斯、美国洛杉矶等 媒体主导式旅游：由媒体主办的旅游节事，吸引游客前往观光

第二节　文化保护视角下影视旅游开发存在的问题

一、影视旅游开发客观方面存在的问题

（一）战争、恐怖事件、自然灾害等

在 2003 年伊拉克战争中，有着七千年灿烂历史文化的巴比伦遗址化为一片废墟，包括世界七大奇迹之一的古巴比伦空中花园的遗址、古老的美索不达米亚文明就此被永久埋葬。2011 年 3 月 11 日，日本发生地震、海啸及核泄漏事故，给日本旅游业造成了致命打击。大地震发生当月，赴日旅游的观光客与 2010 年相比激减 70%，与 5 月相比则减少 50%。日本旅游业基本处于中断状态。由于在我国入境游客中，日本历来是排在第二的位置，因此日本游客的锐减使我国旅游业也受到冲击。

---

① Beeton, S. Film- induced Tourism [M]. Clevedon, Australia: Channel View Publications, 2005.

（二）新冠肺炎疫情、环境污染

2020年"新冠"病毒肆虐，给国内旅游业造成了致命的打击，国外团队的入境旅游已经基本停顿，出境游也全面告停。国外的日新增病例数量仍居高不下，所以旅游业是会受到比较大的冲击的，包括国内的旅游业也会在很长时间内无法完全复苏。

二、影视旅游开发主观方面存在的问题

综观亚洲方面，韩国政府在其文化旅游产业上的推广近来在国际上广受瞩目，除了正式提出并实施"文化立国"战略，韩国政府还专门建立了负责影视旅游发展的官方机构——韩国文化观光部（Ministry of Culture &Tourism，MCT），不同于我国将文化与旅游视为两个独立机构，韩国文化观光部统一部署监管文化、宗教、观光、体育、青少年事务方面的工作，以推广韩国文化全球化、市场化为目标，致力于文化产业的招商引资并提升旅游收入，最重要的是增强国家文化产业竞争力。实际上，韩国也并非一开始就发掘了韩剧的商业文化价值，并以此进军海外市场。然而，在韩剧风靡全亚洲乃至全球以后，带来的不仅是外汇、文化传播、国际上的影响力，还带来了旅游观光风潮。韩国政府也十分善于把握时机，顺势将韩剧作为旅游推广、文化传播的营销利器，全力整合影视与旅游资源，将韩国观光事业推向光明。

第三节 文化保护视角下影视旅游开发对策分析

一、提高思想认识，创新体制机制，要把影视旅游产业列入区域经济发展战略统一谋划

文化、影视、旅游等相关政府主管部门在影视旅游产业发展上要提高思想认识，充分认识到影视旅游产业作为朝阳产业所具有的发展潜力和影响力，要把影视旅游产业列入区域经济发展战略，统一谋划；要针

对国内影视城拍摄基地自然景观少、现代工业遗存少、影视后期制作相对薄弱等不足,主动接受影视旅游发达地区的辐射。例如,在西部、北部等地区大力扶持发展影视文化产业;成立影视文化产业管委会及办公室,负责影视旅游发展规划编制、优惠政策制定、部门协调、监督指导等;在基础设施建设、产业经营、配套服务等方面加大投资与建设力度,政府在政策和行政服务等方面给予大力支持。

二、完善相关政策,优化资源配置,力推影视旅游产业健康快速发展

第一,用好、用足相关土地政策。一是按照规划争取用地指标。新建影视基地和影视旅游项目要符合土地利用总体规划。二是与新农村建设融合发展。深挖农村农业文化,挖掘具有乡土气息的影视拍摄点;通过流转、租赁等形式盘活农村老房,修缮改造后发展民宿、农家乐,增强旅游接待能力。

第二,引导民间资本和金融机构投资影视。要转变影视产业扶持方式,改变之前由政府"兜底""买单"的单一模式。一是鼓励和引导各类金融机构完善信贷管理制度,创新金融产品和服务方式,加强对影视旅游企业的融资支持。二是积极做好民间资本、实体企业与影视旅游企业的对接工作,引导闲散资金投资影视旅游产业。三是充分运用影视文化产业基金,积极做好影视项目推荐,通过基金介入,带动影视旅游发展。四是聚焦影视工业化、衍生品市场、文化出海、影视+互联网思维等领域,打造后影视产业中心。

三、统筹协调,强化合力,促进影视旅游产业跃上新台阶

政府影视主管部门、文旅主管部门要积极引导影视企业宣传,提高地方影视旅游的知名度和美誉度;地方文旅部门要加强业务指导,提高影视基地的游客接待能力和水平;招商部门要加大招商力度,积极引进优质影视旅游企业和项目;市场监管、文化旅游、广播电视、新闻媒体、银行、会计师事务所等部门单位和办证窗口,要进一步简化审批程序,提高办事效率,为注册企业提供更快捷的贴心服务;金融机构要强化金融扶持,以授予信用额度、优先贷款、分期还款等方式解决影视公司资金短缺问题,为影视公司发展提供金融支持。

同时,政府还要扮演好三种角色:"中间人""助力者""护航员"。"中间人"的角色是指政府要在影视文化产业与旅游业的相关企业间穿针引线,促进交流与合作。通过机制的改善和制度的建立,使影视文化产业与旅游业形成紧密合作、互利共赢的良好发展态势。"助力者"是指政府一方面要从资金和制度方面进行倾斜,另一方面还要加大影视旅游业的宣传力度。"护航员"是指政府要加强引导和监管。以影视文化资源为核心的旅游产品不同于其他类型旅游产品,由于文化背景等因素的影响,可能同样的产品会被解读成不同的意义。因此,更加需要政府对此进行有效监管,坚持旅游强市和做大做强影视旅游产业战略不动摇,形成一个向上的、积极的影视旅游氛围。

四、精心策划,打造品牌,加大影视旅游宣传推介的力度

要按照"政府宣传形象,企业促销产品"的原则,采取媒体促销、文化促销、节庆促销和网上促销等相结合的办法,针对不同的客源市场,开展促销活动,全力塑造影视旅游形象。一是借影视作品大力宣传。影视作品上市前主创人员基本都会在各地进行宣传造势活动或者主创明星开展的相关粉丝见面会等,积极与在拍摄取景的剧组联系,结合影视作品开展相关主题宣传活动,提升影视基地的知名度。二是积极承办影视文化交流活动。开发具有地方特色的影视文化节及商务活动,如横店举行的横店国际马拉松——穿越之旅等,吸引了国内外媒体关注、广大影迷及体育爱好者的参与。三是政府搭台、明星站台。针对目标群体精准宣传。在影视剧热播期间邀请在目的地拍摄的影视明星站台,加强明星主创粉丝团的宣传和目标人群的宣传。

联合一定区域范围的(或以城市、小镇、景区为单位)与影视相关的多个旅游点、景区与当地管理部门,开辟一条具有影视文化特色的旅游线路。例如,英国旅游局开设的"哈利·波特旅游主题线路",为游客营造仿佛置身在哈利·波特系列小说和电影中一般畅游伦敦。

再如,我国台湾偶像剧《痞子英雄》就是成功利用城市营销的技巧,整合高雄市的多个景点、购物中心、美食店等资源以塑造城市的独特魅力的成功案例。剧中多次出现的"梦时代购物广场",这个让人仿佛置身梦幻世界的购物广场会激发观众们前往此地与剧中主角一起身临其境的心理。

五、打造体验式观光产品

首先,从参与感方面来看,通过与旅游者的互动活动,让旅客能更深层次地感受到在旅游地消费的每一个细节,体会旅游地产品的内涵和魅力,获得更直观和深刻的旅游体验。参与感从互动项目设置、产品体验、游戏设计、景观打造、人性化服务等方面突出趣味性、个性化,以做到让游客"身心皆临其境",从而提升景区游客的参与感。

其次,从沉浸式体验方面来看,先是能被吸引,继而全身心投入并得到满足,再是交互中感知共情,最后是流连忘返,总结下来就是一个好的沉浸式体验项目要眼球吸引、场景搭建、故事表达、情感共鸣,最终实现高频次消费,让游客不只来一次。创新旅游六要素玩法,利用"数字赋能"的手段,打造的是全新的场景体验,强调游客的切身体验,营造"身临其境"的感觉。打破时间的限制,开发"沉浸式夜游",延长游览体验时间,增加在地旅游的附加值,开发"白天 + 黑夜"双并行全时段旅游模式。

再次,从场景感方面来看,场景感打造核心要义是找准旅游目的地的"标签"——体现旅游目的地文化内涵,这个"标签"可以用"IP化场景"理解,主要是旅游目的地空间、场所和文化、价值观、生活方式等集合形成的场域和"情境",具有主题性、体验性和社群性特征。IP化场景思维包括文创赋能、社会化创新、多业态集成以及融入周边社区发展等。通过文旅IP化场景将文化进行"变形",最终营造与发展出满足游客对美好旅游生活的期待和需要的旅游体验。IP旅游场景流程:IP文化提炼—IP故事重塑—IP场景搭建—IP业态布局。

最后,影视旅游目的地美学化方面,旅游是一种美学体验行为,旅游经济也是一种"颜值经济",高颜值会产生"溢价效应"。一个优质的旅游目的地,除了需要打造优质的核心产品,养眼、养心、养颜、养身、养生的美丽环境也不可或缺。

第四节 文化保护视角下影视旅游开发案例分析

前文主要对影视旅游的相关知识内容进行了详细分析,本节将结合云南影视旅游的具体发展情况来进一步深入研究文化保护视角下影视旅游资源的开发与保护问题。

一、云南影视旅游资源概述

云南旅游资源丰富,类型多样,拥有山岳、江河、峡谷、垂直气候、喀斯特地貌、珍稀动植物景观和民族文化传统等独特的旅游资源;云南的自然景观、民族文化、人文与自然组合景观以及优越的气候条件具有明显的比较优势,使云南的"三江并流"、丽江古城等旅游资源成为具有市场垄断性的世界级旅游资源,使云南可以在竞争激烈的国内和国际旅游市场上独树一帜,成为极具特色的世界影视旅游目的地之一,不过这些并不能代表云南影视旅游资源的庞大内容。影视剧作为叙事影像,在一定程度上对云南旅游资源进行了形象重构,使其远远超越了那种单调的旅游形象想象。[1]

云南影视旅游资源主要有以下几个类别。

一是传统的景观旅游资源。典型代表就是昆明、西双版纳、大理、丽江等传统旅游地。民族风情、热带雨林、四季如春是旅游宣传广告重点突出的内容,并成为云南旅游形象的象征,在中央电视台、各卫视台的云南旅游形象广告中,亦以这几个传统的旅游景观资源为主。大量著名的国家级风景区也是云南传统景观旅游资源的重要组成部分。传统景观资源是云南成为我国重要的旅游目的地的基础,各种影视节目、广告、新闻对于这些风景的传播,同样也是一种影视旅游资源塑造的过程。

二是时尚的概念旅游资源。在现代旅游市场日益细分的情况下,云南发展了一系列概念化的旅游项目。例如,滇西的保山市和德宏州地

---

[1] 张立芳. 云南影视旅游的发展研究[D]. 云南大学, 2013.

区开发了以温泉、度假、生态旅游为主的健康旅游产品和以民族风情、边地文化、珠宝购物、边境旅游为特色的跨境旅游产品；滇东南则依托罗平、元阳梯田、彩色沙林、普者黑等旅游品牌，突出滇东南喀斯特水景观、观光农业田园风光、中原文化与边疆少数民族文化相结合的复合人文历史特色。概念化旅游更多依赖于传播效应，影视剧恰恰可以加强概念游的内涵。像《芳香之旅》等一系列电影的出现，让云南罗平这个并不起眼的城市迅速走入了旅游者的心中，将云南的影视旅游提升到一个新的文化高度。

三是多彩的历史文化资源。电视剧《木府风云》再现了明代云南丽江纳西族木氏土司在统治当地时期，木氏家族内部腥风血雨的争权夺势和权力更迭的恩怨情仇。本剧在云南丽江取景，围绕历史上木氏家族的风云变幻取材，以木府为背景，充分展现了丽江的优美风光、历史及丰富多彩的民族文化。木府作为云南历史上辉煌的建筑艺术之苑，经过《木府风云》的传播开始了新的生命之旅。

云南历史文化资源丰富，不仅拥有漾濞、剑川、丽江、保山、腾冲、会泽、广南、香格里拉、石屏、孟连、威信等一批历史文化名城，还拥有昆明"一二·一"四烈士墓及"一二·一"纪念馆、昆明市云南陆军讲武堂、腾冲和顺艾思奇故居、香格里拉中心镇公堂等历史文化遗址。

云南在影视旅游的发展过程中应当充分挖掘历史文化资源，创作拍摄一批与云南相关的重大革命和历史题材的影视剧，紧紧围绕云南近代史上具有全国和国际影响的重大题材，如云南陆军讲武堂、滇越铁路、西南联大、"一二·一"运动、滇西抗战、中国远征军等重大历史事件，用影视剧形式充分反映近代百年来云南波澜壮阔的历史。围绕袁嘉谷、聂耳、罗炳辉、蔡锷、艾思奇、熊庆来等云南近现代著名历史人物，创作拍摄一批反映云南近现代著名历史人物的影视剧。总之，以上这些历史文化资源是云南发展影视旅游不可或缺的重要资源。

四是丰富的影视外景地资源。从《阿诗玛》《五朵金花》《一米阳光》《天龙八部》，到《北京爱情故事》《北京青年》《木府风云》等，大量影视剧组来云南拍摄过外景。21世纪以来，每年进驻云南的影视剧组近百个，每年内地拍摄的影视剧中，在云南取过景的石林、泸沽湖、丽江古城等，频频出现于影视剧中，为云南开发影视旅游提供了难以计数的景观资源。另外，由于云南民族影视文化与自然生态资源丰富，云南借势发力，依托这种资源优势，抓住影视拍摄机遇，建构起了六大影视基地：天龙八部影视城、玉龙湾影视城、曲靖麒麟翠山影视城、束河茶马古镇影视基地、元谋影视基地、保山哀牢王宫影视拍摄基地。这六大影视基地凭借自己的优势，坚持各具特色的发展方向，吸引全国各地的影视剧组前来拍摄，成为云南影视旅游资源中比较突出的组成部分。

二、云南影视旅游的发展现状

影视旅游作为新兴产业在云南的发展比较缓慢，尤其是影视外景地及影视节庆旅游还没有形成规模，下面选取六大影视基地作为云南影视旅游发展的典范，通过对其影视旅游的发展情况进行研究，透视云南影视旅游的总体发展情况。

（一）昆明玉龙湾影视城

这是中国国内唯一一座以东南亚文化为特色，并将异国民族文化展示与影视拍摄等功能完美结合的影视城。玉龙湾影视城曾经与中国电影家协会、峨眉电影制片厂联合摄制了多集电视连续剧《地久天长》，拉开了影视制作的序幕。之后，《石头天火》《西游记》《老昆明故事》都在此拍摄了珍贵镜头。2005年，企业投入上千万资金打造该影视城并拍摄了电视剧《天和局》，从此沉寂多年的玉龙湾影视城又热闹了起来。《天和局》吸引了全国各地的媒体到玉龙湾影视城，一时间热闹非凡。玉龙湾影视城以反映民国年间昆明旧城风貌的拍摄场景为龙头，溯古丝绸之路建立"清、明、元、宋、唐"拍摄基地。

在这里，游客不仅可以观赏拍摄影片的全过程，还可溯中国历史之长河，寻找到云南文化与中原文化的异同。总的来说，玉龙湾影视城开拓了云南影视旅游的新天地，为云南民族影视产业的发展积聚了一定的能量。

（二）大理天龙八部影视城

大理天龙八部影视城借助拍摄电视连续剧《天龙八部》的良机修建，在《天龙八部》热播后走向全国各地，走进游客和旅游市场的视野。继《天龙八部》之后，又有一系列影视剧组来到这里拍摄，如《倩女幽魂》《我们的眼睛》《福星高照猪八戒》《喜气洋洋猪八戒》《殷商传奇》《茶马古道》《志愿者》《大理公主》等。

整个天龙八部影视城由三大片区组成：第一部分为大理国，包括大理街、大理皇宫、镇南王府；第二部分是辽国，包括辽城门和大小辽街；第三部分就是西夏王宫和女真部落了。穿着古装行古礼，在慈圣宫、镇南王府、瑞福宫、南院大王府、灵鹫宫里走走，甚至有专业演员扎寨大理城内，泡在"洋人街"，全天候"演绎历史"、再现电视剧中的精彩片段。为使大理天龙八部影视城成为大理的旅游精品，到圣慈宫和"宋城"市井街，可以观看到南诏宫廷乐舞及皮影戏、踩高跷、抛绣球等民俗文艺展演。还可以参加一年一度的大理"三月街"等民族节日，参加赛马、灯会等活动。随着影视基础服务设施的完善，将会有更多的影视剧组来此拍摄，也将会吸引更多对影视拍摄和宋辽夏金的历史文化感兴趣的游客。这样，影视城的影视旅游也会不断升温，文化旅游的功能得到进一步拓展。

（三）曲靖翠山影视城

曲靖翠山影视城也是借助一部电视剧的拍摄发展起来的。由云南人编剧、制作、出品的云南题材的历史正剧《谁主沉浮》以明末为历史背景，摄制组想用云南的山川河流、名胜遗址景观来衬托这段历史风云，尽可能真实地显现它的厚重主题。这样，曲靖翠山影视城便建设起来。曲靖翠山影视城以明代建筑风格为特色，是我国首座明代风格的影视城。

作为云南影视拍摄基地的曲靖翠山影视城，继拍摄电视剧《谁主沉浮》之后，先后有电影《芳香之旅》《商贾将军》和《天火》在这里拍摄，《洪武佚史》《百年马店》《京铜悲风》等电视剧导演也纷纷将此地作为拍摄基地。由于曲靖翠山影视城所具备的区位优势、交通优势、自然景观气候优势和丰厚的历史文化底蕴，随着影视拍摄活动的增多和知名度的不断升高，开始得到影视界人士的认同、政府的重视和社会各方面人士的支持，使该地逐步成为云南影视文化和旅游文化的一大亮点。

（四）丽江束河茶马古道影视城

束河古镇集雪山、河流、古城民居、田园风光、民族风情于一体，对影视拍摄来说是极佳的景观条件。《千里走单骑》的开机仪式在丽江束河古镇隆重举行。作为《千里走单骑》的主要拍摄地点，古城的标志性建筑大水车成为衬托高仓健绝唱的背景，丽江束河茶马古镇也成了媒体关注的焦点,影视城一时名声大振,影视拍摄的宣传营销带动了束河古镇的旅游业。

束河茶马古道影视城先后拍摄过《摩梭女儿国》《一米阳光》《茶马古道》《千里走单骑》《铁色高原》《天使的翅膀》等多部影视剧。这些影视拍摄活动和文化营销活动必将大大提升束河的知名度,让一个"养在深闺人未识"的束河古镇逐步走向全国乃至世界。

(五)元谋影视基地

元谋土林有鬼斧神工的地质奇观。土林原始、粗犷、峻峭、博大。沙沟、荒山、幽谷构成了一个蛮荒的远古世界,自然风光别具一格。土林自然造型或拟人或拟物,形态逼真,精致细腻,极具神韵。阳光下的土林造型硬朗、醒目、挺拔、一览无遗;雨雾中的土林似显似露,似柔纱缠绕的少女,朦胧含蓄。这里有最古老、最完好的南方丝绸之路古栈道,有最原始的傣族部落,有古老的淘金村和保存最完好的红军标语,是原国家旅游局推荐的 100 个重点红色旅游区之一,是万里长江终极漂的理想之地。

2009 年 2 月,《大兵小将》在元谋土林风景区成功拍摄。还有很多在元谋土林拍的电影,如《猎歌》《葫芦信》《白衣寨》《杀手情》等。

元谋历史沉淀深厚,自然风光优美壮观,被有关单位确定为"中国影视拍摄基地""中国摄影创作基地"和九所高校的"科研教学实习基地"。已有数十部影视作品在此拍摄,数千名大学生在这里实习,数百名摄影家在这里留下了永恒的记忆。

神奇的地质地貌,独特的土林风光,其优美度、奇特度、丰富度和有机组合度远远超过了人的思维空间,有这样的资源优势,元谋有望成为中国电影乃至世界电影界一个重要的外景拍摄基地,这里将创造出一个个美丽的神话。

(六)保山哀牢王宫影视城

2004 年以来,保山市就在腾冲开始积极筹建哀牢王宫影视城,欲再现两千多年前古哀牢国的历史文化风貌。哀牢王宫影视城建设有哀牢古国四方街、民居、哀牢湖、王宫广场、王宫大殿、四大王府、砂岩浮雕群、哀牢古堡、花果园、王宫城墙、护城河、古城门、哀牢迷宫等场景。这里有终年热雾缭绕的腾冲火山热海、神秘悠久的民俗文化和古哀牢国遗迹。由于保山多姿多彩的生态景观资源和神秘悠久的历史文化，许多影视剧都把保山选作影视拍摄的外景地，电视剧《玉观音》《大马帮》《西街女》《滴血翡翠》等纷纷来这里拍摄。保山市也看到这一良好的发展势头，正在把影视旅游业作为发展文化产业的新增长点。[①]

以上影视基地的建设都是围绕影视产业和旅游产业展开，具备双重功能，要么是著名旅游胜地成为影视产业的外景地，要么是因为成为影视拍摄外景地后，随着影视剧的热播而成为闻名的旅游目的地。但是它们所进行的只是简单的结合，更系统、更综合的结合模式尚未得到应用，影视产业和旅游业有更加广阔的结合空间，从而推动各自进一步发展。

三、云南影视旅游发展中的问题

通过对云南六大影视基地的发展现状分析可以发现，云南省的影视旅游虽然已经踏出了第一步，但仍然存在许多问题，影视旅游产品主要问题是停留在"景点表演"的简单模式，对旅游者的吸引力不够，发展中存在的问题表现如下。

（一）影视旅游产品类型单一，体验性内容不强

影视旅游产品的形式多样性为旅游经营者提供了多种选择，影视基地、影视节庆、影视博物馆等旅游产品都具有一定的市场开发前景。云南影视旅游发展却一直停滞不前，一方面是因为影视旅游产品单一，只是一味地跟风建设影视基地，现在云南大大小小的影视基地已经有十多个了，明显与云南经济发展不协调。影视节庆、影视博物馆这些新兴旅游产品却遭到冷遇，云南至今都没有属于自己的电影电视节和影视博物馆，少数民族影视品牌优势和东南亚地域优势就这样被埋没。

另一方面是因为影视旅游产品开发层次低，尤其是云南的影视基地的发展只是停留在旅游观光层面，与影视作品相关的旅游体验活动几乎无迹可寻。长此以往下去，严重影响了影视旅游者的积极性，最终会降低重游率，不利于影视旅游的可持续发展。例如，比较有名的"大理

---

① 崔永静.产业融合视角下云南影视旅游发展研究[J].河北旅游职业学院学报，2016，21（01）：8-15.

第六章
文化保护视角下的影视旅游开发

天龙八部影视城"的重点依然还是停留在吸引剧组上,并没有把旅游者的需求放在第一位。"大理天龙八部影视城"应当紧紧围绕"影视元素"这一重点为旅游者设计旅游活动,使其体验身临其境的影视场景,寻找影视剧中似曾相识的感觉。

(二)影视旅游资源零散不集中,没有形成规模化

云南影视基地建设在数量上已经超负荷,然而规模上却只是"小打小闹",其实这与云南的地理位置有很大关联。云南全省影视旅游资源丰富,拥有39.4万平方千米摄影棚,但这样也使影视旅游资源处于分散状态,跑一个景点所费时间过长,不利于开展大规模的影视旅游活动。云南影视基地一般都是处在比较偏僻的地方,加上云南省地形主要是山地,就更加限制了影视拍摄场地的便捷性,制约着云南省影视旅游的发展;从云南影视基地的分布可以看出,几大影视基地都是分布散落在偏僻的地区,影视基地之间没有交流与合作,导致了云南影视旅游难以形成规模。

(三)影视旅游品牌尚未形成,特色不突出

影视拍摄宣传营销了旅游地的独特形象,实现了旅游资源与影视艺术的完美结合,给当地带来了直接的经济效益。当地政府和旅游经营者发现了影视旅游的经济价值,便盲目地建设影视基地,并没有对其进行完善的规划,也没有对其发展趋势进行评估,致使影视基地的发展遭遇滑铁卢,甚至有的经营不下去直至破产,云南的影视基地也不例外。许多影视基地仅仅依靠一部影视作品的支撑艰难维持,如果没有《无极》,元谋影视基地不会出现在大众的视线内,等到《无极》走后,元谋影视基地经过了短暂的风光之后恢复了曾经的孤寂;大理天龙八部影视城也难逃这种命运,脱离了电视剧的存在,没有完善的影视体验活动,影视旅游者也变得寥寥无几。云南拥有众多知名的旅游景点,但因影视而闻名的景点却很少,一部《天龙八部》让人们记住了南诏国时期的大理古城,一部《木府风云》让人们记住了风景秀美的丽江,其他影视旅游景点却很快被人遗忘了。

影视作品拍摄完后影视旅游应该走向何方没人去考虑,再加上旅游经营者缺乏对旅游地的宣传营销,人们印象中只记得像横店影视城、象山影视城等知名景点。云南影视旅游目前为止还没有形成自己的品牌,

缺乏有影响力的影视基地和外景拍摄地。由于影视旅游在国内发展时间不久,还是一个新兴事物,缺少已有的模式可以遵循,云南影视旅游的发展之路需要不断地去探索,才能走出适合自己的发展之路。

（四）影视旅游资金瓶颈尚存,人才培养储备不足

云南省目前尚没有影视旅游发展专项基金,对影视旅游产品的宣传营销力度不够。云南省发展影视旅游的资金来源比较狭窄,融资渠道单一,数量也比较少,没有形成产业化的运作机制,不能广泛吸引社会各类资本投入云南省的影视产业中。由于资金链的制约作用,云南省对于影视旅游的投入就难以达到较高的水平,基础设施得不到完善,要发展影视旅游就要做强做大影视产业,要发展影视产业需要大量资金投入,保障影视作品的制作和传播,才能对旅游业形成带动作用。

发展影视旅游产品离不开影视旅游专业人才的引进和培养,云南省各项有利于吸引影视旅游专业人才的制度尚未建立,因此缺乏既懂影视产业发展规律、又熟悉旅游市场经济运行的人才。云南省处于我国的西部欠发达地区,对于人才引进渠道和机制都落后于发达地区,对于培养影视方面人才的投入也比较少,因而形成了影视创作人才的缺口。

以上诸多方面的因素都制约着云南省影视旅游的发展,要实现云南省影视旅游的腾飞,必须想方设法打破发展瓶颈,加大政策支持力度,增加资金投入,完善人才流动机制,延伸影视旅游产业链,以实现影视旅游产业的快速发展。

四、云南影视旅游发展定位与产品设计

（一）云南影视旅游发展定位

韩国影视旅游的快速发展一直被外界津津乐道,通过对韩国影视旅游成功要素的解读,我们可以看到影视旅游的发展既要依靠政府的鼎力支持和影视产业的迅速发展,还离不开成熟的商业运作模式。对于处于初级发展阶段的云南影视旅游来讲,应当积极借鉴韩国影视旅游的成功经验,努力挖掘云南独有的民族文化内涵,提高云南影视作品的制作水平,积极探索适合自己的商业运作模式,并努力寻求当地政府的政策支持、资金支持。发展云南影视旅游首先是要找到适合自己的发展定位,结合云南特有的民族资源和文化内涵,打造具有云南民族特色的影视旅

游产业。因此，云南影视旅游发展应该坚持政府主导、社会各界力量积极参与，以"影视产业民族文化商业运作"为核心的方法，实现云南影视旅游的跨越式发展。

1. 云南影视旅游产品设计

由于云南的地域和经济等条件的限制，影视主题公园现在还不适合在云南开发，因此现阶段云南影视旅游产品开发可以分为影视外景拍摄地产品、影视节庆产品、影视博物馆产品三种。

（1）影视外景拍摄地产品设计

影视外景拍摄地旅游作为影视旅游产品的重要组成部分，一直受到旅游者的追捧。外景拍摄地一般都是由传统旅游景点发展而来的，我们比较熟悉的乔家大院、九寨沟、丽江木府等都是比较著名的旅游胜地，经过电视剧《乔家大院》《神雕侠侣》《木府风云》的热播，增加了旅游地的影视文化属性，丰富了旅游地的文化旅游功能，带动了影视旅游的发展。外景拍摄地与影视基地相比，更具有传统旅游的特点，大多具有优美的自然风光或是深厚的文化底蕴，旅游观光的吸引力更大，但同时外景地受到景区整体风貌等的约束，不可能像影视城那样大兴建设，这使得外景地只能是参与影视拍摄的一环或是几环而不是影视拍摄的全过程，影视旅游的功能相应地受到一定的限制。

云南有着大量优质的自然及人文景观，吸引了众多的影视作品制作组前来拍摄，涌现出一批受欢迎度较高的影视外景拍摄地，包括有《一米阳光》《北京青年》的拍摄地丽江，《十全九美》《太阳照常升起》《大理公主》的拍摄地大理，《阿诗玛》《神话》的外景拍摄地石林，《芳香之旅》的拍摄地罗平，《武侠》的拍摄地腾冲银杏村、火山公园黑鱼河景区，《北京爱情故事》中的外景拍摄的和顺古镇，《边境风云》的拍摄地瑞丽等。

影视外景地开发的重点就是抓住"影视元素"这一核心，优秀的影视作品不仅可以宣传旅游地的形象，还能促使影视观众产生旅游动机，为其增加潜在的旅游者。作为外景拍摄地一方面要加大优秀影视作品制作团队的引进，吸引省内外各大剧组前来拍摄，提升旅游目的地的知名度，打造旅游目的地的影视旅游品牌；另一方面外景拍摄地要努力提高旅游者的重游率。在影视外景拍摄地产品开发前，详细调查当地的影视旅游市场需求，根据需求制定完善的影视旅游发展规划，设计一系列的影视旅游体验活动，如腾冲银杏村、曲靖罗平、和顺古镇等地可以把影视作品中的一些道具、场景、服装等保留下来，展现影视拍摄时的真实场面，并让游客参与模拟拍摄，过一把演员瘾。

云南影视旅游在深度开发上需紧扣体验二字全方位拓展，在开发各类旅游项目时，要从旅游者的需求出发，设计好旅游项目，把死的景点变成活的文化，把看的节目变成参与的活动，把影视场景与人的生活紧紧联系在一起，挽留旅游者的匆匆脚步，理解旅游者的出游动机，参悟体验性的真正内涵，感受影视旅游的价值，这才是将云南影视旅游做深做透的最高境界。

（2）影视节庆产品设计

说到影视节庆，人们首先想到的就是美国奥斯卡金像奖、欧洲三大电影节等。其实我国的影视节庆活动也不少，如电影类奖项就有香港金像奖、长春国际电影节、上海国际电影节、北京国际电影节、华表奖、金鸡百花奖，电视剧类奖项则有飞天奖、金鹰奖、白玉兰奖等，但是其国际影响力比较小。影视节庆以影视作品展播、影视奖项评选、影视交流为主要内容，借助影视作品和影视明星的影响力，影视节庆活动可以在短时间内吸引大量的旅游者，在举办地进行快捷频繁的旅游消费，从而带动节庆举办地的旅游发展。影视节庆现在已经越来越受到世界各地的青睐，这些影视节庆活动为举办地积聚了眼球效应，推动了当地影视旅游产业迅速发展。

结合云南的实际情况，云南影视节庆产品开发可以从以下四个方面着手。

一是申办没有固定举办地的影视节。在我国没有固定地点的影视节如金鸡百花电影节作为中国举办时间最长、历史最悠久的电影节，在国内有巨大的影响力。由于它每届都在不同的城市举行，为云南的举办提供了可能。昆明可以努力优化自身的影视旅游环境，积极申办金鸡百花电影节，如果申办成功，将会对昆明乃至整个云南的影视旅游业产生积极的促进作用。

二是举办区域性的影视节。从电影电视剧两个领域进行策划，电影方面积极推进西部电影节、西部电影论坛的举办；电视剧方面则可以面向云南各大高校，举办云南大学生电视节，积极培养云南影视产业发展的后备力量。通过举办这类节庆，既能夯实自身的影视基础，积累举办影视节庆的经验，又可以吸引区域性的影视旅游者，对于云南的影视旅游业是一种极大的提升。

三是举办少数民族电影电视节。利用云南少数民族影视的发展优势,实现影视节与少数民族节日的结合,着力打造在国内乃至世界范围内具有知名度的少数民族影视节。据不完全统计,云南少数民族地区每年有各种节日集会,其中知名度较高的有火把节、泼水节等,依托民族节日发展影视节庆,并将其打造为具有鲜明云南特色的标志性事件,形成具有鲜明特色的影视节庆文化,这也是云南影视旅游产业以后应当重点发展的方向。

四是利用云南的区位优势,打造东南亚影视节。云南地处我国东南部,与东南亚有天然的地缘优势,是我国连接东南亚的重要纽带。习近平总书记提出,云南要努力成为面向南亚东南亚的辐射中心。作为沿边开放的实验区,云南应当加强与东南亚各国的经济交流合作;作为西部地区实施"走出去"战略的先行区,云南影视旅游应积极实践"走出去战略"。目前,云南省与东南亚各国的合作交流日益繁多,在中国与东南亚经贸合作中的作用举足轻重。云南省要利用地缘优势,加快打造面向整个东南亚的东南亚影视节,扩大云南影视产业在世界上的影响力,提升云南省影视品牌在全球的知名度,形成云南省影视产业的品牌效应。

(3)影视博物馆产品设计

置身影视博物馆之中,游客既可以回顾影视作品的发展历程,还可以体验先进的影视科技,感受影视文化的魅力。影视博物馆已经成了解影视作品和进行学术交流研究的艺术殿堂。

然而,直到现在云南还没有自己的影视博物馆,云南要想成为影视文化大省,提升影视旅游形象,就应该建立一座自己的影视博物馆,打造宣传云南影视旅游作品的桥梁,构建提升云南影视旅游形象的平台,促进云南影视旅游的进一步发展。

根据云南影视旅游发展的特点与历程,云南影视博物馆可以规划为影视历史馆、影视科技馆、影视展映馆三大展区。首先是历史馆,可以为旅游者展示云南影视拍摄的历史、云南民族影视作品的成就、云南题材影视作品中的相应道具、云南影视文化名人、云南影视城及外景拍摄地的相关介绍等;其次是科技馆,可以为旅游者展示影视作品拍摄的各个过程及先进的拍摄技术,如影视拍摄、影视特技、影视剪辑,等等,让旅游者充分了解一部电影或是电视剧的制作过程;最后是影视放映馆,可以为旅游者放映历年拍摄的云南题材影视作品,还可以在放映馆举行有关云南题材电影的首映式,展示引人入胜的场景和文化展品,尽可能地展示和宣传云南影视文化。

(二) 云南影视旅游发展的策略选择

1. 出台和完善相关政策

在我国复杂的商业社会中,政府的监控及支持对影视旅游的发展起着举足轻重的作用。政府部门应当明确云南影视旅游发展的现实意义,积极采取有效的政策支持和资金支持。例如,韩国和英国均实施了"政府主导、多方参与、市场运作"的影视旅游发展模式,云南各级政府也应积极借鉴国外先进经验,加大对影视基础设施的投资力度,为影视旅游的发展创造良好的环境,具体措施如下所述。

一是充分运用市场机制,优化资源配置。在政策的导向下,以市场为基础,以资本和业务为纽带,鼓励各方力量,整合现有影视旅游资源。通过资源整合,调整结构布局,改变现有的散乱状态,提高影视旅游产业集中度,推进影视旅游的专业化、集约化、规模化发展。

二是设立云南影视旅游发展专项资金,制定相应使用和管理办法,并成立专门委员会进行项目评估,根据具体情况,分别采取资助、奖励、贴息等方式,推进产业发展。适当设置影视旅游启动资金,用于云南影视旅游新型产品的开发,如云南影视博物馆的建设、云南影视节庆活动的举办等。

三是拓宽影视旅游投融资渠道。努力培育多渠道、多元化的影视旅游投入机制。建立和完善影视旅游投融资信用担保体系,充分吸纳社会资金参与发展影视旅游,不断提高影视旅游业开拓市场、艺术创新和培育品牌的能力。

四是设置专门的影视拍摄部门,吸引优秀的影视作品制作组来云南取景拍摄,同时挖掘本土优秀的影视题材并推动将其拍摄成作品;成立云南影视旅游发展委员会,解决各部门之间的协调问题,综合各方面的意见,为大力发展影视旅游提供重要保障;成立影视旅游发展专家顾问委员会,为云南影视旅游的发展提供专业的指导以及决策咨询。

2. 培养和引进影视旅游人才

云南影视旅游发展相对薄弱的一个原因是云南缺乏策划和管理的高级人才,造成了云南影视旅游业管理和服务质量低下,以及低水平重复建设。云南影视旅游发展表现出明显的粗放型、初级化特征,对有效资金不能充分利用,对资金的利用造成极大的浪费。作为一种新兴的产业发展,要加强对专业人才的培养,对影视业相关工作进行谋划和细化,加强影视旅游专门人才的培养和引进,提升配套服务能力,如可以成立云南旅游专门研究与协调机构,围绕影视对旅游的推动作用进行全面调研,制定云南旅游促销战略和具体实施措施,协调云南旅游产品的对外宣传促销工作,使影视效益在云南旅游业得到最大限度发挥。除了注重市场营销专业人员的培养外,还要注重影视人才的培养,即演员、导演、监制等本土影视人员的培养,要从培训体系、资金扶助等各个方面给予大力支持。全力打造云南影视品牌形象,以此带动和促进云南地区旅游业的全面发展。

随着影视旅游的发展,产业的性质正在发生改变,从最初的服务行业转变为创意产业,对人才的要求也发生了变化。因为影视旅游产品需要优秀的创意和推陈出新,所以不仅需要专业的影视和服务人才,还需要资深的旅游开发和创意人才。影视旅游地应该注重吸引和培养跨行业的影视旅游开发人才,蓄积优秀的人力资源,增强产业的软实力。人才可以通过引进和培养两种途径获得。对于创意领域的高素质人才,无法短期培养出来,应考虑直接引进,或与高校、科研院所合作,获得人才支持。对于影视技术人才和旅游服务人才,因培养成本较低,耗时较短,可考虑就近培养、就近使用。通过人才的引进和培养,为高水平的影视旅游开发提供人才支持。人才一直是企业最重要的资源,对整个产业发展具有战略性意义,对于文化产业而言尤其如此。影视旅游产业的服务超越了起初简单意义上的提供外景地的层面,向从剧本到院线的整个产业链拓展,于是对人才的需要更为迫切。

3. 构建云南影视旅游产业链

云南影视旅游开发中,应构建一条"影视—文化—旅游"的影视旅游产业链。在这条产业链中,影视产业是最重要的基础,是发展一切后续产业的保障。影视剧的热播可以在短时间内形成巨大的影响力,形成旅游热潮,实现经济的快速增长。同时,影视、旅游、文化部门的联合参与,有利于整合各部门的资源,降低运营成本,优化影视旅游产业的发展环境,努力实现将影视旅游做大做强的目标。如何构建云南影视旅游产业链,可以从以下几方面做起。

一是努力完善本土影视从题材、构思、选景到拍摄、后期制作、宣传等一应俱全的影视产业体系的构建,尤其注重商业电影的制作。在影视拍摄后推出相关的游戏、玩具、服装等,为影视文化旅游产品的开发提供更多更好的支撑。影视投资商应当从影视产品的经济功能出发,通过与文化创意企业、影视媒体企业、玩具生产企业、服装生产企业等合作开发出反映影视主题的系列产品。如影视主题服饰、玩具产品、旅游纪念品等。国外实践经验证明,影视投资商与关联企业合作开发、销售有关主题系列产品,不仅拓宽了影视旅游市场,还可以给开发商带来丰厚的利润回报。云南影视旅游纪念品形成了以银器银饰、刺绣、民族服饰、民族乐器、雕刻、特色旅游小商品为代表的几种系列产品。在"十四五"期间,云南应当重点开发影视旅游纪念品。依托影视作品中所反映的民族民间文化、美丽传说、奇特故事进行文化创意设计,创作一批反映时代精神和云南本土文化特色的影视旅游纪念品,从而实现把影视旅游产业培育为云南的特色优势产业,促进云南影视旅游业的发展。

二是开发影视旅游线路。关键是对影视旅游线路的设计,打造一条精彩的能吸引游客的影视旅游之路,然后联合影视投资方,对该旅游产品进行营销策划。影视剧拍完之后,尽可能地将拍摄时的场景保存下来,利用影视作品中的拍摄地点、演员服装、饮食文化等元素,开发富有云南特色的影视旅游线路。

根据云南的实际情况,可以先从两条线路入手,首先是云南几大影视城旅游线路,主要包括天龙八部影视城、玉龙湾影视城、曲靖麒麟翠山影视城、束河茶马古镇影视基地、元谋影视基地、保山哀牢王宫影视拍摄基地等;其次是影视拍摄旅游线路,这条线路的选择具有实时性,与影视作品的热播有极大关系,如在电影《武侠》热映时,旅行社可以应时推出"腾冲武侠游"。

4.创新影视旅游营销模式

影视旅游是旅游发展到一定阶段的产物,属于一种专项文化旅游,其与影视的紧密结合,使其表现出独有的特征。影视旅游在进行营销的过程中,一定要注意与所处的市场环境相适应,并实施相应的策略。针对云南的实际情况,在营销理念和营销模式中做出以下几个方面的创新。

首先,完善营销网络。在云南省组建一家专业的旅游营销公司,逐步整合内部营销机制,确立和提高云南影视旅游品牌在该区域的认知度,加强与各代理商的诚信合作,以情感双向沟通为主要营销技巧,紧紧抓牢大客户,培育潜在客户。通过根据代理商的营利要求设计价格的毛利空间和返利奖励等措施调动他们的积极性。

其次,调整营销策略。对云南影视旅游品牌认知度和产品需求状况的调研,从品牌传播的角度,将目标市场划分为培育期市场、成长期市场、成熟期市场三类,对不同的市场实施不同的品牌传播策略和手段,提出不同时期的宣传口号。

最后,转变营销方式。按照不同的影视旅游景区,适时、适地调整营销策略,实行省内市场细化、大区兼管的方法,整合确立省内、外市场,重点开发附近交通圈内的中低端客源市场,逐步向二级市场、海外市场拓展。

5. 打造以民族文化为特色的云南影视旅游品牌

资源优势是云南影视旅游发展的基础,长期以来云南的旅游业和影视业在总体上依然是走"资源依赖型"道路。在面对国际金融危机这一极能激发旅游业和影视业潜力的机遇时,具有云南特色的创意经济势必成为两大产业核心竞争力的重要内容。这就要求云南影视旅游摆脱以往"资源依赖型"的单一发展思路,从资源可持续利用的角度出发,重视既有资源中创意性的发挥,提高利用民族民间工艺、民族服饰、民族节庆活动等元素进行产品创新的能力。

江泽民同志1995年在全国科学技术大会上指出:"创新是一个民族进步的灵魂,是国家兴旺发达的不竭动力。"影视旅游的发展也不例外,要有创新、有特色。特色是开发建设旅游资源的灵魂,是吸引旅客的内在魅力。云南影视旅游刚刚迈出发展的第一步,未来的道路曲折而漫长。影视旅游归根结底是文化旅游,要使云南影视旅游走上快速可持续发展的道路,寻找影视旅游产业的核心竞争力,树立旅游品牌,打造云南的文化特色至关重要。

在云南影视旅游的开发过程中,一定要重视对云南民族文化的挖掘。

具体来说,第一是影视剧的创作一定要扎根云南,紧紧围绕云南的民族文化,达到感染影视观众的效果,这样创作出来的影视作品才真正地属于云南。创作拍摄一批反映云南民族文化题材的影视剧,围绕展示云南丰富多彩的民族文化,着力打造一批民族题材的影视剧,唱响民族团结平等互助的时代主旋律。深入挖掘民族文化资源,用影视形式弘扬和塑造表现香格里拉、茶马古道、七彩云南、聂耳音乐等云南特色民族文化品牌的影视作品。

第二是在进行云南影视旅游产品设计时,应当努力开发与民族文化相关的影视旅游活动,重视体验性与民族性的结合,创造出云南独有的影视旅游产品,提升影视旅游产品的民族文化内涵。像《大长今》中的韩国饮食文化风靡亚洲一样,《木府风云》的热播让丽江纳西族文化在世界绽放光彩。云南不少影视旅游产品在开发过程中对于民族文化的挖掘力度存在较大的不足,往往只是对影视作品中某一特定事件或场景的再现,而忽视了它们背后所蕴含的文化氛围。这不仅体现在影视拍摄地的旅游产品设计上,还体现在对影视旅游衍生品的开发上,尤其是影视旅游纪念品。例如,电视剧《木府风云》中纳西族服饰典雅、精致,极具视觉冲击力,尤其是女主人公"阿勒邱"的装扮,从让人惊叹的衣服到身上佩戴的各种饰品,影视旅游开发商可以将它们与现代审美观念衔接起来,做成既有古典风韵又不失时尚潮流的手机吊饰等现代饰品,实现古典与现代的结合。影视旅游的文化内涵是影视旅游的核心竞争力所在,云南影视旅游的发展离不开丰富多彩的民族文化。抓住民族文化这张王牌,提高云南影视旅游的品牌知名度,从而实现影视旅游产业的良性发展。

6. 实施可持续发展

依托影视作品和宣传的媒介优势促进地方旅游经济的繁荣,能为旅游地带来积极的影响,但也不可避免地存在一些缺陷和弊端,因此影视旅游的发展要充分考虑影视剧拍摄给当地环境带来不利影响的可能性。许多研究都指出,外景地由于电影或电视知名度大增之后,没有足够的承受力来面对游客的快速增长,出现了生态破坏、环境恶劣等很多的问题,由此给旅游者带来的不好经历必定会影响旅游者对旅游目的地的印象。如电影《无极》中那片令人惊艳的高山杜鹃花海,取景于云南省迪庆藏族自治州香格里拉县(现香格里拉市)深山里的"圣湖"——碧沽天池。但因为这次拍摄,已美丽了百年的花海盛景将难以再现。当剧组把美景定格到银屏上的同时,却给世外仙境般的碧沽天池留下了难以抚平的伤痛。

云南省已在省委宣传部的指导下,由省广电局、影视产业实验区、省环保局、省建设厅、省林业厅、省文化厅等单位联合出台了《关于进一步加强在云南自然保护区风景名胜区、自然遗产地和文化遗产地进行影视拍摄活动管理的意见》,这对影视剧组在云南的拍摄活动有了一定的规范和约束,但是随着影视产业的发展和深入,各种规范机制还要不断完善提升,以便进一步保护影视业和旅游业赖以发展的各类资源,从而更好地为云南省的影视旅游产业服务。

云南省应将影视拍摄活动作为一个整体纳入旅游地环境影响评价体系,有关部门应尽快开展法律、规范制订,必须强调在影视拍摄的过程中,时刻牢记环保责任,始终把生态环境及文物古迹的保护放在第一,坚决杜绝任何形式的对生态环境、文物古迹造成破坏的影视拍摄行为。

对确需在自然保护区、风景名胜区、文物保护单位内进行影视拍摄的,必须按相关程序报经当地建设、环保、文化及相关部门的批准,拍摄后进行彻底的清理评估,实现影视拍摄活动环境影响评价的规范化、常规化,避免对生态环境、文物古迹造成损害,确保从源头保护云南省风景名胜区、水源保护地、生态保护区、生态脆弱区、珍稀动植物栖息地、国家重点保护文物单位、历史文化保护地等的生态环境。

坚持执行云南省影视旅游业的可持续发展战略,在取得相应经济效益的同时,要兼顾生态效益、社会效益等,实现云南省影视产业和旅游业的健康持续发展。

第七章

文化保护视角下的演艺旅游开发

> 演艺旅游作为一项重要的文化创意旅游产品,丰富了游客的视听享受,传播了文化魅力,促进了经济发展及社会综合效益的提升,是我国发展文化创意旅游的重要项目。演艺旅游作为文化产业和旅游业融合的一种载体,承担着文化传承、活化文化的重要使命。本章主要研究文化保护视角下的演艺旅游开发。

第一节　演艺旅游概述

一、演艺旅游基本知识分析

（一）演艺旅游的概念与内涵

据查阅国外相关文献可了解，国外学者并没有对演艺旅游给出一个明确的定义，而在国内，文艺表演和旅游的结合可用一个专有名词来解释，即"演艺旅游"。但是，对于演艺旅游的定义，我国学术界也一直也没有形成一致的说法，学者们从不同的角度做出过一些探讨。

2007年以后，我国学者尝试着从演出地点、演出的场所、演出的内容、演出方式或者演出的受众等角度对演艺旅游的概念进行界定，对其内涵进行解读。[①]

潘雨晨、李广宏认为，演艺旅游是针对当地居民和异地游客，通过依托一定的人文或自然资源，以本地的演出或者异地巡演的演出方式，在旅游目的地或旅游城市展现的表演活动。[②]这一定义包含了演艺旅游的受众、演出的内容、方式和演出的地点等，相对来说较为全面。

从以上定义可以看出，随着研究的不断发展与深入，学者们对"演艺旅游"的定义也越来越全面，演艺旅游的内涵得到了不断丰富与扩展。集各家之所长，我们认为，演艺旅游是指依托某一地域内的人文历史或自然资源，借助各种艺术表现形式，以异地巡演或本地演出的方式，针对异地游客或者本地居民，在旅游目的地或者旅游城市的相关场所里展现的一种综合性的表演活动。其中相关场所可以是景区内的场地，也可以是专门的剧场，更可以是宾馆、茶楼、酒吧、体育馆或者其他场地。

[①] 高天.文化旅游演艺企业价值评估[D].内蒙古财经大学，2022.
[②] 潘雨晨，李广宏.国内外旅游演艺研究综述[J].山东农业大学学报（社会科学版），2018，20（03）：132-137.

文化保护
视角下的旅游开发研究

（二）演艺旅游的类型

随着旅游需求的不断变化,演艺旅游产业也逐渐发展壮大,演艺旅游的类型也越加丰富多样,形态繁多各异。演艺旅游产品既可以根据演出内容的不同来分类,也可以根据演出场地的不同来分类；既可以根据表演的主体的不同来分类,也可以根据演出场所是否固定来分类,还可以根据演出的独立与否来分类。

总之,根据不同的研究角度可以有不同的分类方法,目前学术界尚无具体、统一的分类。在查阅大量文献资料之后,这里将目前学者们从不同角度对演艺旅游产品的分类总结如下,如表7-1所示。

表7-1 目前学者们对于演艺旅游类型分类归总表

分类根据	类别	代表项目
按移动性分类	驻场式	杭州宋城的《宋城千古情》
	巡演式	迪士尼公园各类巡游
按照场地类型分类	实景类演出	张家界的《天门狐仙》
	广场类演出	深圳"世界之窗"的世界广场环球舞台演出
	剧场类演出	上海马戏城的《时空之旅》
		九寨沟的"藏王宴舞"
按演出内容分类	百戏杂技表演	河北的"吴桥杂技"
	戏曲文节表演	北京长安大戏院的旅游京剧表演
	民俗歌舞表演	张家界《魅力湘西》的"哭嫁""赶尸"
	卡通小品表演	常州恐龙园等卡通人物表演
按表演主体分类	演员表演	云南丽江纳西古乐
	动物表演	香港海洋公园的海豚表演
	高科技表演	西安大雁塔广场的音乐喷泉表演
按节目独立性分类	独立型演出	常德桃花源景区的《桃花源记》
	附带型演出	大型节庆活动附带的演艺旅游

（三）演艺旅游的特点

演艺旅游产品虽然也是演艺产品的一种,但是与传统的演艺产品相比,还是有很多自己独有的特点：其演出的内容主要为景区景点或者旅游城市的本土特色文化;演出的时间以晚间为主;演出地点大多在室外或者旅游目的地的剧院中;演出方式多为长期的定时的驻场演出;演出的主要观众群体为游客等。总结演艺旅游的特点,主要包括以下几个方面。

1. 主题定位鲜明,以地方文化特色为主

随着演艺旅游产业的飞速发展,各类旅游演出剧目层出不穷。演艺旅游想要脱颖而出,进行有效的市场竞争,最有力的武器便是别具一格的演艺主题和独具特色的演出风格。无论属于什么类别,无论采取怎样的表现形式,演艺旅游产品的开发制作必须重视对旅游地本土文化内涵的挖掘,重视对旅游地自然景观的展现。只有将本土的文化资源、旅游资源与演艺手段进行充分高效的融合,找准演艺旅游产品的定位,才能打造出与众不同、独具特色的演艺旅游精品,才能获得市场的认可,最终实现经济、社会的双重效益。

2. 强调娱乐性,重视游客观赏与参与的结合

演艺旅游是旅游与演出的有机结合,是为满足旅游者更高层面的精神需求而诞生的文化旅游产品。因此,演艺旅游产品要在保证其艺术性的前提下,更多地注重其娱乐性、通俗性与易懂性。随着体验式旅游越来越受欢迎,演艺旅游应该改变传统演艺原有的"台上演员演自己的,台下观众看自己的"的被动状态,既要重视游客的观赏体验,又要重视游客的参与度。只有将观赏与参与进行恰如其分的结合,做好台上台下的友好互动,才能激起观众的兴趣,使其获得更多的审美感受与更好的参与体验。

3. 季节性、周期性和区域性表现明显

在文化与旅游高度融合的背景下,演艺旅游行业可以说是旅游行业一个极具增长点与发展潜力的子行业,其受旅游业的带动较大,因而演艺旅游行业与旅游行业有高度的相关性。这种高度关联性,一方面会导致演艺旅游行业与旅游业一样,呈现出季节性的特点,如游客闲暇时间的多少影响着演艺旅游行业存在着淡旺季;天气气候也会影响很多露天的演艺旅游项目,比如说大型的山水实景演出或者广场类的演出。另一方面,与旅游业的高度关联也会导致演艺旅游行业与旅游业一样,会

随着宏观经济的波动而波动,表现出较强的周期性。

此外,演艺旅游的区域性表现也较为明显。演艺旅游的演出内容主要以地方文化为载体,注重本土文化内涵,节目内容与创意都具有明显的地域特色,这使其成为游客在其他地方无法获得的游玩体验。因此,演艺旅游具有明显的地域性。

二、我国演艺旅游发展概况

（一）我国演艺旅游发展历程

演艺旅游可以追本溯源到古代,具有歌舞戏曲、杂技表演、节日庆典等多种表现形式,上至帝王贵族消遣娱乐,下至黎民百姓都可以观看参与。对我国近代演艺旅游进行研究,国内学者普遍认为20世纪80年代为它的初始期,从最初用来接待外宾,历经40余年逐步发展为助力旅游业发展的重要引擎。从近代演艺旅游发展历程图(图7-1)可知,我国近代演艺旅游历经萌芽初创期,前后更新迭代了2个版本,正朝全新探索的3.0版升级换代,改变了以往主客缺乏互动的状态,演出方式、类型等都在不断契合游客的新需求,并朝着全方位、多功能、立体化全新体验的3.0时代发展。

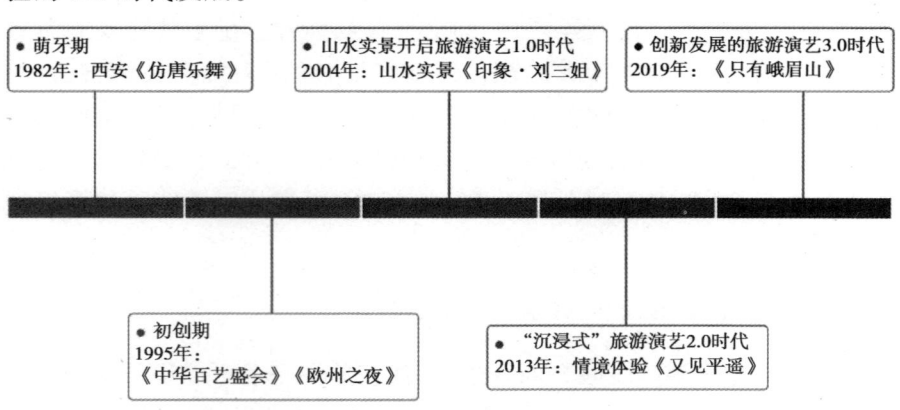

- 萌牙期
  1982年:西安《仿唐乐舞》
- 山水实景开启旅游演艺1.0时代
  2004年:山水实景《印象·刘三姐》
- 创新发展的旅游演艺3.0时代
  2019年:《只有峨眉山》

- 初创期
  1995年:
  《中华百艺盛会》《欧洲之夜》
- "沉浸式"旅游演艺2.0时代
  2013年:情境体验《又见平遥》

图 7-1 我国近代演艺旅游发展历程图

1. 萌芽初创期(1982—2004年)

1982年,陕西歌舞剧院的《仿唐乐舞》因为不以营利为目的,客观上不能算作真正意义上的演艺旅游。20世纪最后五年《中华百艺盛会》

及《欧洲之夜》的成功上演,真正开启了演艺旅游的大门。宋城景区的《宋城千古情》随即登台亮相,通过演出描述钱塘繁华的景象及缠绵悱恻的动人传说,并将杭州之美寓于演出中,当时的千古情只是相对简陋的露天演出,经过不断创新,发展为如今名声大噪的《宋城千古情》。21世纪初,中国演艺旅游还处在萌芽期,演艺节目仅仅为烘托景点气氛,作为辅助项目而存在。在这一时期,演艺节目在景区充当不起眼的角色,地位自然不是很高。由于当时经费技术有限,演出规模较小,形式也比较单一,旅游吸引力和现在相比不能同日而语,产生的经济效益也是比较有限的。

2. 山水实景演出的演艺旅游1.0时代(2004—2013年)

2004年,《印象·刘三姐》在桂林阳朔公演,这种实景演出模式令人感到耳目一新,顿时引起轰动,它揭开了中国山水实景演出的帷幕。它以桂林漓江真山实水为舞台,加上炫酷的灯光雨雾等舞台效果将刘三姐这一形象以全新的方式演绎出来。《印象·刘三姐》具有划时代的意义,它成功开启了我国实景演出的大门,成为桂林的城市名片和旅游亮点,引得国内同行争相效仿,并以星火燎原之势迅速火遍全国各地,我国进入以山水实景演出为主打的演艺旅游1.0时代。

此阶段的演艺旅游产品已不再是旅游景点的辅助项目,实现了从"附属存在"到"主角光环"的转变。演艺旅游市场蓬勃发展、异彩纷呈,涌现出不少优秀项目和品牌,如"印象系列""山水盛典",同样成就了许多从业人员。实景演艺的特色是把演出场所搬到户外,以自然界为舞台,加上先进高科技手段的助力实现了表演立体化、内容丰富化,并产生了多重社会经济效益。

3. 沉浸式演出的演艺旅游2.0时代(2017—2019年)

演艺旅游1.0时代以山水实景为特色,而演艺旅游2.0时代产品的独特之处在于给游客带去沉浸式的体验。沉浸式演出实现了从形式到内容上的优化升级,游客零距离地参与到剧情中,借助虚拟现实技术等高新科技的应用,营造一定的氛围,增加了游客的带入感和体验感。在此阶段,注重场景设计、角色、气氛、主题选择等方面更贴合观众的喜好和偏好,没有明显的舞台界限,改变了以往的观演模式,给游客带来多重感官体验。以阳光新瑞的"寻梦"系列、王潮歌的"又见"系列为代表作。《又见平遥》布景独具匠心,实景舞台不再局限于室外,而是创造性地将场景设置于室内,视听效果震撼,剧场如迷宫一般,在1.5小时的演出过程里,游客可以游历于不同主题空间,并可以扮演一定的角色,观众沉浸其中仿佛真的置身于清末平遥,增强了游客的印象和体验感。

4. 多元化和创新发展的演艺旅游3.0时代(2019年之后)

在创意为王的时代,演艺旅游必须不断创新,以全新的内容和表现方式才能满足大众更高标准的需求。2019年王潮歌推出的《只有峨眉山》迈出了对演艺旅游3.0时代探索的第一步。《只有峨眉山》是"只有"系列的开篇之作,首创实景演艺与周边村落相融合的演艺方式,观众在不同的表演空间行进式观演,以"戏剧幻城"的形式为观众打造一场视觉与心灵洗礼的文化盛宴,开创了沉浸式旅游新高度。"只有"系列为文旅融合时代背景下的业界做出示范引领作用,它是一次成功的蓝海初试,国内演艺旅游也将持续向新时代不断探索。

(二)我国演艺旅游现状及特点

无论是外部因素还是内部因素的助推作用,都为我国演艺旅游的发展提供了有利的条件和环境。近些年,演艺旅游市场愈发火爆,但收入增速与市场行情却不成正比,呈现出市场细分化,逐步向二三线以下城市蔓延、走向国际化等特点。

1. 演艺旅游市场现状

近年来,随着演艺市场火爆,各方资本纷纷对其抛出橄榄枝,演出台数也在持续增长。演艺旅游属于典型的文化创意产业,在我国34个省级行政区中,分布范围广泛,几乎每个省份都有演艺旅游产品。

东部沿海城市演艺旅游产品分布比较多,主要是因为区位条件好,有着先天的自然环境优势,并得益于其经济发展水平在全国领先、交通枢纽便利等后天原因。苏浙沪一带演艺旅游出了不少精品,如浙江省"印象系列"就有两个,还有一个"千古情系列"。西部地区有其他地方都没有的优势,有多重文化资源和少数民族独有的风土人情和魅力。西部文化是我国文化的重要分支,土生土长的文化及传统习俗等与舶来文化之间不断融会贯通,所呈现出的文化和其他地方就有明显的差异性,文化表现形式多彩多姿且独具少数民族风情。加上国家对西部开发的各项政策扶持,这里已成为演艺旅游良性发展的孵化基地。

2. 演艺旅游发展特点

(1)行业竞争激烈、品牌扩张化

由于政府鼓励多方资本的注入,演艺市场持续繁荣,但发展速度偏缓,票房收入持续增加,为旅游业的发展做出不小贡献。其中"千古情"系列和"传奇"系列两大品牌持续扩张,宋城演艺在广西桂林、江西宜春都有新的投资项目,品牌优势更突显。在激烈的市场竞争中,"遇见系列"和"归来系列"异军突起,也开始分享演艺旅游市场这杯羹。

(2)业态模式多元化

为适应游客的需求和市场的变化,演艺旅游在业态模式上呈现组合型产品发展趋势。在2018年新增的演出项目中,呈现出"演出+"的模式,加强了同剧院、博物馆、古镇等具有文化内涵的主体之间的深度合作。

(3)沉浸式演艺旅游成新地标

随着消费结构转变,游客对文化体验和互动的追求愈加迫切,沉浸式演艺旅游顺应而生,将会快速普及并成为主流。沉浸式旅游具有互动性强、个性化体验的特征,游客可以主动参与到剧情演出中,体验感极强,如《又见平遥》。2018年,沉浸式演出新增11台,演出总台数达23台,其中包括江西的《寻梦牡丹亭》。雪松文旅的"又见"系列则是沉浸式演出的"头号玩家",在沉浸式演出市场占了一半以上的市场份额。

(4)投资重心转移,并向海外扩张

演艺旅游的投资不再局限于一二线城市,开始扩大市场占有量和覆盖范围。在政府的引导和扶持下,投资机构开始将视线转到三四线及以下城市(如宜春、桂林、宝鸡等),2018年三四线城市新增剧目达到34台,更是引进了宋城演艺和陕旅集团这样的业界大咖加入,演艺旅游不再是一二线城市的专属之物。此外,演艺旅游开始向境外输出,走向国际化合作,跨境演艺旅游节目呈现出国际化品牌效应。如山水实景演出《会安记忆》进入越南市场,大型史诗舞台剧《吴哥王朝》在柬埔寨上演,还有大型情景体验剧《又见马六甲》。

第二节　文化保护视角下演艺旅游开发存在的问题

当前,在我国演艺旅游发展繁荣表象的背后,在产业化进程中也存在限制性因素阻碍其发展,这从反面促使我国演艺旅游必须建立新的产业发展机制才能彻底摆脱这种困境。

一、同质化现象普遍,创作团队单一

演艺旅游产品创作团队的构成呈现单一化,这很大程度上是造成演艺旅游产品同质化现象的普遍原因。据北京道略演艺产业研究院发布,"2016年我国演艺旅游市场形成'1+3+N'的局面,2017年全国近300个旅游演出项目中80%处于亏损状态,近10%处于收支平衡状态,实现营利的仅占10%。其中宋城演艺处于领先地位,山水盛典、三湘印象、长隆系列紧随其后"。宋城演艺打造的"千古情"系列,三湘印象以王潮歌为核心人物、张艺谋为艺术顾问推出的"印象""又见""最忆""归来"四大品牌,山水盛典打造的《文成公主》《天门狐仙·刘海砍樵》《大宋·东京梦华》《中华泰山·封禅大典》等演艺旅游产品均在演艺旅游市场上实现了口碑与票房的双丰收。这些演艺旅游公司无不拥有成熟的产品制作经验及强大的财力支持。

但从另一角度分析,这在一定程度上也造成了制作团队垄断现象:尽管许多经验尚浅的年轻制作团队和演艺公司投入大量资金打造产品,但由于没有经验丰富的专业人士打磨剧本,缺少名人效应和品牌光环的加持,很难在演艺旅游产品泛滥的当下取得好成绩。创作团队的单一造成许多中小型演艺公司难以生存,形成行业垄断,最后导致演艺旅游产品内容缺少多样性。

二、产品创意不足,内容形式单一

优秀演艺旅游产品的中心示范效应极大地促进了我国文旅产业的发展,演艺旅游产品在我国遍地开花,形成了良好的示范作用。然而值得注意的是,"示范"不是"照搬照抄"。相关企业为了快速把演艺旅游产品推向市场,不惜忽视产品内涵,以演出呈现的感官强刺激为卖点来吸引游客驻足,更有甚者直接照搬演艺旅游市场的现有产品,跟风山寨、盲目模仿以求在演艺旅游产业的上升发展期多分一杯羹。如湖南张家界上演的演艺旅游节目就有8台之多,但得到当地旅游部门推荐的仅有著名的《张家界·魅力湘西》《天门狐仙·新刘海砍樵》和《武林源·梯玛神歌》3部。在陕西,相关部门就曾指出,西安的"仿唐"表演已经与"仿兵马俑"一样随处可见了。这种重形式轻内容的行业现象导致演艺旅游产业在发展过程中同质化现象越来越严重,产品类型、规模及其文化内涵千篇一律,归根结底是产品创意不足。进一步思考演艺旅游产品创意不足的问题,我们可以看到其源于演艺旅游产品内容创新性的不足,直接导致了演艺旅游项目的生命周期缩短,很多创意性不足的产品因得不到观众的喜爱而票房低迷,最后草草收场,造成巨大的经济损失。

三、商业性与艺术性融合不高

不同于一般的舞台戏剧与歌舞演出,演艺旅游是以旅游为基本要素的商业化产品。根据《管理科学技术名词》给出的定义,"产品"是可提供一个市场以供关注、获取、使用或消费,从而满足一定需要的事物。消费者通过消费支付购买演艺旅游产品从而收获满意度,演艺旅游的商业性不论是在行业实操还是在学术研究上都是不可忽视的。从产品诞生到市场推广,演艺旅游的节目、话题、形式都不可以忽视从产品角度发出的评价与思考。艺术个性和审美性同样也是在开发演艺旅游产品时需要重视的成分。[①]

注重并保持演艺旅游产品良好的艺术个性,是该产品长久畅销的基本保证。演艺旅游的艺术个性与商业性是相辅相成的,这意味着演艺旅

[①] 桑云云. 常德市演艺旅游发展策略研究[D]. 湖南师范大学,2021.

游的商业性要经得住市场的检验,所有不能营利或者容易亏损的演艺旅游产品最终都会遭市场淘汰,那些留下来的产品一定是能满足大众文化需求的既有商业性又具艺术个性的演艺旅游产品。

纵观当下演艺旅游市场,每年都会有大量的演艺旅游产品进入市场,与此同时,由于种种原因被迫退场的演艺旅游产品也不在少数。2018年,由于市场运作不佳、客流量低,微薄的票房收入难以支撑演艺旅游产品高昂的运营成本,导致有14部剧目宣布停演。这其中包括山东泰安的演艺旅游品牌输出项目《泰山功夫传奇》、浙江西塘的《触电·仙剑奇侠传》等,2022年,在昆明驻场演出19年,巡演几十个国家的演艺旅游《云南印象》宣布解散。

四、产业联动性不强

票房的高低是反映演艺旅游产业发展快慢的直观体现,但是,将演艺旅游产品的价值限制在"创造—传递—实现"的一次性传递的思维禁锢下即突出演艺旅游包含的旅游业"一次性消费"的属性,只是一味关注票房成绩(或者认为是演艺旅游产品自身带来的收益)而忽视产品所带动的相关产业联动效应,这种发展实属不明智的选择。如一年近10亿元票房的《宋城千古情》,虽已具有较强的国际竞争力,但与国外如美国的百老汇相比还是难以形成大规模、号召力强的演艺旅游演出集群。

演艺旅游票房增速明显放缓,沉浸式演出迎来爆发式增长。随着演艺旅游产业化进程进入高速发展阶段,越来越多的演艺旅游产品被投向市场,在高速发展之下,演艺旅游与旅游地生态环境之间的矛盾日趋尖锐。

(一)演艺旅游发展对生物因素的影响

演艺旅游产品不管是依托于旅游地的特色公园、景区发展还是单独设置的剧场,其场地开发建设初期(包括酒店、道路、餐饮、停车场等)配套设施的建设都会对地表植被有所损害;景区开放之后,随着大量游客的涌入,游客行为会对动植物的生长态势造成影响。如人类的踩踏植被行为会改变土壤结构,影响植物生长,长久下去会导致植被更新能力的下降,进一步会威胁到动物的栖息地,间接对动物造成伤害。而游客对动物的乱投喂现象、演艺旅游场地建设初期产生的设备噪音对动物生存会造成更直接的伤害,这些干扰都严重影响着动物的觅食、交配、繁育等正常生理活动,长此以往,动物种类与数量将骤减。

(二)演艺旅游发展对非生物因素的影响

演艺旅游产品建设初期及在其配套设施建设过程中会产生大量的粉尘、废气等有害物质,这大大加重了大气的污染。另外,机械设备在运输生产过程中产生的噪音、尾气不仅增加了生态破坏的风险,也对当地居民的正常生活造成了负面影响。尤其是在演艺旅游产品推向市场的过程中,节假日景区内游客数量增多,汽车数量也会相应增加,汽车尾气的大量排放会导致空气质量下降,人声、车声的噪声污染严重,这又会影响周边居民正常生活。此外,旅游行为中游客的不文明行为,如在旅游区域内制造的堆积如山的固体垃圾,不仅影响景观,还有滋生传染病的风险。

具体着眼于演艺旅游产品,热门的实景演出类型,选择在露天环境,以自然山水风光为背景进行演出。然而借助数字技术对声、光、影的打造,在呈现出一场美轮美奂的演出的同时,与之伴随的高分贝的音响效果、五彩缤纷的灯光交互,也同样造成一定的声污染与光污染。

上述反向压力因素,一方面制约了国内演艺旅游的发展,另一方面也对当今演艺旅游的发展环境、发展模式、发展路径能否根据当前的发展现状进行合理调整提出了新的要求。因此,充分考虑演艺旅游发展的合理路径,以促进、协调、统筹演艺旅游的创新发展为目的,建构演艺旅游产业互补机制成为时代亟须采取的措施。

第三节 文化保护视角下演艺旅游开发对策分析

自 2008 年全国旅游工作会议提出旅游业"转型升级""转型增效"以来,转型升级已成为旅游业的发展方向和必然趋势。政府高度重视旅游业的发展,积极实施旅游强省政策,为旅游业转型升级提供了良好的政策支撑及保障。

旅游业转型升级对演艺旅游产生的影响：创新发展模式，注重游客体验和互动参与；产品设计内涵化，植入文化创意；不断与其他产业融合发展，业态模式多元化；充分利用高科技手段，提升产业要素和激发产能；整合各方优势资源，发展完善的产业链。

一、以政府为主导，坚持市场化运作

在政府主导下，充分发挥市场主体作用，只有坚持"两手都要抓，两手都要硬"的思想，才能更好地发展旅游业，为演艺旅游的发展创造良好的政策环境和市场环境。

第一，政府要充分发挥主导作用。

一是在引进开发主体、市场监管、营销等方面发挥好政府领头羊的作用。充分发挥政府的号召力，积极引进多元化投资主体，通过相关的政府会议、各项优惠行业政策吸引各方投资，吸引有实力、有品牌影响力的主体加入，如民营、国企、私人、个体等，形成固定资金链，避免后续资金不足的问题。

二是加强政府监管，要构建和谐有序的市场环境，需要依靠法治规范旅游市场。如加强内容审核，避免粗俗低水平的演艺产品出现，并加强市场监管力度，积极引导演艺旅游市场的规范合理化发展和有序竞争。

三是政府加强宣传力度，进行相关的新闻报道，开展相关的文化产业大会、产品促销会等进行产品的推介。加强同周边省份及城市的合作，提高品牌影响力，但要预防政府的过度干预，避免不良后果的产生。

第二，企业要充分体现主体作用，充分遵循市场化运作的规则。近年来，演艺旅游基本呈现大规模、大制作、高成本的趋势。如何避免资金后续不足的情况出现，除政府扶持外，更需要通过自身招商引资来造血，通过相关的房地产业务、景区商铺、景区民宿、酒店餐饮等来实现。

二、创新产品设计，做足内涵文章

产品从概念上分为核心产品、有形产品、附加值产品和心理产品几个层面。

核心产品是产品构成要素中最重要的部分,要以市场定位准确,以游客的需求为导向设计核心产品。在演艺旅游产品开发的过程中,首先,在创意上做好核心产品的设计,如在主题选择、台词脚本、舞蹈舞美等方面要充分展示当地特色内涵。其次,做好有形产品和服务,如印有宣传简介的扇子等可帮助游客更好地了解故事背景并加深游客感知。另外,在附加值产品(附加产品或额外的服务)上做好文章,如免费的纪念品等,要善于在附加品上做好创新,要具有独特性,不易被模仿。最后,在心理层面满足游客的需求,如氛围营造、互动体验等。还需要针对不同层次游客需求进行设计,让产品能够实现雅俗共赏。①

文化对旅游具有促进作用,文化辐射并渗透到旅游行业,可以提升旅游资源的文化品位;同时旅游业也为文化的交流传播提供平台和载体,丰富了文化内涵,提升了文化价值,使文化资源发挥独有的地域魅力,进而推动文化产业的发展。借文旅融合的契机,将文化优势转化为产能优势,通过艺术的形式展现文化深层次的内涵。充分发挥本土优势并结合自身特点,因地制宜地把具有代表性、独特的、有魅力的元素提炼出来进行艺术的加工再创作。将文化资源最大化利用,做精品化演艺旅游产品,同时减少对高科技手段的过度依赖。

三、实行跨界合作,延伸产业链

通过技术、表现手法等方面实现演艺旅游多元化创新,演艺旅游表现形式应该多元化,可以和多种艺术表现形式相结合。以"旅游+"实现演艺旅游的可持续发展,如"旅游+互联网""旅游+体育""旅游+音乐剧"等模式,促进旅游业同其他行业的跨界合作。另外,不断地更新升级才能永葆产品活力,投入资金定期更新剧本脚本、改变表演形式、更新道具服装等来实现产品升级。

一个优质的产业必然需要其他产业作为支撑并衍生出其他相关联产业。完善的演艺旅游产业链,需要将上游的产品设计研发向下游的销售推广等方面拓展延伸。

---

① 涂信. 旅游业转型升级下江西省演艺旅游创新发展研究[D]. 江西科技师范大学,2020.

第四节　文化保护视角下演艺旅游开发案例分析

在文旅融合持续加深的背景下,演艺旅游巧妙地将文化融入旅游生产消费中,在达成旅游消费的同时展现地方特色文化魅力,已成为文化和旅游融合发展的重要载体,正焕发出新的活力。2019年,文化和旅游部发布的《关于促进演艺旅游发展的指导意见》,首次从国家层面提出推进演艺旅游转型升级,充分彰显演艺旅游在推动文化和旅游融合发展中起到的不可替代的作用。下面以丽江为例,深入分析文化保护视角下演艺旅游的开发。丽江自发展旅游业以来,从无人知晓逐步发展为国际知名旅游城市,丽江旅游一路高歌猛进,同时丽江拥有众多演艺旅游项目,其已成为丽江的一张靓丽的名片。

一、丽江演艺旅游发展概况

(一)发展概述

2004年,山水实景演出的开山之作——《印象·刘三姐》横空出世,此后越来越多优秀演艺旅游作品在全国遍地开花。演艺旅游实现了从公园小型表演到户外大型山水实景演出的华丽转变,由初期形式单一的小品、杂技、戏曲逐步发展到今天由专业艺术团队精心筹划的大型主题演出,成为中外游客非常喜爱的一种旅游产品。在文旅融合背景下,我国的演艺旅游市场发展方兴未艾。丽江是较早发展演艺旅游的地区,其演艺旅游形式五花八门,主要呈现的模式有四种:一是以《印象丽江》为代表的山水实景剧演出,二是以《木府古宴秀》为代表的宴舞类演出,三是以《丽江千古情》和《纳西古乐》等为代表的剧场类演出,四是以《云南的响声》为代表的国内外巡演加驻场表演类。

早期受游客喜爱的是宴舞类演出,其规模小,分布较为广泛。后来随着市场消费需求的变化,游客更加青睐"白天看景,晚上赏秀"的旅游方式,剧场类演出恰恰迎合了游客的这种需求,市场发展空间广阔。山水实景类演出以场面壮阔、气势恢宏为主要特点,发展速度快、规模宏大,演出效果引起的社会反响惊人。总体来看,丽江演艺旅游业的发展从以《纳西古乐》《木府古宴秀》等为代表的传统演出形式逐渐趋于以《印象丽江》《丽江千古情》等为代表的大制作演出模式。

(二)重点演艺旅游项目对比

丽江重点演艺旅游项目有《纳西古乐》《丽水金沙》《丽江千古情》《印象丽江》。总的来说,丽江四大演艺旅游节目都属于精品演出。从演出场所上来看,《纳西古乐》演出场所位于古城中心区域,演出对舞台的依赖性不强;《丽水金沙》的演出场所处于丽江城商业文化中心,地理位置优越;《丽江千古情》剧场位于玉龙县城文笔山下、文笔海畔的宋城旅游区,并没有依附于古城、雪山等风景名胜区,完全属于一个人造景点;《印象丽江》演出位于丽江最神圣的地方——玉龙雪山甘海子,此处景观随时节和天气变化,有着天然的自然环境优势,其演出效果与实景关系密切,实景状况直接影响演出的效果。

从创作团队上看,《纳西古乐》的核心人物当属宣科,宣科在纳西古乐的创立、传承中都发挥了不可替代的作用,宣科对丽江纳西古乐的开发,塑造了"宣科神话",但在他之后,丽江纳西古乐能否继续很好地发扬传承下去也是一个十分现实的问题;《丽水金沙》的总导演周培武对外界来说并非名人,但《丽水金沙》是高度融合民族文化的创新典范,在剧本、编排、舞台表现上都相对完善,获得了海内外游客的高度认可和青睐;《丽江千古情》由黄巧灵团队打造,虽其在演出界也属于赫赫有名的人物,但于普通观众而言,知名度远不及张艺谋、宣科等人;《印象丽江》是由张艺谋、樊跃、王潮歌三位影视演艺巨匠联袂打造,三位号称印象"铁三角",印象系列已成为著名的演艺品牌。

从演出内容来看,《纳西古乐》是大型古典管弦音乐,以民间音乐为主,有着广泛的群众基础,民间也有许多演奏水平相当高的乐师,抛开宣科的不可替代性,纳西古乐很有可能被替代;《丽水金沙》是以歌舞表演为载体,以表现云南少数民族丰富的民间文化艺术生活场景为核心的演出,满足了观众近距离参与体验地方风土人情的需求,审美价值较高;《丽江千古情》属于主题公园式的演艺旅游模式,虽然它的内容创意都不难模仿复制,但是《丽江千古情》结合了丽江当地的民族风情和历史故事,充分运用现代科技手段,最大限度地迎合观众需求,并不断加以改善,这点是有竞争力的;《印象丽江》是大型山水实景演出,完美融合了雪山美景和精彩演出,独一无二的雪山剧场加上本土演艺团队的原生态表演几乎杜绝了《印象丽江》被抄袭的可能性。

二、丽江演艺旅游产品开发存在的问题

优秀的演艺旅游产品既能使旅游业在文化的滋养下焕发出新的生机,又能在旅游中保护和传承文化,增加旅游目的地的资源吸引力。丽江演艺旅游的发展在取得了可喜成绩的同时,一些演出逐渐趋于平庸,缺乏创意、地域特色文化及民族文化挖掘深度不够等问题也浮出水面。目前,丽江演艺旅游产品存在的问题如下。

(一)文化特性挖掘整合不足

总体上来看,丽江现有的演艺旅游项目对丽江民族文化价值的挖掘深度还不够,能够体现整体文化价值的品牌项目还不多。在丽江现有的演艺旅游项目中《丽水金沙》主要以纳西东巴文化、傣族泼水节、少数民族节庆风俗、摩梭走婚习俗为核心,《印象丽江》全篇六个部分分别展示的是马帮文化、少数民族男子的淳朴品质、殉情现象、打跳文化、祭天文化、祈福仪式,《纳西古乐》以民族音乐为主要表现内容,而《丽江千古情》所表现的文化和《印象丽江》大部分重叠。

事实上,丽江的文化资源丰富,除了充满传奇色彩的摩梭人走婚文化、辉煌的马帮文化、神秘莫测的东巴文化等外,还有宗教、自然观、宇宙观、民间意识、生活方式等诸多方面值得深入挖掘。从游客角度来说,观看演出是他们了解当地文化的重要窗口,所以文化元素的挖掘整合至关重要。

但是演艺创作团队在选取演出元素时,只采用了一些适合大场面、视听效果震撼所需的文化元素。相较于丽江悠久的历史和神秘的纳西东巴文化,演出呈现在观众面前的文化是片面的和碎片化的,仅仅是冰山一角。

(二)演艺内容真实性有所欠缺

作为旅游产品供给者,应根据旅游目的地的特色资源和环境,用传统文化的精粹为旅游消费者建构"舞台真实"。《纳西古乐》是宣科对

第七章
文化保护视角下的演艺旅游开发

丽江本土音乐进行商业包装，配合资本运作的手段推向市场的，发展至今，学者们对其真实性一直存在争议。许多学者认为，从某种意义上来看，当下丽江的《纳西古乐》与原生态的"纳西古乐"本质上存在很大的差别，在其发展过程中已经演化成了一种被神化的文化商品。

另外，丽江其他的演艺旅游项目也是如此，从创作上来看，创作者并不是少数民族之人，他们只是了解丽江民族文化的核心要义，但并不是非常深入。尽管他们尽自己最大的努力保证作品根植于当地传统民族文化中，但是在创作过程中受个人因素的影响难免附带着自身对当地文化元素的自我想象和解读，所以在一定程度上，这种形式下产生的演艺项目难免有些失真。

（三）王牌项目发展陷入瓶颈

由张艺谋导演的《印象丽江》将丽江最具代表性的文化意象与自然风光融为一体，自2006年演出以来凭借其震撼人心的演出，让无数海内外游客神往。只是近年来，随着《丽江千古情》《遇见丽江》以及《雪山神话》等新的演艺项目的推出，丽江演出市场竞争加剧，由于没有突破和创新，产品形式单一老化，《印象丽江》吸引力逐渐衰减。尤其是自2014年《丽江千古情》开演后，《印象丽江》业绩就在不断下滑，改变了2011—2014年营收稳步小幅提升的局面，之前稳定在70%水平的毛利率持续走低，2020年跌破40%，仅有34.8%。

与《印象丽江》形成鲜明对比的是，《丽江千古情》自在丽江落地开演以来，观演人数激增，营收持续增长。宋城演艺公开披露的年报数据显示，2015年观演人数与上一年度相比增长181.82%，毛利率则在2016年后始终稳定在70%以上。短短几年，《印象丽江》就不敌《丽江千古情》的强势竞争，被全面超越。

（四）演出参与互动体验效果不明显

国内体验经济的进一步崛起和文化产业的消费升级，对演艺旅游作品提出了更高的要求。优秀的演艺作品不仅需要具备丰富的文化内核，更需要多样化的呈现形式来满足游客的体验需求以维持旺盛的生命力。丽江演艺旅游主要是以民族服饰、神话故事、舞蹈表演等形式为载体，通过感官刺激，让观众产生激动、思考、入静、幻想的效果。但是在演出过程中，无论是户外的实景演出还是室内剧场表演，除了在开场前调动现场气氛的互动外,演出过程中观众的参与互动性较低。如剧场表演《丽江千古情》吸引观众注意力更多的是通过美轮美奂的舞台设计、绚丽的灯光、高档的音响设备等来实现,实际演出过程中与观众的互动性较差。

三、文旅融合背景下丽江演艺旅游产品的创新策略

在文旅融合背景下,随着游客旅游体验要求的提升,游客对旅游产品的需求呈现出独特性、差异性的特点,消费也趋于理性化。在这样的背景下,丽江演艺旅游不能盲目采取简单制作、异地复制的方式,要从形式、内容上进行深度创新,提升产品辨识度,让游客多样化的旅游需求最大限度地得到满足,走出一条高质量发展之路。

(一)娱乐、参与并驾齐驱,加深融合深度

在体验经济的时代,游客更青睐参与感强的旅游活动。对于演艺旅游,游客希望能够真正参与到内容的创造和传播中。演艺旅游产品要以当地文化为核心,构建娱乐与参与共存的纽带。比如《丽江千古情》在沿袭原本民族歌舞、情景剧的表演方式的基础上,可以在演艺过程中增加共舞环节和游客进行互动。再比如《玉龙第三国》这种以爱情故事为核心的演出,可以让游客参与其中,穿民族服装、串台词,共同推进剧情发展,让游客亲自感受情与爱的传奇,获得沉浸式体验。只有让游客深度参与到节目中,引起情感共鸣,才能使游客的观演体验更加丰富和深刻。

(二)坚持产品多元化发展,拓展融合空间

演艺旅游产品多元化发展并不是盲目追求大规模、大投资,在文旅融合的背景下,旅游企业应深度挖掘地方本土文化,以"品牌"和"质量"为发展方向,把重点放在采用何种方式将演出资源与旅游资源更好结合,以科技、创意等手段深度融合旅游产业与演艺产业,开展优质景区建设。具体包括:

第一,在演出形式和内容上不应盲目追求大场面、大制作,应倡导小而美。旅游企业应精心做好节目编排策划,深入挖掘丽江茶马古道、摩梭走婚、东巴教等的文化内涵,展现本土文化魅力,让大中小型演出共

生共长。除了让《丽江千古情》《印象丽江》这样的大型演出实现可持续发展,也要为小型演出提供生存发展的空间。

第二,对新的演艺旅游产品应寻找不同的文化主题和背景作为切入点进行创作,避免陷入区域同质化恶性竞争,整体上实现产品升级。如雪山峡谷演艺公园另辟蹊径创作的"雪山峡谷演艺公园七大秀",以传奇的木府风云故事和历史悠久的丽江文化为核心,再配合美景、美食、美秀、美拍的运作模式,为丽江演艺旅游的发展开辟了一条创新之路。

第三,立足现有的文化旅游资源,紧跟时代潮流,不断拓宽演艺的主题,创作要适合旅游者的大众口味,雅俗共赏,避免陷入"曲高和寡"的境地。

(三)多方面引进人才,提升融合品质

人才对演艺旅游项目的成功起着重要作用。一方面,要培养一批专业型人才对丽江进行全面的资源普查工作并从中寻找新的切入点。因为在文旅融合背景下,专业人士更懂得如何深入挖掘文化资源以及如何更好地将文化与表演相结合,可以充分整合地域文化对演艺旅游产品加以创新,使其发展成为一个难以模仿和复制的演艺旅游项目,提升丽江演艺旅游的艺术格调。另一方面,多渠道引进创意人才,有利于增强演艺旅游产业的发展活力,吸纳以游客为主体的群体参与到演艺旅游创意人才队伍中,充分借助互联网搭建企业与游客的互动平台,实现平等对话,让游客深度参与到演艺的创意创作中;同时也要营造开放包容的氛围,广泛从民间汲取创造力,为演艺旅游产品添加活力。

(四)充分运用现代科技,深化融合效果

在新媒体技术快速发展的今天,一方面,利用新媒体技术对传统演艺产品进行全面的改造。在这方面,雪山峡谷演艺公园首创美景、美食、美秀、美拍"四位一体"的沉浸式旅游模式,深受游客喜爱。《印象丽江》《丽江千古情》《云南的响声》等演出应该及时对老产品进行大规模迭代更新,从形式到内容对演艺旅游产品进行升级优化,美化演艺环境,创造沉浸式情境,从游客感官体验上深化融合效果。另一方面,借助互联网大数据分析工具,广泛收集游客观演反馈,全方位了解游客的偏好,不断进行针对性的改进,谋求创新发展的路径,创作出能与旅游消费者产生情感共鸣的优质演艺作品。

第八章

文化保护视角下文旅融合开发的实践——以云南省为例

> 文旅融合的发展不能只针对理论的研究，更主要的是应用于实践，理论只有通过实践的检验才能验证其真伪。本章主要研究文化保护视角下文旅融合开发的实践，以云南省为例。众所周知，云南省作为我国的旅游大省，其旅游业发展水平相对较高。结合云南省文旅融合的发展情况，通过研究其经验与教训，可以帮助国内其他地区文旅融合更好地发展。

第一节　云南民族文化旅游资源开发

一、民族文化旅游资源的含义

旅游经济是一种文化经济,旅游活动具有浓厚的文化烙印,旅游活动首先表现为一种文化现象,旅游活动与文化密不可分。在旅游开发中旅游文化资源的有效利用和开发的程度是旅游业发展前进的基础和保证,是旅游业发展的绩效指标之一。一般认为,旅游资源是指能够吸引旅游者产生旅游动机,并可能被利用来开展旅游活动的各种自然、人文客体或其他因素。旅游资源按其基本成因可划分为自然旅游资源和人文旅游资源两大类。

民族文化旅游资源是指不同民族在不同历史时期、不同地域创造和形成的,能对旅游者产生吸引力的一切事物和现象的总和。它从旅游资源开发和旅游规划实践的角度可以分为三类:实体人文旅游资源,主要指一切以景观实体为存在形式并可供旅游者直接作为旅游目标地的民族文化部分,如建筑、交通、特色城镇和村落、节庆场所、纪念地等;社会氛围文化旅游资源,主要指一切以旅游者可以感受到的由物质、行为、观念等构成的文化氛围部分,如器物、饮食、服饰、习俗、语言、思想观念等;精神文化旅游资源,主要指狭义的精神创造部分,如民间文化、神话、戏剧、歌舞、音乐、绘画、工艺、哲学、宗教等部分。旅游文化与旅游业有着密不可分的关系,发掘和培育民族文化资源,提高旅游景区的文化品位,是加速旅游业发展,促进地区经济进步的必由之路。

二、云南民族文化旅游资源的开发现状

众多的少数民族,浓郁的民族文化,结合优美的自然景观,使得云南在发展民族文化旅游方面有得天独厚的优势。民族文化旅游成为云南经济的增长点。此外,民族文化旅游投入资金不断增加,旅游基础设施、

旅游出行条件、旅游接待设施得到大大改善。各地投入资金大力发展民族文化旅游线路，如滇西北"香格里拉"民族文化旅游线、滇西南阿佤山民族风情旅游线等，西双版纳泼水节、彝族"火把节"、苗族"踩花山"等民族歌舞、节庆日也随着民族旅游的发展享誉全国乃至世界。同时，各地还建立了一些民族文化旅游主题公园、博物馆等静态景观，并配之系列的民族歌舞表演，动静结合，招徕各方游客。

（二）云南民族文化旅游存在的问题

云南民族旅游大潮的兴起，游客的蜂拥而来，给云南民族文化保护带来严峻的考验。云南民族文化旅游存在以下问题。

1. 民族文化资源开发利用水平不高

在旅游资源的开发建设上，主要注重于自然景观的开发，游客需要的集自然风光、民族风情文化为一体的高档次、高品位的旅游开发不足。

2. 旅游文化商品档次不高

具有地方特色的民族工艺品如葫芦丝、蜡染、扎染等制作也转向面对大众市场，因机械化批量生产而逐渐走向粗制滥造，从而失去了传统的艺术形象和价值。各地文化商品基本相似，具有各民族文化特色的旅游产品开发不足。

3. 资源总体开发程度不高

除昆明旅游区外，其他地州市的旅游设施较差。景区建设覆盖面积较大，旅游路线长，景区开发程度低，服务设施还不配套，景观资源的开发较单一，造成资源特色的浪费，开发缺乏系统性和整体性。

4. 旅游管理差

云南民族旅游资源开发缺乏统一规划和管理，往往各自为政，各行其是，盲目开发的现象时有发生。有相当部分的环境质量高、历史文化价值和艺术观赏价值上乘，且具有科学考察价值的重点旅游资源得不到更深层次的开发，利用效率不高。部分地方因管理不当，造成景观的破坏和景点的重复建设，大大损害了云南旅游地的形象。

5. 保护意识差

旅游业在开发的过程中往往会因一系列的因素而对旅游资源产生破坏,人为破坏和建筑性破坏均应是在资源开发中注意的部分。尤其是人为破坏,在游客游览过程中难免有些素质低的游客故意破坏旅游资源。这是因为在日常生活中,人们对身边的诸如建筑、自然等资源的保护意识还不够强,因此会导致旅游资源破坏现象严重。

6. 开发资金不足

云南旅游资源开发的资金来源不稳定。旅游资源的发展建设本身就具有建设周期长、资金消耗大的特点。因为缺乏资金,很多旅游项目搁浅,开发速度远不能与迅速增长的游客市场需求相适应。此外,诸如资源开发规划人才匮乏、地方政府对旅游资源开发与保护政策的认识不足、各地区经济发展不平衡等因素也是制约云南旅游资源开发与旅游业发展的重要因素。

三、云南民族文化旅游资源分析评价

(一)云南民族文化旅游资源的形成条件

云南地处我国西南边陲,历史悠久,民族众多,各民族相互融合,少数民族文化风情浓郁,旅游资源十分丰富,特别是民族文化旅游资源丰富多彩,使云南具有发展旅游业的得天独厚的优势和极大的开发潜力。

第一,云南地理环境独特,多山多峡谷,地质环境复杂,相对封闭的地理环境造成了各民族语言、服饰生活生产方式等的差异,使得各民族的文化、经济生活具有明显的差异性和地方色彩。

第二,特定的历史条件是形成云南民族文化多样性的重要原因。历史上各民族迁移到西南边疆与当地民族相互融合,在漫长的发展过程中形成了富有特色的当地民族文化。

(二)云南民族文化旅游资源的特性和价值分析

1. 独特性和唯一性

云南地理位置特殊,位于我国西南地区,紧临西藏四川地区,云南文化处于多种文化交汇叠合的地带,云南本土的文化具有极强的原生性,其地域文化的独特性决定了云南民族文化旅游资源的独一无二,从而使得它的民族文化旅游资源开发具有先天的资源垄断性,具有其他地区所没有的巨大先天优势。这些独特的文化现象和各民族丰富多彩的生活生产方式、民族习俗风情形成了云南民族文化资源的大汇集,对游客产生了巨大的吸引力,可满足游客探知、求新的欲望。

2. 区域特色鲜明,民族文化与自然有机融合

云南民族文化旅游资源具有鲜明的地域特征,区域内文化体系众多。云南不但民族文化旅游资源丰富,而且自然风光也十分优美,在各民族居住地区,人们与自然和谐相处,民族文化与自然紧密融合,使人既能感受少数民族的浓郁风情,又能欣赏自然美景,实现了人与自然的和谐一致。例如,境内的傣族文化与热带雨林风光相融合,白族文化与苍山洱海风光相融合,东巴文化与雪山风光相融合等,形成了一道道绚丽的风景线。这种独特的文化景观和旅游资源禀赋在全国范围内都是比较少见的。

3. 旅游资源品位高,有利于开展各层次旅游活动

云南以独特的高原风光,热带、亚热带的边疆风物和多姿多彩的民族风情闻名于海内外。云南旅游资源十分丰富,已经建成一批以高山峡谷、现代冰川、高原湖泊、石林、喀斯特洞穴、火山地热、原始森林、花卉、文物古迹、传统园林及少数民族风情等为特色的旅游景区。丽江古城被列入世界文化遗产名录,三江并流、石林被列入世界自然遗产名录。云南民族文化旅游资源品位高,同时,其旅游资源的参与性和体验性较强,在旅游开发中,适宜开展不同类型的旅游活动。

四、云南民族文化旅游资源规划开发的原则

(一)科学规划开发原则

云南位于我国西南地区,特殊的地理环境形成了当地特有的自然和文化景观,也使其成为极具开发价值和开发潜力的旅游资源。"旅游兴,百业旺",旅游业的发展对云南省经济社会的发展具有多方面的贡献,同时,云南少数民族的传统文化作为重要的旅游资源得到了保存和弘

扬。[①]旅游资源是旅游活动的主要对象,是发展旅游业的前提和基础。云南高富集、高品位的、壮美多姿的自然旅游资源和古朴浓郁的人文旅游资源是云南旅游业能成为支柱产业的前提和基础。在当今世界,经济的迅速增长造成生存竞争的加剧与生活节奏的加快,造就了国际旅游市场的回归自然、体验异域生活以及休闲度假趋势,而交通的改善又使越来越多的城市居民能实现他们返璞归真的愿望。云南的旅游市场风格正好与当今世界旅游市场的发展趋势不谋而合。

(二)规划开发者的适用原则

在旅游规划中,专家们大致提出了适度超前原则、适应性原则、可行性原则、有序开发原则、产业联动开发原则、生态环境保护与可持续发展原则、前瞻性原则和宏观地域系统网络构建及州境内梯次渐进开发相互结合八个原则。这些原则在旅游规划操作中是互为支撑的,可持续性作为主导性思想贯穿于整个规划中。

首先,具有强烈人文性质的民族文化资源的开发由于涉及面广,社区的地理环境与经济背景,社区不同结构,权利、文化、宗教中的不同人群的需求等都将从不同角度对开发起到一定的影响,因此民族文化旅游资源规划在前期就必须考虑规划项目主体人群的适应性和市场的可行性。

其次,旅游业在开发初期,只有投入大量资金进行基础设施建设,才能满足游客的最基本需求,因此开发过程必须遵守有序开发的原则。

最后,由于旅游业本身所具有的较强的经济拉动力,因此有必要从宏观地域经济发展的角度实行产业联动开发原则,带动旅游地和非旅游地的产品开发,从目前的统计来看,非旅游地在一个地区的旅游发展中总是占据多数,民族文化旅游资源又广泛分布于非旅游地。因此,在旅游规划中也要具有前瞻的视角,考虑促使非旅游地民族文化旅游资源及其产品进入旅游地,如此才能谈及全面拉动。

---

① 伍琼华.云南民族文化旅游资源规划开发中的几个原则[J].昆明冶金高等专科学校学报,2005(04):48-52.

五、云南民族文化旅游资源的保护性开发策略

（一）处理好开发与保护的关系

云南民族文化旅游资源的开发必须严格遵循相关管理法规,杜绝破坏性建设,注意地区民族文化传统的发掘、保存和提高,实现人口、资源与社会经济的协调发展,保护民族文化,传承优秀文化,使经济效益、社会效益和环境效益达到最优化和持续化。[1] 云南民族文化旅游资源的开发,要始终坚持保护第一、开发第二的原则。

（二）品牌推广战略

云南民族文化旅游资源的开发,最终是要走向世界,扩大市场。云南民族文化旅游的品牌已经形成一定的影响力,在今后云南的旅游发展战略中,要把云南民族风情浓郁、民族文化资源丰富的优势当作重点进行开发,从旅游目的地或景区民族文化品牌、旅游服务的民族文化品牌和旅游商品民族文化品牌展开推广,把原有影响和优势继续发扬光大。

（三）文化生态旅游战略

在大力发展旅游的同时,积极寻找新的旅游开发模式,发展绿色旅游,建立民族文化保护村(寨、园)、博物馆、民俗风情园,通过民族文化保护村(寨、园)、博物馆加大对文物古迹、民间工艺、曲艺、口头文学等的保护;加强民族文化、旅游伦理教育,教育是保护文化的重要措施,是民族地区旅游和文化可持续发展战略的重要组成部分,通过教育,可以提高人们保护民族文化的自觉性和责任感。

（四）旅游产品开发战略

云南民族文化旅游资源的开发要坚持从本地实际出发,突出资源特色,旅游业的发展必须依托云南丰富多彩的民族文化资源,积极开发民族文化旅游,这不仅是加快云南旅游支柱产业建设,促进全省社会经济持续发展的重要途径,也是建设云南民族文化大省、旅游经济强省的重

---

[1] 杨洋.浅议云南民族文化旅游资源的保护性开发[J].商品储运与养护,2008(05):62-63.

要途径。

六、云南民族文化旅游资源的永续开发

(一)必须根据市场的需求突出云南民族文化的多元性

云南由于特殊的地理环境、独特的气候类型及特有的社会发展历史,形成了风格各异、源远流长的民族文化,形成了具有鲜明特色的旅游资源,这为云南旅游业的发展提供了有利的条件。但旅游是求新求奇的,如果根据我们展示的民族文化所开发的相关产品永远是一种色调,一个面孔,游者肯定会产生审美疲劳,并使该资源的魅力衰减,因此,我们在开发民族文化旅游资源时必须顺应市场,与时俱进,保持旅游产品对不同游客的持久吸引力。[①]

云南是有条件做到这一点的。早在氏族社会时期,云南就生活着最早的先民——"羌、濮、越"三大族群,秦汉时期总称为"西南夷"。后经历代的不断迁徙、分化、演变、融合,至明、清时期各族的分布和特点逐渐趋于稳定,形成了现在的民族布局。各民族在长期的历史发展中,形成了具有自己独特的生活方式、社会结构、民风民俗、语言文字的历史文化和节庆活动。云南还是人类的摇篮之一,有距今170万年的元谋猿人化石,有古滇文化及南诏国、大理国等众多的历史遗迹。由此可看出,云南人文旅游资源丰富且特色鲜明,不仅在国内独树一帜,在国际上也占有重要地位,具有明显的不可替代性。

云南民族文化具有独特的内涵。一是多元性。全省民族众多,社会、经济、历史、文化发展不平衡,这就决定了这里的民族文化呈现出五光十色、多姿多彩的特征。二是纯正完整性。云南各民族在历史进程中都创造了自己的古老文化,因其地处边远和交通闭塞,使得这些古老文化得以较完整、较原始纯正地保留下来,较少受现代风潮的冲击,如傣族风情及各民族的古歌、古舞、古乐、古风都堪称文化的"活化石"。三是文景交融性。云南的这些多姿多彩、古老醇厚、珍稀奇绝的民族文化深藏在自然美景中。

云南民族文化旅游资源开发虽经历多年,但其潜力仍然十分巨大。

[①] 龙鳞.云南民族文化旅游资源的永续开发[J].中共云南省委党校学报,2009,10(04):174-176.

一是并没有改变其厚重性。如上所述,云南是个民族文化积淀非常丰厚的民族地区,虽经几十年开发,但仍然有许多东西没有完全发现,而且在开发中我们也在注意保护已开发的仍有开发深度的空间,所以文化资源仍然厚重,是一座富矿。二是现有的产品创意空间还很大。文化是旅游业发展的灵魂,旅游是文化发展的依托,旅游商品的竞争力最终体现的是文化的竞争。如果我们能把各民族优秀文化作为灵魂,不拘一格地蕴藏在各类旅游商品中,不断推陈出新,将使我们在任何时候都拿得出让游客感到不虚此行的东西。三是在统筹城乡和区域发展中地位十分特殊。充分利用和开发当地的山水风光和民俗旅游资源,可以加快云南民族地区致富的步伐,不断增强自我发展能力,促使地方经济振兴和繁荣,所以,云南的民族文化旅游资源开发如果和国家各类政策的导向力紧密结合,可以获得很多助力。

（二）充分利用发展中出现的新机遇

随着社会主义市场经济和现代化事业的发展,整个国家,特别是东南沿海一带率先富裕起来,国内旅游需求将长期处于一个不断走旺的阶段,虽然目前全球形势会造成一定的消极影响,但大趋势不会改变。另外,对外开放的深入开展使中国特别是云南作为优秀旅游地更加引人注目,并总体上长期处于一个战略机遇期。

1. 区位优势更加明显和突出

云南地处东亚大陆与中南半岛的结合部,相互间山同脉、水同源的亲缘地理关系,使云南成为中国通往东南亚的陆上走廊和重要桥梁。在地缘条件上,云南毗邻缅甸、越南、老挝等国,是我国毗邻东南亚国家最多的省区。

随着我国对外开放的加强,云南对东南亚、南亚开放的区位优势将更加突出。这些区位优势吸引了众多的国内外商客纷纷前来经商办厂,为云南民族经济的振兴注入了新的活力。这样,云南不仅作为旅游地有吸引力,而且作为旅游资源富集地,对相关投资者而言,也是他们寻求发展的热土。

2. 政策能量充盈

我国加入世界贸易组织、经济全球化的发展,以及西部大开发战略

第八章
文化保护视角下文旅融合开发的实践——以云南省为例

的实施都继续为云南旅游业的发展提供了良好的机遇。在西部大开发战略中,国家明确了对旅游业发展较为有利的各种优惠政策,如旅游国债、对外开放、财政税收、投融资、基础设施建设、生态环境政策等,为云南丰富的民族旅游文化资源积极参与国际市场竞争创造了良好的宏观政策环境。同时,云南各级党委政府也高度重视旅游业的发展,制定出了一系列保护性的优惠政策和措施,如在《云南省国民经济和社会发展第十四个五年计划纲要和二〇三五远景目标纲要》《云南省"十四五"文化和旅游发展总体规划》《云南省旅游产业发展"十四五"规划实施方案》中,省委、省政府要求继续把旅游业作为支柱产业培育,提出要推进文化与旅游结合,提升产业素质和文化内涵,确立了旅游业在国民经济和社会发展中的重要地位并为之提供了更加充沛的发展动力。

3. 媒体对相关信息的传播正在不断强化和扩大

国际、国内的许多著名专家都到过云南进行实地考察,给予了较高评价。一批批著名作家、画家、摄影家来云南实地采风、写生、拍摄,对云南给予了充分的肯定。多家报刊也曾刊登了关于云南的散文、游记、摄影、美术作品;多家网站开辟了云南旅游资源专题网页。特别是近年来,以《钱王》《商贾将军》《花腰新娘》《诺玛的十七岁》《我的团长我的团》等以云南为背景的影视作品的热播,使包括民族文化在内的云南旅游信息,为更广大的潜在消费者所熟知。

(三)促进云南民族文化旅游资源的全面开发和永续利用

1. 处理好民族文化的保护与开发问题

云南民族文化丰富多彩,这是我们对云南民族文化的所做的定性判断,但丰富到什么程度,由什么组成,各自有些什么因子,与现代人特别是与旅游地的居民及目标客源有什么关系,我们开发哪些和怎样开发能和我们期望的客源产生紧密联系并促使他们来消费,哪些可以留给新的消费者,是要我们不断做出回答的。因此,我们在开发中不能也不要企图一次把话说尽,把魅力展示完,要有长远打算,有保留应是在开发中的一种理性态度。

另外,随着旅游业的迅猛发展,不同文化间交流的步伐加快,作为强势文化群体,一些异地文化对民族地区的本土文化产生了强烈的影响。

在经济全球化背景下,各民族文化都应在与其他民族文化的交往中吸收他族文化的精神来优化自己民族的文化,使之形成不同文化的相互融合趋势,民族文化也将会在冲突与融合的交汇中走向与经济全球化相适应的新阶段。

因此,在云南民族文化旅游资源的开发过程中,应十分注意民族文化的保护和传承。在推崇设施设备现代化、思想观念现代化、管理手段现代化的同时,不忘以民族文化作为底蕴。在开发中,一方面应正确看待民族文化的传统与现代化的关系,充分认识旅游发展带来的变迁的可能性,采取必要的措施,保持其传统的民族特色,减少和避免旅游带来的负面影响。要组织有关的专家对区域民族文化旅游资源的生态环境进行评估,科学地规划和确定旅游的接待量,制定民族文化生态环境的保护规划,把民族文化生态环境与社会经济的发展协调起来。

2. 正确使用"密境"概念

在20世纪90年代以前,由于无论是云南境内的居民之间,还是云南与外界的交往都十分有限,云南的未知地的确很多,其中云南各民族文化对多数人而言更是谜,因此,打"密境"牌的确具有强劲的吸引力。但密境的吸引力是以"密"的存在作为前提的,如果"密"随着众多游客的游览被人窥知,或更多的游客自以为已经了解,"密"的魅力将随着景点曝光度的提高而不存在。因此,在民族文化旅游开发中,尊重少数民族居民的意愿,在处理好利益关系的基础上,让一些少数民族根据自己的条件、特点,选择不同的现代化方式,另一些则把保留住民族特色,保护和展示"密"作为他们的经营内容,并从当地旅游业发展中受益,是一个不错的办法。

这样,既可使越来越多的少数民族同胞接受现代化,又可以保持住民族文化的多样化,那些为保持民族文化付出代价的少数民族也会得到补偿,民族文化资源的永续开发就有了不竭的动力。从长远来看,只有科学合理地把民族地区优秀文化的资源优势转化为长期的经济优势,使当地居民不仅从旅游的开发中受益,更意识到民族文化可持续发展的重要意义,才能在保护的基础上实现民族文化旅游资源的永续利用。

3. 充分利用各类媒体,使云南民族文化对更多的人产生吸引力

云南民族文化旅游资源及以此为基础开发的旅游产品,想要不断引

起人们的关注,并产生良好的社会效益和经济效益,必须借助报纸、杂志、广播、电视等传播媒体,利用现代高科技手段,如建立信息平台,设置网站,制作网页,运用互联网等媒体开展旅游促销,全方位、多渠道、大密度地开展旅游宣传工作。

云南在这方面已经取得了很大的成绩,特别是云南民族网也对外发布了一系列的报道,对云南的旅游业起到了极大的宣传作用。但总的来说,云南在运用媒体方面,没有很好地注意研究对手,争夺话语权。如对香格里拉概念的炒作,我们抓住了先机,让中甸变成了香格里拉,而四川的"最后的香格里拉"也做得很成功,但地震使四川的"香格里拉"成为废墟,我们却没有能力通过媒体把盘子接来。

4. 加强民族文化旅游开发人才的建设

要充分利用民族文化资源,使云南旅游产品始终保持强劲的竞争力,就必须以科学发展观为指导,坚持"大旅游、大文化、大市场、大人才"的发展理念,获得门类全、数量足、质量高、用得上的专业人才。一般而言,要达此目的,我们可以组建专门机构、抽调专业人员编写发展云南民族旅游业的教材资料;可举办"云南民族旅游形象大使"比赛,从参赛选手中挑选一批优秀选手进行强化训练,加强培养,为云南培养一批素质优良、作风过硬的导游人才。

也可以利用各地民族职业中学的载体作用,按照"强化专业性,突出实用性"的原则,开设"民族文化旅游"职业培训班,让民族文化、民族歌舞、民族风情入校园、进课堂。但这样做,只可能获得普通人才,要真正使云南拥有或很好使用到能承担所述任务的人才,必须进一步扩大开放度。一方面鉴于云南省目前还没有一家在世界旅游界叫得响的大企业入驻,所以必须设法引进管理水平高的国内外旅游企业,让企业带着人才来;另一方面是动员各类相关主体出于自己利益的需要,自己承担成本,到更广阔的人才市场上去物色人才。

第二节　昆明团结街道乡村旅游高质量发展路径分析

一、昆明团结街道乡村旅游发展现状

虽然目前团结街道发展乡村旅游取得了不错的成果,但也存在着一定的问题,尤其近年来云南省提倡云南旅游进行"二次创业",很多地方的旅游业都有了很大的进步,但是作为乡村旅游标杆的团结街道并没有多大的进步。这就不得不让我们去反思团结街道乡村旅游发展出现的问题。经过多方的调查和访谈得知,团结街道乡村旅游存在着如下问题。

(一)产品同质化严重,缺乏创新性

通常所说的同质化大多都是实质内涵是一样的,表现形式有所不同。然而,团结街道很多所谓的"乡村旅游"是完全一样的,连形式都是照搬隔壁,与其说是同质化严重,还不如说是抄袭严重。这种现象在最容易复制的项目——农家乐餐饮上最为突出,另外在一些种植景观上也有体现。由于很多农家乐都是照搬照抄过来的,根本没有一点创新可言。这样就造成了彼此之间可以进行完全替代,相互之间没有帮助反而成了最大的竞争者。[1]

重复的乡村旅游活动造成了本地农户之间的资源浪费和恶性竞争,也使整个团结街道的产品竞争力削弱。在种植方面,由于当地的基本农作物相同以及批量引进种子的原因也存在着一定的同质化现象。就拿当地最普遍的"农家乐"来说,之前很多已经发展起来的"农家乐"更多扮演着"农家饭店"的角色,只有饭桌而没有别的农家乐趣可以体验。有一些当地农户种两颗白菜,养两只羊,就算是农家乐了。这不光是产品问题了,给游客的感觉就是名不符实,有一种被"欺骗"了的感觉。游客的第一感受直接影响了对整个景区的形象和接下来的旅游活动。

---

[1]　黄克栋. 乡村振兴背景下昆明团结街道乡村旅游高质量发展路径研究[D]. 云南财经大学, 2022.

（二）标准执行不严，旅游经营不够规范

当地居民随意开"农家乐"，导致出现很多"农家乐"根本达不到相关标准的现象，这些现象包括一些"农家乐"根本没有达到最低标准，属于小饭店。很多"农家乐"的卫生达不到标准，还有部分景点在改造、安全措施也没有做到位。政府曾一度对这些乱象进行整治，不过收效甚微。当地居民并不能严格执行相关的规定，还是我行我素地在搞自己的小农经济。此外，经营管理水平低下导致了市场经营不规范，无序竞争危害大。由于整个团结街道"农家乐"的数量早已饱和，不管是在旺季还是淡季都存在低价竞争的现象，这就出现了"劣币驱逐良币"的经济学现象。扰乱了整个市场，也影响了团结街道的口碑。另一方面，某些"农家乐"存在不良经营，为招揽客人，凸显自己的不同或者为了迎合客人需要，乱捕滥杀野生动物等。此外，管理的缺位也是制约着团结街道旅游经济发展的重要因素之一。

二、昆明团结街道乡村旅游高质量发展的战略

（一）生态优先战略

习近平总书记的下基层考察，不论是浙江余村，还是西溪国家湿地公园；不论是陕西秦岭，还是山西汾河，无一不是对于生态的考察，可见在顶层设计中国家对于"生态优先，绿色发展"的重视程度。习近平总书记2015年1月在云南进行调研时指出，要努力将云南建设成为生态文明建设的排头兵，这成为云南不断努力的目标。在团结街道的乡村旅游发展与治理中，要始终贯彻"生态优先"的理念，始终坚持"绿水青山就是金山银山"的原则，在坚守底线的基础上进行旅游产业的相关发展。

改革开放以来，团结街道因为其丰富的矿产等地下资源，经济快速发展，但同样也导致了大量植被遭到砍伐，多数矿坑沙坑裸露在外，生态环境遭到了破坏。

在2017年采矿业被全部叫停后，团结街道做出了一系列的努力来修复被破坏的生态环境，如进行沙坑填埋、树木种植等，但是这个恢复期是漫长的，过程是艰难的，从这一角度来讲，团结街道在未来的旅游发展与治理中应该吸取经验教训，摒弃"靠山吃山靠水吃水"的错误思想，将生态优先战略放在首位，坚定不移地走可持续发展的道路。

（二）文旅融合战略

2018年3月，文化部与国家旅游局合并，正式提出了"文旅融合"的概念，但其实文化、旅游、文化与旅游的议题在此之前就已存在了，"以文促旅、以旅彰文""文化是旅游的灵魂，旅游是文化的载体"形象地诠释出了二者之间的关系。团结街道乡村旅游的发展，使得其具有地方特色的民族文化能够以一种更为普遍、更为易得的方式被普通大众所熟知、所接受。

事实上，团结街道的乡村旅游资源是十分丰富的，既包括秀美自然的田园文化，又包括传统多彩的民族文化。所以，未来在发展乡村旅游以及旅游治理的过程中，不仅要注重通过发展旅游来获取经济收益，更要充分利用旅游的带动效应，发挥旅游作为文化载体的传播作用，重视对地方特色文化的保护与传承；要合理利用文化资源的吸引力，让更多游客熟知团结街道，让更多游客前来体验各项旅游活动，即始终将"文旅融合"作为团结街道未来旅游发展的一个重要战略，因为不依靠文化的旅游是没有灵魂的，不依靠旅游的文化同样也是难以发扬的。

（三）市场导向战略

与旅游事业相比，旅游产业的发展是需要营利的；在产生社会效益的基础上，是需要有经济效益产生的。团结街道自从发展乡村旅游以来，成为调整产业结构、解决农民就业问题的巨大抓手，为乡村振兴中的产业振兴做出巨大贡献，在未来仍然是需要重点关注的。实际上，团结街道的乡村旅游要想继续发挥其产业优势，就必须重视其经济效益，究其根本就是要让更多的人来到团结街道，在这里游玩与消费。所以，要实施"市场导向"战略，树立市场导向型的经营观与营销观，以最大限度满足游客的需求为原则，在了解游客个性化需求的基础上，进行一系列的改革与治理，从而吸引有不同旅游需求的游客齐聚团结，如喜欢彝族文化的游客可以在团结街道的乐居村进行旅居，喜欢乡村田园风光的游客可以在团结街道的大墨雨村游玩，喜欢运动体验的游客可以在团结街道的经典假日谷进行滑草运动等，以市场导向战略为抓手，拓展客源地范围、增加旅游人次、提升旅游收入，使团结街道的乡村旅游在未来发展得更好。

第八章
文化保护视角下文旅融合开发的实践——以云南省为例

三、昆明团结街道乡村旅游治理的策略

(一)治理主体的优化策略

1.提升政府基础服务能力

团结街道乡村旅游的治理主体应该是多元的,是包含政府、企业、协会、居民、游客五类主体在内的共同治理,而其中政府是最重要的一类主体,承担着提供旅游所必需的基础服务的功能,起到重要的兜底作用,但目前团结街道乡村旅游的基础设施较差,成为制约其旅游发展的重要因素之一,所以政府在未来首先应该加大对于团结街道旅游发展的重视程度,给予其旅游发展充足的保障;其次就是重点提升提供基础服务的能力,进行相关旅游基础设施的完善。提升基础服务的能力,第一,对上级部门下发的政策进行仔细研究,做到对政策的充分学习与利用;第二,可以组织政府的基层人员外出考察,学习乡村旅游典型案例中政府的做法,从而提升自身的能力水平;第三,可以主动向上级政府,如向西山区、昆明市甚至是云南省的文旅相关部门进行汇报及请求提供相应的支持。

2.提高居民旅游参与程度

在旅游治理过程中,重视居民的观念,有学者提及,村民自治的重要作用不可忽视,在实际的评估中也同样如此,然而,虽然团结街道的居民对于旅游参与的意愿较高,但是实际参与的程度较低,当然也有部分村民因为本身的基础条件(房屋位置、思想开放程度等)较好,参与旅游较多。根据社会网络理论中的强弱关系可知,农村地区的社会网络关系较为复杂,在治理过程中要充分了解每一类主体的需求与内心的想法,尤其是居民,因为居民们之间的弱关系(亲戚关系、朋友关系等)的信息互通更为便捷,发挥了一定的"信息桥梁"的作用,他们的想法和感受与游客的旅游体验感也是相联系的,所以在未来一定要十分重视这类群体,其中一个重要的方式就是提高他们的旅游参与程度。

提高居民对于旅游参与的程度可以更好地提升其归属感,从而提高其乡风文明程度,更有利于乡村旅游的发展,具体来说,可以有以下几个策略。

第一，定期开展宣传教育工作，提升居民参与旅游的意愿，尤其是自主参与的意识，从而形成团结街道村民集体参与旅游发展的美好场景。

第二，对于从事旅游相关经营活动以及有意愿进行相关旅游经营活动的居民，政府相关部门应该定期举办旅游从业人员相关培训以及其他旅游相关的宣传推广活动；对于未参与旅游经营活动的居民，由于在其生活生产的土地上发展旅游产业，所以基层政府对于涉及每位村民利益的决策，都应该与村民进行集中讨论或者决策共商。

第三，要重点关注精英人才，通过引导充分发挥其模范带头的作用。此外，政府部门与企业应该主动、适当地为当地村民提供相关就业岗位，使得村民能够实现"在家门口就业"，从实际上提升其旅游的参与度。

3. 加强旅游协会治理力度

在旅游的治理过程中，协会作为必不可少的一环，如果治理得当，会发挥巨大的成效，但在旅游发展的现实中其作用常常被忽视，或者说协会并未有效地发挥其作用，团结街道所属协会同样如此，所以说未来要结合《云南省旅游业协会改革方案》，加强相关旅游协会的治理力度。

第一，相关旅游协会应该在现代化治理理论的引导下，积极地进行内部改革，完善协会的功能，建立健全组织体系，优化内部的规章制度，增加协会成员的类型、壮大协会成员队伍，从而提升协会自身的能力。

第二，各旅游协会，尤其是团结街道直属的昆明市西山区团结文化旅游产业协会，要创新其协会职能，多与政府、企业进行沟通协调，切实举办多类型的旅游活动，如举办火把节、花山节等民族节日活动，使得居民、游客能够真正参与其中，提高其获得感与满意度。

第三，相关旅游协会应常常"走出去"，与其他地区的组织开展交流与合作活动，也要将优秀的发展与治理经验、模式"引进来"，促进团结街道乡村旅游未来的发展。此外，也要承担起相关的评价职责，对团结街道的相关住宿服务、餐饮服务进行等级评价，从而提升其服务水平。

（二）治理方式的优化策略

1. 加大法规政策利用程度

在后疫情时代，跨省游、跨国游都受到了一定的限制，由于无法进行远距离外出，所以以城市近郊为主的乡村旅游成了众多游客的首选，此时国家层面、省级层面也发布了众多相关政策及法律法规促进乡村旅游的发展，如《云南省支持文旅产业应对新冠肺炎疫情加快转型发展若干措施》等，这些政策涉及方面众多：市场主体、旅游产品、基础设施、市场监管、投资融资等，但是目前团结街道在乡村旅游发展过程中，对于政策的利用程度较低，主动性不足，未来应该加大对于相关政策的利用程度。

第一，基层政府人员应该对于近几年制定的乡村旅游相关政策进行一一梳理与分析，找到适合团结街道发展的相关政策，进行合理利用。

第二，要对于相关政策所提及的头衔进行积极申报，如 A 级旅游景区、乡村旅游特色村、少数民族特色村寨等，一方面可以以评促建，提升其基础设施及服务水平，另一方面可以获得相关奖励资金，有利于旅游地后续的发展。

2. 提升村民组织自治力度

20 世纪 90 年代，团结街道乡村旅游发展起步阶段时，是由民间组织对游客进行统一的管理与分配的，当时的自治效果显著，市场秩序良好，但是目前团结街道在进行乡村旅游发展时，并没有相关的自治组织进行组织与协调，所以未来要通过一系列的改革来加强团结街道乡村旅游的自治力度。

首先，要在政府部门的帮助下，成立团结街道乡村旅游发展的自治组织，组织内部能够建立规范化的组织体系与规章制度，从而对团结街道的乡村旅游进行自我引导与管理，使得众多问题能够在街道一级就自我解决完毕。

其次，要发挥村规民约的作用，通过定量化评估发现村民们对于村规民约的认可度较高，但是会有部分村民认为大家对于村规的遵守程度较低，所以未来应该通过宣传等方式加大村民对于村规民约的认可度及遵守度，同时加大对于违反村规民约行为的处罚力度，使得村规民约能够发挥最大的自治力度。

最后,政府部门要通过宣传、奖励等手段,引导旅游方面的精英人才发挥其示范引领作用,从而加强团结街道乡村旅游的治理力度与成效。

3. 提升智慧旅游服务建设

智慧旅游是目前旅游发展的重要趋势之一,也是满足游客旅游需求、提升游客体验感与满意度的方式之一,但是目前团结街道乡村旅游的智慧服务建设较为欠缺,是未来需要加大投入力度去重点解决的。2021年5月,云南省文旅厅联合十个部门共同印发了《云南省深化"互联网+旅游"推动旅游业高质量发展实施方案》,这也为团结街道乡村旅游的智慧化发展提供了一定的政策指导。

第一,加大智慧旅游设施的投入,如将部分景点纳入"手机游云南"App,使游客可以在App上查阅到景点的交通、住宿、餐饮的相关信息,并可在实地游玩时获得相应的语音讲解;此外,有关部门对于违法的经营行为也可以进行快速方便的查处。

第二,政府部门组织牵头,以部分旅游景点、民宿为示范点,利用技术实现全智慧化覆盖,满足部分高端游客的旅游需要,即利用智慧旅游设施来达到实现细分市场的目的。

第三,进行智慧旅游管理平台的建设,可以通过大数据、物联网等现代科学技术,使政府能够及时掌握经营者的经营信息以及游客的消费活动信息,有利于今后对满足游客需求的旅游产品的打造。

(三)治理过程的优化策略

1. 加强各级部门协调力度

目前,对团结街道乡村旅游进行管理最直接的两个政府部门逐级为团结街道文化综合服务中心、西山区文化和旅游局,街道一级的服务中心主要的工作任务就是进行上传下达,将上级部门的各类通知与政策向下属的各个社区进行传达交流。而乡村旅游的发展不仅仅由文旅部门在负责,还包括交通部门、消防部门、食品安全部门、市场监管部门、发改委,等等,因为团结街道乡村旅游的发展与治理会涉及众多部门,所以目前存在信息沟通不畅等问题,未来需要领导加强重视程度,从机制体制上来解决此问题。

第一，增加各个部门之间的联动，尤其是在进行重大决策时，应充分考虑到文旅以外的其他部门的意见，如在进行相关规划的编制、相关项目的发展时，应该组织各个部门的座谈会，听取各个部门的意见。

第二，加强基层政府的信息知晓程度，尤其是团结街道文化综合服务中心，因为新的民宿、饭店在开业前的手续办理时是不需要经由文旅部门的，而后期接待游客就属于文旅部门的管辖范围内，但此时文旅部门对于此经营点并不了解，就造成了管理上的障碍，所以要通过沟通协调机制的改进来加强基层政府相关信息的知晓程度，从而有利于后期对旅游经营点的治理。

2. 加大资金人才保障力度

旅游地的蓬勃发展是离不开一定的保障力度的，尤其是在农村地区发展乡村旅游，是需要有一定的人才支持、政策支持作为保障的。人才是指与乡村旅游相关的管理及经营方面的人才，在这方面各层面也有一定的政策支持，如在云南省人社厅印发的《云南省人民政府关于实施"技能云南"行动的意见》中，提出要着力培养文化旅游人才、乡村振兴人才等。而资金包括了对发展乡村旅游的基础投入资金、相关的旅游项目资金等，各类"十四五"文旅发展规划、全域旅游规划中也都提及了要为旅游地的发展提供一定的资金保障。

团结街道的乡村旅游发展同样如此，需要有资金与人才的支持。人才缺乏、资金短缺是制约团结街道乡村旅游高质量发展的重要因素，所以未来应该加大资金人才保障力度。

第一，加强人才队伍的建设，通过对现有人员的培训以及外部人才的引进来建设一批团结街道乡村旅游发展的人才队伍。除此之外，基层政府也可以与高等院校形成合作，吸引高层次人才来团结街道进行实习，从而为团结街道的乡村旅游发展提出切实可行的建议。

第二，加大资金投入力度，一方面通过对于各项政策的深度解读，积极申报各类头衔，来获取相关的资金补贴；另一方面主动与上级部门进行沟通协调，积极争取各类专项资金以及补贴资金，从而加强团结街道乡村旅游发展的资金保障。

（四）治理客体的优化策略

1. 提升旅游公共服务条件

基础设施是一个地方发展旅游最基础的条件，也是一个必不可少、不可忽略的条件，但团结街道目前的旅游基础设施条件较差，有很大的提升空间。

第一，一方面，需要对团结街道的道路系统进行完善，如破损道路的修复、旅游交通标识的完善等；另一方面，需要重视"最后一公里"交通建设，团结街道由于其优越的地理位置优势，吸引了大量昆明主城区的游客，并且绝大多数为自驾游客，但是通过了解发现，也有众多没有车辆的游客有前来团结街道游玩的意愿，所以政府部门或者民间组织应该进行牵头，将团结街道中"最后一公里"的交通问题解决，提高游客来访的便捷程度。

第二，打造停车场系统，这是由于自驾车游客较多，在五一、十一等小长假时期，会出现停车难的现象，所以应该打造数量合理、分布合理、收费合理的停车场。

第三，推进旅游信息的基础化建设，尤其是游客集中区域的5G网络建设，要扩大景区网络的覆盖率。

2. 加大旅游市场监管力度

目前，团结街道中的部分农家乐、旅游商店，以及普通商铺（如售卖水果商铺等），存在价格标识不清，外地人本地人价格不一致的情况，所以未来应该加大市场监管力度，杜绝此类现象的发生，提升游客的满意度。

第一个方面，从法治的角度来讲，严格按照《云南省旅游市场秩序整治工作措施》《云南省深入开展旅游行业整治规范旅游市场秩序工作方案》等政策文件执行，对于扰乱旅游市场的违法行为进行严厉惩罚，提高违法成本。

第二个方面，从德治的角度来讲，基础政府部门、村集体、自治组织等都应该不定时举办相关道德宣讲活动、组织开展相关视频的观看，从根本上提升村民们的素质，从而杜绝此类现象的再次发生。

3. 加大政企市场营销投入

俗话说"酒香不怕巷子深",但是旅游产品却并非如此,一个旅游产品要想火爆,不仅要凭借自身良好的实力,更要善于借助营销的"东风",打造一个能够吸引游客的买点。目前,团结街道的旅游公共信息服务得分是较低的,所以说团结街道未来的乡村旅游同样也要注重营销,具体来说可以从政府与企业两个方面进行营销:首先,从政府的角度来说,应该成立分工明确的营销小组,利用大数据进行市场营销平台的搭建,进行线上线下的共同营销,并且要有一定的资金保障形成营销工作的精准化与常态化。例如,政府带头进行宣传视频的拍摄以及投放,政府人员在各类公共场所尽力宣传团结街道,建立一个游客服务中心,进行相关特色产品的售卖、宣传视频的播放等。其次,从企业的角度来说,不应该过于依靠政府,应该通过努力营销来争取自身的利益,例如,组织"美丽团结"的拍摄大赛,将拍摄好的图片或者视频上传至抖音、快手等App,参加赢礼物、免门票等活动,从而提升团结街道乡村旅游的知名度,吸引更多游客前来游玩。

(五)治理目标的优化策略

1. 保护开发特色民族文化

文化资源的保护与开发是旅游发展中一个永恒的话题,团结街道在发展乡村旅游时也必须正视这个问题,团结街道是一个少数民族聚集的区域,少数民族居民的占比超过70%,作为主体民族的彝族、白族、苗族在发展乡村旅游时需要特别重视对本民族特色文化的保护与开发。

第一,要重视对于民族文化的保护:相关文保单位应该牵头,对于团结街道中的民族特色文化进行梳理与挖掘;设立民族文化传习馆,将具有历史价值的相关文化资源通过展示的形式进行保护。

第二,在保护的基础上进行相关民族特色文化的开发:挖掘具有少数民族特色的元素做成旅游商品,如民族刺绣的元素可以做成包、帽子、挂饰等;打造民族特色餐饮,如彝族的骨头饭、坨坨肉;苗族的酸汤鱼、糯米饭等。

第三,举办民族节庆活动,如彝族的火把节、苗族的花山节等。通过以游客喜爱的方式将少数民族的文化传播出去,在一定程度上也起到保护文化的作用。

2. 打造提升特色旅游产品

团结街道早期发展旅游的主要业态是乡村旅游中农家乐1.0版本，但是随着市场的发展，农家乐的初级形态渐渐满足不了旅游高质量发展下的游客的需求，并且团结街道一直是亲子游的重要目的地，所以必须进行特色旅游产品的打造，丰富旅游产品的业态，吸引更多的游客前来。一方面，将传统产品进行创新，增加一些新的体验项目来丰富产品业态，以传统项目滑草为例，可以在此基础上增加一些新的项目：由于去滑草场的以年轻游客、情侣、带孩子的游客为主，所以可以在滑草的基础上，再增加例如超长滑梯、彩虹泡泡、帐篷野营、篝火晚会等项目，吸引一些喜欢新奇事物的游客。通过浏览网络评价，发现有很多带宠物的游客也有一定的消费意愿，所以可以在滑草场专门开辟出一个区域，配备齐全的宠物设施与玩具，在评估宠物安全的基础上，专门接待带宠物的游客。另一方面，满足旅游个性化的旅游需求，打造新的旅游产品。开发一批帐篷酒店、木屋酒店等新型的旅游产品；策划一批滑草、徒步等户外的旅游产品；建设一批农事体验、民族体验的旅游场所，最终丰富团结街道的乡村旅游业态，从而吸引具有不同旅游需求的游客前来。

第三节 文旅融合下丽江古城的发展问题及对策

一、丽江古城概况及发展现状

云南作为少数民族融合的区域，在特定的环境和条件下形成和发展起来。丽江古城作为当地文化传承的载体，有着自己特殊的发展规律和内涵。1986年12月，丽江被列入第二批38座国家历史文化名城，神秘的纳西东巴文化，其历史、文化、民俗、生活方式呈现着多元特性，有着特殊的研究价值。丽江拥有古老且纵横交错的供水系统，顺水而建是古城街巷的建筑规律。四方街是丽江古街的代表，街巷相连，四通八达，街道布局设置有着曲、幽、窄、达的风格。由于当地有着特殊的文化背景、景观特色,吸引了大量国内外游客慕名而来,丽江古城作为文旅融合发展的典型,有效地带动了当地经济的发展。

二、丽江文旅产业 40 年的回顾

丽江依托茶马古道商业文化积淀的人文风情和滇西北独特的自然风光,加上由洛克和希尔顿创造的"香格里拉"品牌,顾彼得创造的《被遗忘的王国》,以文化旅游产业为先导,自改革开放后至今,从一个边陲小城到打造世界一流旅游目的地,走过 40 余年的历程。分析其起步发展历程,差不多有以下几个阶段。

(一)改革开放后至 1996 年

改革开放初期,丽江旅游属于单一的政治接待工作。1986 年,丽江古城被列为国家级历史文化名城,1988 年,玉龙雪山被列为国家级风景名胜区,由此开启了丽江旅游产业。1994 年 10 月,云南省人民政府在丽江召开了滇西北旅游规划现场办公会,提出了"发展大理、开发丽江、带动迪庆、启动怒江"的旅游开发战略思维,丽江在此战略指导下,率先提出了"旅游先导"战略,确立了把旅游作为支柱产业发展。[1]

1990 年,丽江旅游接待游客仅为 9.6 万人次,旅游业总收入仅为 0.1 亿元,而到了 1995 年旅游接待游客 84.5 万人次,旅游总收入为 3.3 亿元,5 年的时间,旅游接待总人次增长了近 8 倍,旅游总收入增长了 32 倍。

(二)1996 年至 2007 年

该阶段以 1996 年丽江"2·3"大地震后恢复重建和 1997 年年末丽江古城申报世界遗产成功为起点。1999 年,昆明世界园艺博览会和丽江首届东巴文化艺术节的成功举办,又一次把丽江旅游业带入快速发展的轨道。

在这期间,1998 年,以展现丽江水文化和带动三文鱼产业的雪山脚下白沙乡农民企业家经营的"玉水寨"景区开放。1999 年,木府重建并对外开放,展现了丽江厚重的建筑和历史文化。1999 年开始,丽江城区

---

[1] 刘玉安,林拔群,官硕. 文旅融合下丽江古城的发展问题及对策研究[C].2019 年 7 月建筑科技与管理学术交流会论文集,2019:229-230.

周边黄山乡的农民推出体验纳西文化风情的农家乐旅游项目,提升了丽江旅游深度体验游的内涵。

在丽江古城申报世界遗产的同时,同处于滇西北的迪庆藏族自治州开始了利用"香格里拉"世界品牌的申报工作,并于1997年9月14日,在迪庆藏族自治州"州庆40周年"时对外宣布,经过多年的考察论证,"香格里拉"就在迪庆。2001年12月17日,经国务院批准,迪庆藏族自治州改中甸县为香格里拉县,2014年撤县设市。之后,云南怒江州、四川稻城县、西藏昌都市都纷纷为香格里拉的归属一直争论不休,而最遗憾的则是丽江,未能获得香格里拉的冠名。

探险家约瑟夫·洛克在丽江生活长达27年,写出了《中国西南的古纳西王国》一书,成为小说家希尔顿《消失的地平线》的素材。《消失的地平线》中描述了有着洁白的雪山、蔚蓝的湖泊、宽阔的草甸和金碧辉煌的喇嘛庙的人间仙境"香格里拉"。经过磋商,各方达成共识,提出共同开发滇川藏交界处的"大香格里拉"计划,2002年5月27日至6月2日,首届滇川藏"中国大香格里拉生态旅游区"座谈会在拉萨召开。之后,又分别于2003年和2004年召开了第二届和第三届的协调会。2007年,丽江旅游接待游客530.93万人次,旅游总收入为58.24亿元,经过12年的发展,2007年的旅游接待总人次是1995年的6.28倍,旅游总收入是1995年的17.65倍。

(三)2008年至2017年

2009年年初,丽江市委、市政府在北京高规格地举办了"科学发展在丽江的探索与实践论坛",会议认为,要深入贯彻落实科学发展观,大胆探索、勇于创新,大力发展符合本地实际的优势特色经济,千方百计把旅游产业做大做强,并在大力发展旅游业的同时发展文化产业,彰显并发展丰富多彩的民族文化,推动经济社会科学发展。

这期间,丽江以科学发展观为指导,提出"二山、一城、一湖、一江、一文化、一风情"的丽江旅游资源架构,二山,即玉龙雪山和老君山,一城,即丽江古城,一湖,即泸沽湖,一江,即金沙江,一文化,即纳西东巴文化,一风情,即摩梭风情。2012年6月,中央电视台播出《木府风云》连续剧,2013年,杭州宋城集团"丽江千古情"大型演出落地丽江。截至2017年,丽江旅游接待游客4069万人次,旅游总收入为821.9亿元,经过10年的发展,2017年的旅游接待总人次是2007年的7.66倍,旅游总收入是 2007 年的 14.11 倍。

(四) 2018 年至今

2018 年 7 月,中共丽江市委通过了《关于建设金沙江绿色经济走廊的决定》,在全省率先提出了建设"金沙江绿色经济走廊"的发展思路和战略决策。以"创新、协调、绿色、开发、共享"新发展理念为引领,依托丰富的民族文化资源和多样的自然环境条件,以城乡、田园、生态为载体,积极发展旅游休闲、运动健康、养生度假等核心功能,提升丽江旅游产业内涵,拓展旅游产业发展空间,重塑丽江旅游品牌,将丽江建设成为全球顶级的生态文化遗产旅游地、优质休闲度假地、健康生活目的地。

这时期,依托 2017 年作家阿来创作的散文《一滴水经过丽江》纳入中学《语文》课本的宣传推动作用,2019 年,《一滴水经过丽江》的大型石碑矗立在古城入口,2019 年 7 月,红军长征过丽江古城指挥部纪念馆开馆,2020 年元旦期间,洛克纪念馆建成开放。丽江开始重点发展文化旅游、生态旅游、休闲旅游、运动健康四大旅游产品。

2019 年,丽江全市接待游客达到 5402.4 万人次,旅游总收入达到 1078.3 亿元,实现了待接旅游人次首次突破 5 千万人次,旅游总收入首次突破千亿元大关。

丽江旅游业的发展,从改革开放后的丽江古城列为国家级历史文化名城和玉龙雪山被列为国家级风景名胜区开始,到 1994 年丽江在召开滇西北旅游规划现场办公会后,正式提出"旅游先导"战略,形成旅游产业。1996 年,丽江"2·3"大地震后经过十多年的发展,逐步壮大了丽江的旅游产业。在 2008 年的党的十七大科学发展观指导下,可持续发展理念引入丽江旅游产业,旅游产业注入特色与文化内涵。2018 年之后,在生态文明与新发展理念的指导下,丽江作为长江上游金沙江流域,必然要在生态文明指导下,以"创新、协调、绿色、开放、共享"的新发展理念继续推动丽江文化旅游产业发展战略转型。

三、丽江古城文旅发展中存在的问题

随着国家对丽江古城的保护与发展政策推出,丽江走出了一条文化与旅游结合之路,旅游业依托特有文化抓住商机,从而达到文化的传承。在文旅融合发展下，丽江古城的发展呈现出几点弊端。

（一）人口置换严重

在古城发展初期，整体经济水平较低，大量原住民选择外出务工，古城整体偏向于"老龄化"。随着国家对古城新兴开发政策的推出，给很多外来务工者带来就业机会，通过发展旅游业，逐渐形成文化旅游相结合的发展模式。原住民难以适应新的技能与商业模式，在古城发展中的参与性较低，加之古城内部整体的物价与房价上涨，导致许多当地居民迁往新城和古城外围。原住民作为古城文化主要传播者，他们的迁出，外来人口的迁入，在很大程度上制约了丽江古城纳西族历史文化与民俗文化的传承，由人口置换发展转为文化的置换。

（二）过度商业化

丽江的各种别名与头衔已经成为一个商业的噱头与标签。旅游业带动了丽江古城的发展，商业模式在古城内部占据主流。现如今丽江酒吧、民宿、小商品产业分布广泛，外地人在古城内部租赁门市，服务旅游者。在古城中心区，许多街面店铺分层租赁，大大小小的店面分布于此，在满足小商铺经营的同时，又可以获取大量租金收益。"商业味浓，文化味淡"旅游性的商业模式与各大历史古城千篇一律，旅游产品和服务同质化，大量生产型产品缺乏本土特色，造成文旅失衡。

（三）本土文化宣传欠缺

由于人口的置换，导致古城自身的文化传播力大大降低，在文旅两方面，丽江古城的发展趋势更倾向于商业性的旅游，文化性的结合显得尤为不足。人们通过旅游了解古城历史、民俗风情、服饰文化等。但为了迎合旅游市场，许多传统民族文化的手工技艺被机器化的生产所取代，原本纳西民族文化流失。大量现代化生产模式在古城中心流动，大量老手工艺品与民族文化传承的匠人被边缘化，在外围不足以对旅游者产生吸引。古城内部大多数街道都被外来品牌商家占据，而本土文化大多依靠古城内的定点式的表演形式来进行最直观的传播，在传播方式上受限严重。

处于交通区位相对不便的滇西北，加上工商业的不发达，依托自然资源景观和民族风情的旅游业作为丽江的主导产业，其依赖性便尤为突出。而随着周边省市地区纷纷加大对旅游产业的投入和宣传力度,旅游产业地区间的竞争日益加剧。丽江作为大香格里拉旅游圈的重要核心区,境内有10多个文化传统差异较大、特色鲜明的少数民族,且有享誉世界的文化遗产作为名牌,在竞争日益激烈的情况下,唯有继续保持和提升旅游产业的文化内涵竞争力,实现在生态文明背景下旅游产业进一步的转型发展,才能推动经济与社会的繁荣发展。

四、丽江文旅产业的转型发展策略分析

(一)继续挖掘并打造洛克、顾彼得等的文化遗存

经济社会的进一步发展推动着旅游业的转型升级,普通游客不再满足于大众观光,而倾向于体验当地文化、学习地方性知识的深度体验游。支撑这一转型升级的基础是深厚而独特的地域文化。

丽江处于青藏高原的东南边缘,滇川藏的交界处,其独特的地理位置决定了民族文化差异较大,与广西、贵州等地区的民族文化较为接近不同,丽江有高原的藏族、彝族、坝子的白族、纳西族等十多个传统文化差异较大的民族。另外,丽江历代木氏土司仰慕中原文化,与汉文化接触较早,汉文化的引入使得丽江较早接触到了中原的优秀文化。古城木府即是模仿故宫所建,古城建有学习汉文化的雪山书院,丽江永胜县即是边屯文化带来的繁荣的体现。众多民族文化交汇,却能并存共荣,让人能在一地欣赏到不同民族的优秀文化。

洛克、顾彼得等知名西方人士在丽江居住多年,希尔顿根据洛克的描述,写下的《香格里拉》,顾彼得创造的《被遗忘的王国》,为西方游客所青睐。因此,完全可以通过文化内涵深层次挖掘,打造丽江作为大香格里拉的文化核心区,来推动丽江旅游产业——文化香格里拉的再崛起。

目前,丽江有旅游开发早期玉湖村建成的洛克故居,2020年元旦建成的古城洛克纪念馆,2016年修复开放的古城顾彼得旧居等几个外国名人居住遗址。实际上,洛克、顾彼得并不应仅仅限于几个故居静态的展览,应该借助媒体手段,发挥公关宣传人才的作用,以追寻洛克、顾彼得、希尔顿等人发现的香格里拉丽江遗存的过程故事,如在丽江飘满窨酒香味的酒馆里,洛克与顾彼得的相遇;在泸沽湖岛上品着苏里玛酒火塘边,洛克与阿云山总管的惺惺相惜成为知己;在金沙江沿线的岩画洞

穴里,在新主植物园里,洛克那搜寻文化遗存与搜集植物标本的足迹。

通过上述的挖掘整理,设计几条生态与文化考察线路,适时打造一批休闲旅游、体验民族文化的旅游景点。通过公众号等各种媒体发布,形成纪录片《寻踪洛克之路 寻梦香格里拉》,确定丽江作为大香格里拉文化核心区的定位,引发迪庆藏族自治州、川西南等地关于香格里拉旅游竞争,最终以金沙江绿色经济走廊发展为纽带,再一次在竞争基础上发挥各自优势,联合开发滇川藏结合部"大香格里拉"。

(二)拓展文化旅游多种项目

2018年7月,中共丽江市委市政府提出建设"金沙江绿色经济走廊"的决定,以乡村振兴为契机,以"百村示范"为起点,以特色乡镇为重点,以绿色生态为原则,发展丽江金沙江流域绿色生态产业区。

丽江建设"金沙江绿色经济走廊",实则是以生态文明为引领,以绿色经济为原则,实现丽江统筹规划、整体发展。

对于旅游业而言,"金沙江绿色经济走廊"是一个大舞台。以"金沙江绿色经济走廊"大舞台为依托的全域旅游可得以顺利展开。"金沙江绿色经济走廊"以"百村示范"为起点,建设特色重点乡镇,是一个由点到线,最后带动区域—面的发展过程。而依托"金沙江绿色经济走廊"建设的旅游产业也可以循此足迹,先由发展蕴含丰富民族风情文化的村落,带动金沙江沿线,程海湖沿线,交通要道沿线,发展特色度假休闲乡镇,继而以相对较大的坝子为中心,发展富有地方特色内涵的节庆活动,如这些年发展起来的永胜三川的荷花节和华坪的芒(杧)果节,以节庆活动建设中心重点乡镇,带动附近数个乡镇的繁荣。

在由特色的村落——重点乡镇到坝子片区为空间载体的文旅融合产业发展过程中,还可以以年轻人为市场消费主体,以丽江便捷的交通为依托,发展自驾车旅游;以学生为消费主体,发挥丽江丰富的动植物资源和良好的天文观测优势,发展生态科普旅游;以弘扬主旋律为引领,整合丽江红色旅游资源,尤其是可以以红二、红六军团过丽江和永胜毛氏宗祠为主,吸纳各阶层推动开展丽江爱国主义教育游。

(三)以特色民族经济共同参与经济与社会发展

丽江境内金沙江流域,处于横断山脉,山水美丽但相对贫困面广,资源丰富但经济落后,发展不平衡不充分比较突出。特别是这一地区是少

第八章
文化保护视角下文旅融合开发的实践——以云南省为例

数民族聚居地,要让少数民族群众共享经济发展成果,实现各民族共同繁荣发展。

交通相对落后与传统文化观念相对滞后是民族地区经济与社会发展的不利因素,而由此形成的自然景观,保存下来的传统文化也是旅游产业的资源优势。从较为滞后的文化传统观念出发看待民族地区经济与社会发展问题,其有别于较快发展的东部市场经济,东部地区是市场经济环境较为健全情况下的"经济理性人"的互动,而民族地区很大程度上是市场经济环境不健全情况下"文化经济人"的互动。在这种情况下,更需要民族团结作为可持续发展的保证,共同富裕作为可持续发展的动力。

破解这一问题,要以共享理念为先导,发展惠及广大人民群众的包容性经济。以乡村振兴为契机,以民族文化为内涵,以村镇旅游为动力,以创新村镇特色产品为基础,以电子商务为平台,通过点—线—面的发展方式,以激活微观经济主体为突破口,大力发展富有民族特色的餐饮、服饰、工艺品、农产品、歌舞表演、民族医药等经济,打造一批特色乡镇和有潜力的经济文化龙头企业,带动金沙江旅游丽江周边地区的休闲度假旅游及村镇经济的繁荣,以此保存和进一步提升民族文化,为可持续的发展储备文化后劲。

经济的繁荣带来文化的提升,在丽江的近代历史中,茶马古道马帮商业活动促进了各个民族的融合发展,奠定了近代丽江作为滇西北重镇的地位和文化的兴盛,这种马帮商业经济活动衍生的具有勇敢创新的精神文化又反哺了近代丽江的经济。在以发展惠及广大人民群众的包容性经济活动中,更加需要以各种方式发掘提升丽江各民族勇敢创新的商业精神,投入以旅游经济为龙头的经济产业中去,共享经济发展成果。

时代的发展推动丽江旅游产业从单一的观光到文化的融合,最终从单纯的旅游景点景区发展到在人与自然和谐共生的生态文明下,以丽江金沙江流域为舞台,通过"创新、协调、绿色、开发、共享"的新发展理念,激发境内各民族,各层次共同参与经济与社会发展,从而实现广大人民群众共同富裕,共享经济发展成果,实现各民族共同繁荣。现在的滇川藏结合部跨地域的大香格里拉旅游区已经初步形成,但丽江更需要借助金沙江流域大舞台,以民族文化和旅游的结合打造自己特色的文化香格里拉品牌,需要各族人民共同努力,以勇敢创新的精神参与经济活动,共享经济发展成果,实现文化香格里拉品牌的旅游产业再度崛起。

（四）加强政府引导，合理开发古城

近年来，丽江先后出台了《云南省丽江历史文化名城保护管理条例》《世界文化遗产丽江古城保护规划》等有关条例，不断探索遗产保护和旅游发展双赢的方案，实现在保护中发展、在发展中保护的目标。加强政府干预，有效应对古城的保护开发，合理促进本土文化的现代化发展。做到人人参与保护，共同维护古城整体生态环境持续发展。

（五）规范旅游业市场，构建完善管理体系

在旅游业发展旺盛的趋势下，结合政府保护条例，适当控制游客数量，加强对古城保护的宣传，稳定旅游市场的秩序。在古城市场经济方面，对古城商户进行古城市场发展的宣传培训，可实行游客等级评价方案，对于游客反响较差的商户进行整改与管理，提高游客满意度。在维护自身市场利益的同时，也要维护旅游者的利益。

（六）提高原住民参与性，维护古城原真性

积极鼓励本土居民参与，减少本地居民边缘化的情况，为本土居民提供福利待遇。将打铜银、民族服饰等手工艺与现代化市场融合。在保护与发展文化产业的同时，减少大多数古城市场同质化的缺陷。在维护古城原真性的同时，充分将纳西族东巴文化民族音乐与现代艺术融合，不再仅限于"看"，使旅游者可以真正参与其中，感受纳西族特有文化特色，活跃古城文化，更好地进行传播与发展。

（七）塑造文旅品牌，加强民俗文化的保护与开发

扶持当地人在古城中心经营传统名店，如东巴纸坊、打铜人家、纳西传统文化习苑等保护项目。塑造独有的文化品牌，让旅游者真正体验到丽江古城的民族特色，使旅游者对云南丽江的印象不止局限在各种"鲜花饼"品牌售卖，增加旅游者对古城文化的记忆点。

如何将文化产业与旅游产业融合发展一直是丽江古城热议的话题。以民族文化为中心，发展特色旅游，无论是原住民还是旅游者，都应当齐心协力保护古城内有形与无形的文化。将特有的少数民族本土文化传承下去，打造真正无愧于"世界文化遗产"之称的云南丽江古城，实现古城文旅融合可持续发展。

第八章
文化保护视角下文旅融合开发的实践——以云南省为例

（八）因地制宜打造好文旅人才品牌

近年来，随着丽江旅游业的不断发展，来丽江工作的文旅人才逐渐增多，成为支撑丽江旅游发展的重要力量。为发挥人才驱动力，丽江市古城区着力练好识才、聚才、用才三种"功夫"，因地制宜打造好文旅人才品牌，让外来文旅人才助力古城高质量发展。

1. 识才：擦亮识才慧眼

丽江在成为全国旅游胜地的同时，集结了全国各地、各行各业的精英。为了防止和减少"身边有才不识才，守着人才找人才"的现象，丽江牢固树立"超过我们的都是人才，能为丽江做贡献的就是人才"的大人才观，深入挖掘古城人才"富矿"，最大限度发现和识别各类人才。

构建以社区民警为"点"、行业部门为"线"、街道乡镇为"面"，通过点线面结合，多渠道、全方位开展人才摸排工作。通过调研走访、开展"组织找人才、人才找组织"等活动，拓宽发现人才渠道，真正把各类人才重视起来、汇聚起来，纳入人才队伍中。健全优秀文旅人才信息库，为推动发展提供坚强有力的人才保障和智力支持。

2. 聚才：打造聚才洼地

《淮南子》有云"欲致鱼者先通水，欲致鸟者先树木。水积而鱼聚，木茂而鸟集。"当地政府部门应采取实实在在的行动，为人才的生存和发展提供足够的政策支持和保障。

（1）优化环境

制定出台《古城区文旅人才培养使用工程实施方案》等人才吸引政策，努力营造鼓励创新、宽容失败的工作环境，公开平等、竞争择优的制度环境，尊重人才、见贤思齐的社会环境。在资金上，畅通文旅人才创业致富贷款渠道，设立文创扶持资金，为创客开发丽江文化旅游产品提供贴息、信贷担保等金融支持。创办文创产业园，抓好束河工匠一条街建设，为文创企业无偿或低价提供服务场所，打造具有丽江特色的旅游产业孵化基地。

（2）创新服务

探索设立人才工作服务窗口，打造"绿色通道"，优化服务流程，简化服务事项，为优秀文旅人才在创业过程中办理工商税务登记、落户安居、出入境、子女就学、社会保障和政策咨询等提供优质高效便捷服务。建立领导干部对口联系文旅人才制度,通过一对一电话联系、走访慰问、谈心谈话等形式,随时掌握人才动态。研究制定《古城区文旅人才座谈会实施办法》,健全完善文旅人才座谈会制度,每季度组织召开一次文旅人才座谈会。根据从事行业邀请各类人才和各有关单位负责人分批次参加座谈,以座谈会为契机,搭建信息交换的桥梁,听取人才代表的诉求,逐一解答人才代表提出的问题,多角度、全方位地听取各类人才意见建议。建立文旅人才交流服务微信群,把行业单位工作人员、文旅人才纳入群中,在方便人才交流的同时提供咨询等服务,解决他们在工作、生活中的困难,提升服务人才的质量。

(3)强化宣传

以文旅人才座谈会为契机,宣传创业致富贷款、知识产权等优惠政策,鼓励符合条件的人才积极申报。运用互联网手段,在"古城先锋网"增设文旅人才专栏,定期发布创业、医疗、子女就业等相关政策,积极宣传党委政府欢迎人才、重视人才、爱惜人才、包容人才、服务人才的态度,提高来丽人才归属感。依托"古城党建"微信公众号等新媒体平台,增设文旅人才风采展示专栏,挖掘文旅人才的典型事迹和特殊贡献,形成专人专辑,定期向读者推送,提高来丽人才的荣誉感和自豪感。

3. 用才:发挥人才特长

多措并举调动文旅人才参与古城发展治理的积极性,用好文旅人才的脑、手、口,形成共商保护开发、共建平安和谐、共治文明诚信、共享发展成果的良好局面。

(1)用好人才的"脑",发挥智力经验优势

对丽江旅游发展、城市管理、市场营销等方面广泛征集"金点子",制定创意征集及激励政策,根据"金点子"和创意的价值给予评奖激励,让各类文旅人才的创造活力竞相迸发、聪明才智充分涌现。宣传部、电视台等单位同步对征集活动进行广泛的宣传报道。围绕束河古镇保护与发展,每月确定一个主题,举办一期"束河夜话",党委、政府有关部门及古镇内各个业态企业、经营户、游客共同参与,围绕主题发表意见建议,讨论成果由街道党工委负责整理应用。目前参与人员已对古镇内店面招牌设置、河道搭桥、旅拍(婚纱摄影)行业管理等进行了讨论,一些讨论成果已应用到管理工作当中,得到了经营户的认可。同时,探索建

立外聘专家人才库,定期开展经验分享等活动。

(2)用好人才的"手",发挥特长技能优势

一线文旅人才作为直接面对市场的群体,对业态发展趋势、特点及存在的问题等有着敏锐的感知,掌握了大量的一手资料。通过搭建信息共享平台,及时掌握最新业态信息,为制定针对性的政策措施提供参考,确保各项政策措施落地见效。同时依托各种协会、组织,鼓励和吸纳外来优秀文旅人才,通过购买服务等方式,让他们参与到古城的保护管理开发中,在旅游开发宣传、城市建设管理、行业规范提升、创新创业等活动中发挥一技之长。

(3)用好人才的"口",发挥人脉资源优势

利用新浪微博等新媒体平台,凝聚文旅人才粉丝力量。把拥有1万以上粉丝的人才邀请进入网络宣传队伍,补齐原有网络宣传队伍影响力不够强、宣传范围不够广的短板,切实引导网络传播方向,营造良好网络宣传环境。组建文旅人才宣讲团,把各领域中具有代表性、对古城发展起到推动作用的优秀人才聘请为荣誉教员,组织本土人才和干部参加讲座、研讨会、茶话会、沙龙等,学习文旅人才的观点理念、研究方法、管理模式、生产方式等。依托重大项目,发挥外来人才传帮带作用,为本土人才提供技能培训、知识讲授、经验交流、信息共享等,手把手帮带提升本土人才水平,推动本土人才的兼容并蓄、淬砺致臻。

第四节 云南旅游文化的仪式化传播分析

旅游文化是旅游地吸引潜在旅游者并对旅游者产生长远影响的重要因素,如何通过有效手段传播旅游文化、吸引旅游者,是文旅建设的重要环节。

一、仪式化传播的概念

美国学者詹姆斯·凯瑞最早提出了传播"仪式观",认为传播不仅

是信息的简单传递,也是一种"仪典式"的符号过程,是一种文化;罗森布尔在《仪式传播》中进一步细化了"仪式",强调了仪式的象征意义为其赋予的传播特性,认为受众的重复性媒介接触行为使得媒介拥有塑造和维护意识形态与社会价值的功能,有助于社会秩序的稳定。我国学者对仪式化传播的研究主要集中在象征意义建构方面。张淑芳认为,为原本没有象征意义的符号赋予特定价值是仪式化传播的核心;孙皖宁强调叙事在仪式化传播中的重要性。中外学者都认为仪式化传播的要点在于象征符号和意义共享。

二、云南旅游文化中的象征符号及意义

旅游文化是人类在旅游活动中创造和形成的一种文化现象,可以分为外层的物质文化、中间的旅游地管理制度和行为文化以及作为核心的精神文化,根据传播范围可以分为人内传播、人际传播、大众传播和国际传播。旅游地文化符号促进了旅游文化的高效传播,旅游文化的传播又可以反过来强化旅游地文化符号的象征意义。

(一)云南旅游文化中的象征符号

文化符号可以分为显性文化符号和隐性文化符号。显性文化符号指那些具象化的、可以被受众直接识别的物象符号;隐性文化符号则是不能被直接识别,而要通过参与和体验才能了解的行为符号。云南常见显性文化符号有服饰类,如白族扎染、彝绣、苗族服饰、壮锦等;饮食类,如白族三道茶、过桥米线、汽锅鸡、傣族竹筒饭、宣威火腿、鲜花饼等;文学与美术类,如彝族长诗《阿诗玛》、藏族史诗《格萨尔》、丁绍光系列画作等;建筑与地理类,如哈尼梯田、石林、洱海、傣族竹楼、泸沽湖、丽江四方街古城、蓝月谷、大理古城、和顺古镇等;交通类,如摩梭人猪槽船、米轨等。

图 8-1 云南西双版纳大佛寺公园

隐性文化符号则有祭祀（信仰）类，包括傣族泼水节、白族三月街、傈僳族刀杆节、彝族火把节、壮族"三月三"、苗族花山节等；歌舞类，包括彝族烟盒舞、葫芦笙舞，傈僳族"阿尺木刮"、傣族"孔雀舞"、壮族彝族铜鼓舞、佤族木鼓舞、藏族锅庄舞，以及彝族海菜腔、"小河淌水""阿细跳月"等，还有以摩梭人走婚为代表的婚俗类文化符号。[①]

（二）云南主要旅游文化符号的意义

（1）记录多民族融合环境下云南人民的生活状态

云南旅游文化符号大多源于各民族的日常生活，是对各民族衣、食、住、行的忠实记录。白族扎染、彝绣等是对云南人民自古以来衣着选择和偏好的记录；宣威火腿、白族三道茶、过桥米线等则体现了云南各区域、各民族人民的饮食习惯；米轨是交通工具的呈现，傣族竹楼是居住状况的呈现，摩梭人走婚是生活习惯的呈现。

（2）承载云南各民族人民的精神寄托

文化符号的另一个重要意义是承载着人类的精神寄托。在科技与信息不发达的时期，祭祀是人类对大自然各类现象进行反馈的重要手段。云南许多少数民族民俗活动都与祭祀有关，如彝族火把节源于"祭火神"以祈求安全和富足；白族的"绕三灵"缘起于对佛教神祇的朝拜，

---

① 肖凝.浅析云南旅游文化的仪式化传播[J].中国报业，2022（10）：10-11.

后来演变为郊游娱乐的民族盛会。

（3）展现云南的地域特色

随着媒介传播手段的多样化,云南旅游文化符号成为人们认识云南各地区和各民族的主要途径。通过显性文化符号如石林、哈尼梯田、洱海,人们对云南的地理环境产生基本认识;通过彝族"海菜腔"、民歌"小河淌水"等隐性文化符号,云南的特色民间风俗得以传播。

（4）促进民族交流与民族团结

云南旅游文化符号是多民族文化融合的产物,通过对文化符号的认知,各民族人民能从中发现中国传统文化的同源性和人类智慧的共通性,促进民族认同感。

图 8-2　云南香格里拉松赞林寺

三、云南旅游文化传播中的意义共享

（一）故事化表达

因为叙事内容通常包含象征意义,因此,讲故事作为一种极具说服力的叙事手段,具有一定的仪式性。云南旅游文化中汇集了多种形式的故事化表达,包括传说、神话和戏剧等。除以文学形式呈现的《阿诗玛》《格萨尔》,多数云南旅游文化符号也多以故事形式传播。云南旅游文化中的故事化表达通常以人际传播和大众传播的形式进行。人际传播主要由导游向游客讲述,其中故事真实程度不及猎奇程度;大众传播则通过媒介进行,包括书本、新闻报道、电影、电视剧等。

(二)媒介朝圣现象

媒介朝圣现象指的是大众媒介传播内容引发的受众对媒介人物的崇拜和造访媒介中出现的地点的现象,传统媒介书本、电视、电影和新媒体均会引发此类现象。作为许多文学作品的故事发生地,云南不断被众多媒介加以描述和展现,激发受众对云南的兴趣,促进云南旅游文化的传播。与云南有关的电影包含取景地为蒙自碧色寨、香格里拉的《芳华》,取景地为元谋土林、丽江古城的《千里走单骑》和以东川为取景地的《无问西东》等。书籍方面较为著名的有王小波根据自身在德宏陇川县的经历写成的《黄金时代》和英国作家詹姆斯·希尔顿出于对丽江、香格里拉的向往而写的《消失的地平线》。

图 8-3 云南丽江大研古镇

图 8-4　云南丽江黑龙潭公园

四、旅游文化仪式化传播的价值和作用

仪式化传播是一个以象征符号意义建构与媒介接触习惯养成来强化特定事物在受众心中重要性的过程,巧妙地利用仪式化传播,可以促进文化旅游,增加旅游地的吸引力,强化旅游地的文化形象。

（一）人内传播

旅游文化人内传播影响着旅游者的旅游决策、旅游直观感受和反馈分享意愿。形式丰富、渠道多样化的仪式化传播能将旅游地风土人情更全面、生动地展现给旅游者,增强其旅游动机。旅游地的各类仪式活动有助于突出当地与客源地的文化差异,给旅游者更大的刺激,更易激发旅游者记录与分享的意愿。

（二）人际传播

旅游文化人际传播包含旅游过程中人和人的各类信息互通。客源地文化和旅游目的地文化会随着旅游这一行为产生交流。特色鲜明和意义深远的象征符号更容易被旅游者识别和记住,而重复的、故事化的叙事可以对旅游者产生较为长远的影响,旅游地文化可以随旅游者回到客源地而实现持续性的传播。

(三)大众传播

大众传播具有传播效率高、覆盖面积大等特点。作为仪式现象的传播,能够提高媒介内容在受众心中的重要程度,引发媒介朝圣现象,对旅游者有极强的引导作用。旅游文化的大众传播不仅能刺激旅游者的旅游动机,也能实现对旅游知识的传递,在一定程度上减少了信息不足可能导致的误会与障碍。

参 考 文 献

[1] 李海平,张安民.乡村旅游服务与管理[M].杭州:浙江大学出版社,2011.

[2] 李军.新时代乡村旅游研究[M].成都:四川人民出版社,2018.

[3] 冯年华.乡村旅游文化学[M].北京:经济科学出版社,2011.

[4] 陈海波.文化与旅游文化:概念界定及理论内涵刍议[J].城市学刊,2019,40(02):104-108.

[5] 朱伟.乡村旅游理论与实践[M].北京:中国农业科学技术出版社,2014.

[6](美)斯考伯,(美)伊斯雷尔著.即将到来的场景时代[M].赵乾坤,周宝曜译.北京:北京联合出版公司,2014.

[7] 何莎."智慧旅游"战略背景下云南影视旅游产业链构建研究[D].云南艺术学院,2021.

[8] 张颖露.价值共创视域下文化产品消费者的激励路径研究[J].吉林工商学院学报,2022,38(03):19-24.

[9] 张旭娟,李翠林.国内文旅融合研究综述[J].河北旅游职业学院学报,2021,26(03):76-81.

[10] 邵明华,张兆友.国外文旅融合发展模式与借鉴价值研究[J].福建论坛(人文社会科学版),2020(08):37-46.

[11] 汉思.美国乡村旅游发展经验对我国的启示[J].农业经济,2018(05):143-144.

[12] 罗斌.我国乡村旅游发展模式研究[J].中国市场,2021(16):33-36.

[13] 刘光.乡村旅游发展研究[M].青岛:中国海洋大学出版社,2016.

[14] 夏学英,刘兴双.新农村建设视阈下乡村旅游研究[M].北京:中国社会科学出版社,2014.

[15] 吴颖林.旅游发展模式比较研究[J].合作经济与科技,2019(18):59.

[16] 王云才.中国乡村旅游发展的新形态和新模式[J].旅游学刊,2006(04):8.

[17] 张永强,赵铭,李道成,王刚毅.乡村旅游可持续发展的系统动力学分析——以内蒙古自治区呼伦贝尔农垦集团牙克石农场为例[J].农业经济与管理,2015(03):11-19.

[18] 何璇.文旅融合与乡村振兴衔接问题研究[J].中国行政管理,2021,(5):155-157.

[19] 段兆雯.旅游发展动力系统研究[D].西北农林科技大学,2012.

[20] 杨萍.社会力量参与乡村旅游基础设施建设的社会责任及其实现方式研究[J].农业经济,2020(04):49-51.

[21] 王倩,赵林,于伟.中国乡村旅游用地的政策分析[J].开发研究,2019(04):108-115.

[22] 骆高远.休闲农业与乡村旅游[M].杭州:浙江大学出版社,2016.

[23] 余守文,王俊勇.乡村旅游开发与经营[M].北京:科学普及出版社,2013.

[24] 熊金银.乡村旅游开发研究与实践案例[M].成都:四川大学出版社,2013.

[25] 郑莹,何艳琳.乡村旅游开发与设计[M].北京:化学工业出版社,2018.

[26] 张述林.乡村旅游发展规划研究:理论与实践[M].北京:科学出版社,2014.

[27] 张铮.都江堰柳街镇乡村旅游资源空间分布特征与整合开发[D].成都:成都理工大学,2020.

[28] Balogu S M K W.A mode of destination image formation[J].Annals of Tourism Research,1999,(4):868-897.

[29] 丛明光.威海市文登区乡村旅游市场结构及优化配置分析[D].烟台:烟台大学,2020.

[30] 张新艳. 基于影视旅游的目的地营销研究[D]. 云南财经大学, 2011.

[31] 关莹莹. 影视旅游产业间的融合发展分析[J]. 中国市场, 2022（20）: 75-77.

[32] 张立芳. 云南影视旅游的发展研究[D]. 云南大学, 2013.

[33] 崔永静. 产业融合视角下云南影视旅游发展研究[J]. 河北旅游职业学院学报, 2016, 21（01）: 8-15.

[34] 高天. 文化旅游演艺企业价值评估[D]. 内蒙古财经大学, 2022.

[35] 潘雨晨, 李广宏. 国内外旅游演艺研究综述[J]. 山东农业大学学报(社会科学版), 2018, 20（03）: 132-137.

[36] 黄晓波. 旅游演艺游客沉浸体验和意义体验的影响及作用机制研究[D]. 西南财经大学, 2021.

[37] 桑云云. 常德市旅游演艺发展策略研究[D]. 湖南师范大学, 2021.

[38] 涂信. 旅游业转型升级下江西省旅游演艺创新发展研究[D]. 江西科技师范大学, 2020.

[39] 伍琼华. 云南民族文化旅游资源规划开发中的几个原则[J]. 昆明冶金高等专科学校学报, 2005（04）: 48-52.

[40] 杨洋. 浅议云南民族文化旅游资源的保护性开发[J]. 商品储运与养护, 2008（05）: 62-63.

[41] 龙鳞. 云南民族文化旅游资源的永续开发[J]. 中共云南省委党校学报, 2009, 10（04）: 174-176.

[42] 黄克栋. 乡村振兴背景下昆明团结街道乡村旅游高质量发展路径研究[D]. 云南财经大学, 2022.

[43] 刘玉安, 林拔群, 宫硕. 文旅融合下丽江古城的发展问题及对策研究[C].2019年7月建筑科技与管理学术交流会论文集, 2019: 229-230.

[44] 肖凝. 浅析云南旅游文化的仪式化传播[J]. 中国报业, 2022（10）: 10-11.